本书由北京大学非通用语基地资助出版

北京大学伊朗文化研究所　编

伊朗學在中國

Collection of Papers on Iranian Studies in China

（第四辑）

中西書局

编者的话

本论文集收录的是 2007 年 11 月 1—2 日在北京大学伊朗文化研究所举办的第四届"伊朗学在中国学术研讨会"上宣读的论文。由于种种原因，论文集迟至今日才得以出版，谨向各位作者表示深挚的歉意。

为纪念北京大学伊朗文化研究所创始人、《伊朗学在中国论文集》第 1—3 集主编叶奕良教授，本辑特重新刊发叶老师早年发表的论文《关于〈元史〉中"质孙服"等的探讨》，以表追思。

论文集最后所附《波斯语甜如蜜》译文，是北京大学波斯语专业 2020 届毕业生集体翻译的一篇作品（波斯文学史上第一篇现代意义上的短篇小说），他们毕业之时赶上疫情，未能返校举行毕业典礼就各奔东西，值此论文集出版之际，将全班合作的这篇译文发表，作为这个特殊年份的毕业纪念。

本论文集的出版得到北京大学外国语学院非通用语基地的资助，谨此致谢。

北京大学伊朗文化研究所

2020 年 10 月

目　录

Contents

亲历伊朗的四处世界遗产地点

晁华山（北京大学考古文博学院）

1995 年 5 月至 6 月，我接受伊朗方面的安排前往伊朗参观访问，主要是与伊朗文化部、德黑兰大学和伊朗文化遗产组织（ICHO）专家一起，探寻伊朗古代摩尼教（在中国一般称作明教）遗址，以及参观世界遗产地点。事情的起因是，此前两年我在中国新疆吐鲁番甄别发现了摩尼教的东方教区的一些石窟寺庙遗址，他们当然对此有兴趣，已经在伊朗公开介绍了我在新疆的研究情况。那时去伊朗访问的外国人很少，但是比起 20世纪 80 年代，伊朗似乎已经开放得多。我到德黑兰后，听接待的专家说，伊朗最高领导层近些年对待其他宗教的态度比以前宽容，他们开始认可世界上除了伊斯兰教，还有其他宗教，这也是因为在伊朗本国就有创立更早的琐罗亚斯德教和摩尼教。我就是在这种背景下，由上述三个机构向伊朗高层申请得到批准后，得以去伊朗访问的。本文按照到访先后顺序，扼要介绍并点评我参观过的四处世界遗产。

一、伊斯法罕皇家广场

此行首先访问的城市是德黑兰以南的伊斯法罕，伊斯法罕位于伊朗中部，是伊斯法罕省的省会，伊朗第二大城。陪同我的有德黑兰大学的巴赫蒂亚尔教授，还有德黑兰大学外事办的官员。我们从德黑兰乘一辆性能良好的美制轿车，约两个多小时后抵达伊斯法罕，入住阿巴斯饭店，这是一家相当于五星级的酒店，客房布局是方形庭院式的，客房大部分是一层的平房。离酒店不远处有著名的廊桥。伊斯法罕城历史悠久，始建于公元前 6 世纪中叶，曾经多次作为不同王朝的首都。城市有新老两个城区。老城在扎因河北岸，城内有许多名胜古迹，清真寺就有 200 多座，而最著名的便是伊斯法罕皇家广场。

1597 年，萨法维王朝国王阿拔斯一世迁都到这里，当时这里已经是一座大城市了。但阿拔斯一世并不满足，还要扩大旧城，他要把伊斯法罕建成一座富丽堂皇、精美雅致的名城，昭示他的辉煌业绩，而最大规模的创新就是修建这处宽广宏大的皇家广场。皇家广场建于市中心，伊朗的伊斯兰城市从未有过这样大的广场。过去在一般的伊斯兰城市里，建筑物相当密集，只有在大商队客栈和大清真寺庭院内才会有比较宽敞一些的空地能建造这类广场。

这处皇家广场始建于 1616 年，坐落在新王宫与老商业中心连接的地方，当时是要作为举行马球比赛、阅兵大典等重大演出和重要仪式的场所。广场平面呈长方形，长500 米，宽 150 米，四周有拱顶廊房环绕，每边拱廊各开一座雄伟的大门，分别是通向皇家清真寺的大门、通向国王私家礼拜寺（即谢赫路得富拉清真寺）的大门、通向阿里加普宫的大门，以及通向加萨里亚市场的大门。拱廊外还有一圈运河围护。

高大的皇家清真寺在广场的南边一侧，清真寺的拱顶和宣礼塔表面镶嵌着湛蓝的土耳其青金石蓝色瓷砖，有繁复的伊斯兰风格图案和其他多种几何形图案。高耸的整座蓝色建筑和低矮的黄色城市房屋建筑形成鲜明的对比，给人一种高大凌空的感觉。皇家清真寺彩色穹顶与四座高大的宣礼塔柱廊环绕的中央庭院，都超出传统的清真寺建筑格局，是独特的创造性的杰作，这正是它入选世界遗产名录时所获的评语。

谢赫路得富拉清真寺的规模略小于皇家清真寺，它的外观像是几种几何图形的组合，以青金石蓝、深红和浅柠檬色瓷片装贴，给人一种和谐之美的感受。两座清真寺为了朝向圣地麦加，所以没有按广场轴线来定向。两处建筑方向的偏转恰到好处，寺院朝向与广场廊坊的走向也十分协调。

通向阿里加普宫的大门，或称"巨门"，是广场工程的杰出部分。建筑师巧妙地将一座宫殿改造成一座独立的礼仪宫。这里是皇室区域的象征性入口，在当时似乎是神圣不可侵犯的。这一侧的"廊道"中部建有高大的戏台，戏台面向广场内。

从通向加萨里亚市场的大门走出广场，迎面是一处大市场，阿拔斯皇家银行和贵宾下榻的皇家旅馆就在这里。

伊斯法罕皇家广场在城市规划方面与伊斯兰传统做法不同，它设计独特、用途广泛且装饰华丽。广场上的主要建筑至今仍保存完好。

参观的时候，我们在皇家清真寺仔细观察了寺院建筑的布局。还在清真寺的左前方登上高大的戏台，看到许多中学生在那里活动。我们也到四周廊道里参观了出售传统工艺品的商铺，看到游客和顾客很多，熙熙攘攘。

伊斯法罕皇家广场在 1979 年被列入世界遗产名录。

二、波斯波利斯宫城遗址

我们又从伊斯法罕向南去往设拉子，入住花园饭店，到那里参观波斯波利斯宫城遗址，停留了两天。波斯波利斯是伊朗古波斯帝国阿契美尼德王朝时期的宫城遗址，位于设拉子东北42公里的塔赫特贾姆希德。宫城最初建于公元前518年，当时的国王是大流士一世，继任的国王薛西斯一世继续建造，前后共建造了50多年。公元前330年，希腊马其顿王亚历山大率大军攻打到这里，掠走了财物后，将宫城焚毁，此后这里被废弃，没有再使用过。从考古的角度看，这是一处好遗址，没有混杂后来的东西，发掘相对简单容易。这处遗址在1622年首次被发现，依据18—19世纪时发掘出的古波斯文得以知道，这里是阿契美尼德王朝时期的建筑遗址。20世纪30年代，美国芝加哥大学东方研究所和巴列维王朝政府联合发掘了这处遗址。后来的几十年间，伊朗政府一直在对该遗址进行保护和维修。

宫城位于拉赫马特山西侧山麓，所有建筑都在人工垒成的12米高的石砌平台上，平台侧壁全用巨大的石块垒砌而成。平台南北长约500米，东西宽约300米，东面连接山坡，其余南北西三面是垂直于地面的台壁，由于台壁很高，如同石墙，很难攀爬而上，所以台上边缘没有再建围墙。台上建筑物大都向北，略偏西15°。现在看到的建筑遗址，除了平台外，最明显的是有13根修复后耸立的高大石柱，柱高10多米到20米。还有很多石墙、石门、石雕像和房屋台基，台基立面上布满各种形象的浮雕。宫殿大厅内部宽敞，地面留存着数百个未被移动的石柱础。从这些遗物可以想象出当年的宫殿相当巍峨高大、雄伟壮观。

宫城东面的地坪延伸到山坡上，西面朝向广阔的平原。平台西壁的北端是宫城的入口，有宽大的石磴道。我和德黑兰大学的老师和官员一起登上平台，首先看到的是高大的薛西斯王时期建造的四方之门，当初各国来访者就是从这里分流进入宫城的各区域的。薛西斯时代建造的四方之门有18米高的石柱门，门柱上雕刻人面有翼兽，规模尺度大于先前大流士一世时期的同类雕刻。

宫城内分为三区，北部是临近入口的外朝区，国王在这里接见大臣和属国的王侯。西南部是内廷区，是国王及其家属的生活区。东南部是珍宝库区，当年曾经存放和陈列大量珍宝财物。外朝区的东侧靠近山坡处是卫兵宿舍。宫城东北角和东南角有瞭望哨楼。宫城的所有房屋都以高大的石墙和石柱建成，石墙体用的是伊朗本地产的硬质石灰石，墙面和石柱则用大理石建造，石面上有各种雕刻图像和纹饰。

离四方之门最近的是外朝区的接见厅，接见厅的平面是正方形，每边长83米，建在2.6米高的台基上。台基的北侧面和东侧面各有4条磴道用来登上台基。接见厅的东西北三面都有相同的敞开门庭，每个门庭有两横列共12个石柱。

台基西侧面伸到宫城平台西壁之外，朝向大平原，建有一个约宽10米、长130米、总高 15 米的检阅台，当年从这里可以俯瞰和检阅前面平原上远道来朝拜的各个被征服地方的王侯临时搭建的帐篷。相似的景观现在也可以看到，我们参观时，看到平原上有不少游人临时搭起的帐篷和游人铺的地毯。

按照发掘后修复的现场，可以看到，接见厅主厅的平面是正方形，每边长 59 米，厅内有 6 排石柱，每排 6 根，共 36 根。柱高 21 米，现在仍矗立着经修复的 13 根石柱。主厅的屋顶原来用巨大的雪松木作梁枋，现在都已不存。主厅四面墙壁都厚约 5.1 米，四壁也都开有高大的门窗。大厅的外墙面上贴有黑白两色大理石或彩色琉璃面砖，或者雕刻花纹，或者拼接图形，屋檐和梁枋原来都包贴有金箔，金碧辉煌。石柱的柱础、柱身和柱头都有雕刻纹饰，尤其是柱头的雕刻形象和纹饰更有特色，上端是相背而跪的公牛，两牛头间的凹槽用来架设托梁的横木。往下的纹饰依次分别是覆钟、覆莲和成对竖立的涡卷纹。接见厅虽是木石结构，但整体结构仍显轻盈，厅内空间宽敞，在当时应是罕见的杰作。

从四方之门向东再向南，经过另一座独立石门，就到了百柱厅。这百柱大厅建于大流士一世时期，大厅平面也是正方形，面积略小，每边长 69 米，厅内有 10 × 10 根石柱，各柱高 11.3 米。上述这两个仪典大厅用于各种庆典和礼仪活动。每年春分时节，国王要来这里主持盛大的新年庆典和诺鲁兹节，庆典仪式之后还有宴饮活动。

在宫城高大台基的西南部，和接见厅相邻的是内廷区。内廷区有大流士宫、薛西斯宫和小寝宫，此外还有一座会议厅和后宫的其他房舍，房屋周围有花园、假山和楼台亭阁之类的建筑。其中大流士宫保存至今的石材和石雕最多。

宫城高大台基的东南部是珍宝库区，库区内有迷宫式的珍宝库房，总面积超过 8000 平米。当年应该是存放着许许多多金银财宝和珍贵物品。后来，在公元前 330 年马其顿亚历山大大帝占领这里时，据当时的记载，运走这里的金银财宝竟然用了总共两万匹骡子和 5000 头骆驼。时过境迁，现在这里修复了其中的一座约有 750 平米的库房作为展览厅，我们还真在这座展览厅里参观了新收集来的古代珍贵物品。

从现存的波斯波利斯宫城遗址里的建筑和雕刻来看，能够显示出当年波斯和周围地区的来往关系，以及波斯如何把周边的诸多文化因素与自身的文化融汇在一起。宫城的高大平台、高大的礼仪门和仪典大厅采用相互分离的布局，这接近两河流域巴比伦和亚述的传统布局和建筑风格。各个建筑物采用了多排列柱和门楣，窗框有特别的形状和纹饰，则是仿照了埃及的巨石建筑。大厅石柱则采用了希腊古风时期爱奥尼亚式柱身与柱头的形状和纹饰，还采用了希腊的磨光技术，而此前这里是没有这种技术的，因而这也有助于我们判定这些建筑的年代。接见厅台基的侧立面有许多浮雕人物，其中的贡使行列，描绘的是波斯帝国当时的 23 个属国的使节向波斯国王进献珍宝和当地的土特产。现在根据贡使的服饰和所贡的物品可以逐个识别出这些人是从哪里来的，他们有波斯本民族人、米底人、吕底亚人、阿拉美人、巴比伦人、斯基泰人、卡帕多西亚人和西里西亚人，他们贡献的有宝石、金银酒器、瘤牛、精纺羊毛披巾、种马、珠宝、珍贵皮毛和

近处是百柱厅遗址，远处是接见厅遗址

公羊等。雕刻中野兽搏斗纹很多，这是中亚北部、黑海北岸和东岸的各个草原民族共同的艺术题材。遗址发掘出土的稀有的蓝色青金石产自中亚的阿富汗，磨制的石碗石盘出自埃及，金银装饰品有不少出自中亚各国。

联合国教科文组织的世界遗产委员会在 1979 年评审接纳这里为世界遗产时认为，波斯波利斯宫城遗址的意义在于，它是体现当时人类创造力的杰作，是波斯帝国时期文化的非同寻常的例证，同时也是古波斯建筑群体、风格和工程技术总体的卓越例证。这处遗址被列入世界遗产名录，而且在遗产名录中是最早的那一批。

三、帕萨尔加德城址

帕萨尔加德城址离波斯波利斯宫城遗址不远，位于科尔河冲积平原上，是在法尔斯省的中心地带。它是阿契美尼德王朝第一个王朝的首都，于公元前 6 世纪由居鲁士二世建立，城址的中心地区大体上是长方形，长 2.7 千米，宽 0.8 千米。

参观这里时陪同我的有德黑兰大学的老师和一位官员。远看遗址区，大部分地面铺着石板，有大面积的石铺平台，高高低低的粗细不同的石柱分散在各处，还有粗大的石柱横放在地面上。我们首先看到中心区内最南端的居鲁士国王的陵墓，陵墓由白色石灰石建成，规模不大，下部是 6 层逐层内收的台基，台基上是前后两坡形的石房，西侧有小墓门。

王宫在城址的中心地带，有大门厅、听众门厅、寝宫以及四座王家花园。宫殿区内有几座不同的宫殿，这些宫殿集中在一个花园里。王宫的主体建筑是多柱式的，其间有廊道连通。听众门厅建成于公元前539年，厅内有2排石柱，每排4根。石柱高12.06米。寝宫建于公元前530年居鲁士二世时期，它的主厅长31.1米，宽22.1米，宫内石柱有5排，每排6根。在主厅的西南部有宽大而幽长的门廊，长75.5米，宽9.3米。宫殿区的大门厅在城址东部的边沿上，中心大厅是长方形，长26.2米，宽22.2米，门框一侧有一幅著名的翼神（winged figure）石浮雕。两座阁楼是通往皇家园林的两个入口，其中一座保存得比较好。

我们参观的主要是这些已经发掘的保留着原有石板地面和石柱的地方，但古城的实际范围要比已经发掘的地方大很多。在遗址保护区的缓冲区内还有其他的建筑遗迹。附近另外还有五个小村庄。

听众门厅的石柱（复原）

帕萨尔加德城在古代一直是王朝的中心，直到马其顿王国的亚历山大大帝在公元前330年占领了这个大帝国为止。根据希腊古代历史学家希罗多德的记载，以及阿里乌斯派信徒的记载，亚历山大大帝非常敬重居鲁士王，那时还曾修复居鲁士王坟墓。从7世纪开始，居鲁士的陵墓被误当作所罗门之母的坟墓而被朝拜，成了宗教圣地。到了10世纪，附近建造了一座小清真寺，这个小清真寺一直沿用到14世纪。

伊朗政府曾经制订过相关的遗址保护的法律，帕萨尔加德城遗址从1931年开始得到保护，核心地区的建筑遗迹保护得相对较好。当地人尽最大可能保持发掘清理后的原貌，禁止修建任何现代建筑。而且，附近遗址缓冲区的五个村庄仍然保持传统的生活方式，不会对遗迹产生负面影响。

从遗址的发掘研究中能看出，帕萨尔加德最初是由从巴比伦和小亚细亚来的工匠建造的。在建筑形式上，它和小亚细亚的希腊式建筑有相似之处，比如它们都有圆形立柱。同时，帕萨尔加德的王家花园里都有一些房屋，开创了带有明显特征的波斯建筑风格，这些特征和早期亚述帝国及巴比伦的建筑风格有着明显的不同。因此，帕萨尔加德是伊朗民族和周边民族文化融合的产物，表明它是古代波斯艺术和建筑风格初期阶段的典范。四个花园式的王家建筑，是西亚早期建筑风格的典型。

四、孙丹尼耶古城

孙丹尼耶城位于伊朗伊斯兰共和国赞詹省，在伊朗西北部，距德黑兰相当远，约有240 千米。早晨开车从德黑兰出发向西北方向，经过卡拉季，到加兹温市，继续向西北方向行驶两小时后离开公路，然后到达孙丹尼耶古城的完者都陵墓区。

孙丹尼耶古城是蒙古人建立的伊利汗王朝时期的建筑，包含完者都陵墓及其周围的石平台、苏丹克莱比·奥哈鲁陵墓、哈桑·喀什陵墓、合赞陵墓、库查克陵墓群。其中，完者都陵墓是这处世界遗产中最重要的部分，它最大的特色是独创的双层圆顶结构和内部的特别装饰，它不仅是古代波斯建筑成就的典范，也是伊斯兰建筑发展史上的重要里程碑。我去参观的时候这里还没有申请世界遗产，后来这里被列入世界遗产名录。

蒙古人于 1258 年占领巴格达后建立了伊利汗王朝，以伊朗西北部的大不里士作为首都。到 1294 年，忽必烈（Kublai）可汗死后，当地的伊利汗人转而信仰伊斯兰教。伊利汗王朝延续到 1335 年。

孙丹尼耶有大面积的优良草场，所以是狩猎的好地方。当时的第四代蒙古人阿鲁浑汗决定在这里建造夏宫，后来伊利汗改宗伊斯兰教，于 1290 年开始建造孙丹尼耶城。传说伊利汗曾经想把伊斯兰教哈里发和他的儿子穆罕默德·侯赛因的遗物从巴格达转移到孙丹尼耶，但是最后没有成功。到 1316 年完者都去世时，夏宫改建成了完者都的陵墓。此后孙丹尼耶城的地位就逐渐衰落，后来还曾一度沦落到地方小王朝的手中。1384 年，由于信仰的宗教不同，帖木儿的军队占领了这座城，但是并没破坏完者都陵墓。15 世纪时，西班牙使者克拉维约去撒马尔罕的途中路过孙丹尼耶城，还曾经看到这里物产丰富、商业繁荣。16 世纪到 17 世纪，孙丹尼耶城再次逐渐衰落，陵墓也逐渐被湮没。

完者都陵墓是在孙丹尼耶城的中心，陵墓的平面呈八角形，陵墓圆顶有 38 米高，从外面看并不显得特别高大，原因是陵墓建在 5 米高的巨大的石平台上，平台本身长295 米，宽 315 米，非常庞大。当时我仔细参观了陵墓周围的巨大平台和正在发掘的几处遗址现场。石台四周原来还环绕一圈 30 米宽的护城河，但是现在能看到的护城河段已经很少。

　　陵墓外墙约有 8 米厚，四周有 8 个宽大高耸的尖拱门，遗憾的是很多外部装饰已经消失。陵墓内的圆形厅堂直径是 25 米，显得很宽敞。因为是陵墓，所以厅堂内地坪下沉很多，从地坪到圆顶净高足有 50 多米，这 50 多米空间内却没有一根立柱和横梁，顶部全部是砖砌的拱券。圆顶底座四周没有加固用的圆环支撑，仅有 8 个尖塔支撑。陵墓里的墙面用金黄色砖砌成。陵墓的碑文用深蓝色的釉陶片拼成。

　　我们参观时还在陵墓内部沿着砖砌的台阶一直攀登上陵墓顶端，又从顶端的一个小塔走出来到敞开的外面，看到陵墓外的风光，看到遥远的草原，还细观了顶端半球形表面拼贴的彩色瓷砖，它们大部分保存还好，丰富的图案纹饰清晰可辨。

　　回到陵墓厅堂后，我还步入陵墓相对宽敞的地宫，参观停放灵柩的墓穴，棺椁陈放在里端一侧的台阶上。

正在修复的完者都陵墓

　　虽然古城的其他建筑大部分已经消失，但是完者都陵墓以及附近较小的陵墓都保存了下来。完者都陵墓经历了几百年的风雨侵蚀，但它大体保持了当初的架构，结构大致完整。建筑内部保存状况还好。总体而言，从完者都陵墓建筑本身可以看出，它把伊斯兰建筑的砖砌技术发展到了极致，举世无双。伊斯兰建筑的砖砌技术高超，无与伦比，当时世界上其他文明体系的高大建筑都没有达到这样的技艺水平。

　　在 20 世纪 90 年代，新一轮的修复工作已经开始，我去参观的时候，修复工程还在进行。引导我参观的考古专家告诉我，国家已经征购了陵墓地区的全部土地，考古发掘和整修规模将来会很大。

完者都陵墓内景

A Visit to Four World Heritage Sites in Iran

CHAO Huashan

In 1995，by the official invitation of Iran，the author visited four sites of world cultural heritage in Iran: Isfahan、Persepolis（Takht-i Jamshīd）、Pasargadae and Sultāniya. This article describes these historical sites and their value.

伊利汗国钱币回鹘式蒙古文释读*

陈岗龙（北京大学外国语学院）

本文通过释读伊利汗国钱币上的回鹘式蒙古文，探讨伊利汗国时期蒙古统治者对伊朗的政策和对伊斯兰教的态度。从蒙古学的角度讲，伊利汗国时期（1256—1355）是伊朗受蒙古人统治的时期，是蒙古人在政治军事上征服伊朗，在文化上与伊朗本土居民融合，并最终接受伊斯兰教的过程。伊利汗国时期钱币上的回鹘式蒙古文从一个侧面反映了这个历史事实。

一、伊利汗国钱币回鹘式蒙古文的四个历史阶段

我们认为伊利汗国钱币上的回鹘式蒙古文经历了四个历史阶段，并且其内容和在钱币上的地位（位置）的变化明确反映了蒙古统治者在伊朗的政策和宗教信仰的变化。我们对伊利汗国钱币回鹘式蒙古文的分期标准完全是以蒙古文的内容变化为依据，这与伊朗学学者的分期可能有出入。

1. 第一阶段

伊利汗国初期，蒙古人为了尽快消除与被征服者的对立情绪，稳固自己在伊朗的统治，采取了相对宽容的政策，并且照搬了伊朗社会原有的一整套制度。旭烈兀钱币上没有蒙古文，而且钱币风格继承了萨珊王朝钱币的传统。阿拉伯文写的"大汗蒙哥和旭烈兀伊利汗"的"汗"字都是 qa'an，魏弥贤读作 qaan 和 ilhan（Michael Weiers：Münzaufschriten auf Münzen mongolischer IL-Khane aus dem Iran）。在这里，蒙哥和旭烈兀都被称作 qa'an 即可汗，对于了解蒙古历史上开始使用"可汗"一词的时间和可汗与汗的区别提供了重要资料。旭烈兀钱币上都刻有拖雷家族的族徽，实际上是成吉思汗幼子拖雷继承蒙古本土的标志。旭烈兀以后的伊利汗国钱币上便不再出现黄金家族的族徽了。蒙古国学者尼玛认为，旭烈兀以后的 11 位伊利汗在钱币上用蒙古文刻写，实际上

---

* 说明：本文部分内容直接参考程彤、吴冰冰、陈岗龙：《伊利汗时期部分钱币的解读》，《卫拉特研究》2006 年第 4 期。谨向我的合作者程彤博士和吴冰冰博士表示感谢。

代替了家族族徽。我认为这种观点有些勉强。

2. 第二阶段

蒙古人在伊朗的统治稳定以后，钱币上出现了回鹘式蒙古文，开始强调蒙古特征，体现了蒙古的统治在伊朗的稳固和加强。这个时期伊利汗的称号用回鹘式蒙古文写在钱币上。同时，为了让人们知道可汗的更替，可汗的名字又用阿拉伯文和波斯文在钱币上重复书写一遍。

阿八哈汗（1265—1282 在位）钱币一面全部为蒙古文。从阿合马帖古迭儿汗（1282—1284 在位）钱币开始，蒙古文后面出现波斯文和阿拉伯文汗名，但是还处于边缘位置。阿鲁浑汗（1284—1291 在位）时期的钱币在伊利汗国时代具有一定的代表性，一面是回鹘式蒙古文 "ha'an-u nereber Argun deledgegülüg sen"。

阿合马帖古迭儿汗、海合都汗（1291—1295 在位）、拜都汗（1295 在位）的钱币基本和阿鲁浑汗的钱币相似。

3. 第三阶段

合赞汗（1295—1304 在位）钱币上的蒙古文在所有伊利汗钱币中比较特殊。其回鹘式蒙古文的格式不是 "ha'an-u nereber Hasan deledgegülüg sen"，而是 "tngri-yin hüchündür Hasan deledgegülüg sen"。乍一看，好像是把蒙古人的 "möngke tngri-yin hüchündür"（在长生天的气力里）模式搬到钱币上来了。开始的时候我也认为合赞汗是把蒙古传统的萨满教长生天信仰体现在钱币上，将伊朗的伊斯兰教和蒙古本土的萨满教结合在一起，为自己的统治服务。但是，认真分析之后会发现，并非如此。合赞汗确立了伊斯兰教为国教，并垄断铸币权，统一钱币度量，把旧的钱币收集起来重新铸造。据程彤的研究，合赞及完者都（1304—1316 在位）时代的钱币的成色是伊利汗国各时期中最好的。在回鹘式蒙古文 "tngri-yin hüchündür Hasan deledgegülüg sen" 的正中间有一行阿拉伯文 "غازان محمود"（Ghāzān mahmūd，合赞·马赫穆德），这清楚地说明了合赞汗的伊斯兰教

信仰。而且，合赞汗的钱币上没有提到 "möngke tngri-yin hüchündür"，而直接写 "tngri-yin hüchündür"（在天的气力里），虽然蒙古文的模式与"在长生天的气力里"很相似，但是这里的 tngri 我们认为指的不是蒙古传统信仰中的长生天，而是伊斯兰教的安拉 tngri。

4. 第四阶段

完者都钱币上，蒙古文 "uljitu sultan" 已经退到边缘位置上。这说明伊斯兰教地位的上升和蒙古本土文化印记的隐退。

根据程彤的研究，完者都汗钱币的风格延续到后来的不赛因（1317—1334 在位）、阿儿巴（1335—1336 在位）、木撒（1336 在位）和脱合帖木儿（1336—1352 在位）以及在其他诸侯庇护下的伊利汗王朝的后裔。

二、伊利汗国钱币回鹘式蒙古文的格式问题

1. 伊利汗国钱币回鹘式蒙古文是词组还是句子？

阿八哈汗金币上有 "ha'an-u nereber Abag-g yin deledgegülüg sen ari（ji）gu（u）"。根据金币的材质，魏弥贤认为这个词应该读作 arigu（n），全文的意思是"以可汗的名义，阿八哈铸造的纯［金］"，表示的是以可汗名义，阿八哈铸造的纯金金币。但是，没有"金"字，所以也很难断定是不是 arigu。

海合都汗金币回鹘式蒙古文是 "haganu nereber Yirinjindorji deledhegulug sen ar（j）iguu"。在这里，yirinjindorji 的 r 和 j 与 ar（j）iguu 的 r（j）都写得差不多。根据这一点，最后的一个回鹘式蒙古文词也可以读作 ajigu，如果这个假设成立，那么，阿八哈汗和海合都汗金币上的回鹘式蒙古文就是一个完整的句子，即"以可汗的名义，某某铸造了"，这里的 ajigu 表示过去时。

如果上面的假设成立，阿八哈以后的伊利汗钱币上的蒙古文 "haganu nereber +++ deledhegulug sen" 就是从完整的句子 "haganu nereber +++ deledhegulug sen ajiguu" 演变而来的词组。前者表示的是以可汗的名义铸造钱币的事实，后者则是表示钱币的隶属。这个词组的组合形式到合赞汗时期，变成了 "tngri-yin hüchündür Hasan deledgegülüg sen"。确实，伊利汗国金币上不可辨认的 ﺴﺴﻮ 出现多次，但是如果这个词指的就是纯金，为什么合赞汗的金币上没有出现？

除了金币，伊利汗国的银币上也出现过 ﻌﻤﺲ。有学者认为，这是表示钱币材质的 mönggö（银）。但是，我们所见到的伊利汗钱币上的这个词也很难辨认，不能断定读作 mönggö（银）。另外，如果在钱币上非说明材质不可，为什么银币上写 mönggö（银），而金币上只写 arigu（纯的）而不写 alta（黄金）？我们在阿鲁浑钱币上看到，最后一个词很难读作 menggu。而且，伊利汗国钱币都是波斯人铸造的，因此钱币上的回鹘式蒙古文基本上都是照葫芦画瓢，错误比较多，这个阿鲁浑钱币上回鹘式蒙古文的字冠都变成了"t"，同样的情况，最后两个词我们很难读成 menggu（银）。

2. "sen"的位置变化

伊利汗国钱币回鹘式蒙古文中最后一个词缀"sen"，在蒙古文后紧接着写伊利汗的阿拉伯文、波斯文名字的情况下往往被移到蒙古文上方，并且改变了文字方向，这为释读带来了不便，同时也反映了一些有趣问题。我认为，这个词缀"sen"跑到蒙古文上方并改变方向，主要是与蒙古人写可汗名字的时候必须重新起行以示尊重的书写习惯有关系。也就是说伊利汗的名字，不管是蒙古文，还是阿拉伯文、波斯文，都应该是在行首，在可汗名字上面不能出现其他的词缀。而没有波斯文可汗名字的情况下，词缀"sen"都在最后一行。改变文字方向可能也是从这个角度考虑的。

An Interpretation of the Uighur Mongolian on Il-Khanate Coins

CHEN Ganglong

The paper tries to interpret the Uighur Mongolian inscribed on Il-Khanate coins, and to discuss the Mongolian rulers' attitude toward the Il-Khanate and Islam. According to Mongolian studies, Il-Khanate (1256—1355) is a period when Iran was ruled by the Mongolians, when the Mongolians conquered Iran politically, assimilated with Iranians culturally, and finally accepted Islam as their national religion. The Uighur Mongolian on the coins of Il-Khanate illustrates this historical fact in a certain way.

伊利汗国法尔斯地区"宝"字钱币考释

程　彤（上海外国语大学东方学院）

　　蒙古帝国时代是中国与伊朗文化交流的繁荣时期。在绘画、建筑、医学、天文、音乐、史学等方面，双方都有广泛和深入的交流，留下了许多重要的文献和实物史料。在钱币领域，我们也发现了中伊两国当时交往的证明，它们从一个侧面反映了当时的政治和经济状况。本文围绕伊利汗国法尔斯地区的"宝"字钱币，从多个角度进行研究，发掘其重要的历史文化意义。

一、伊利汗国法尔斯地区"宝"字钱币的释读及说明

　　据作者手中所掌握的材料，珍稀的伊利汗国法尔斯地区的"宝"字钱币除了在伊朗钱币博物馆有收藏，还有以著名的伊斯兰钱币收藏家斯蒂芬·艾尔本（Stephen Album）为代表的国际上一些伊斯兰钱币爱好者也有收藏。这些收藏家有时将其收藏品提供给学者作学术研究[1]，有时也放在网上让大家一起鉴赏[2]。确切地说，这些钱币是位于今天法尔斯省的伊利汗国的属国萨尔古利德（Salghurid）铸造的。现留存于世的式样主要有三种。

　　图一（第一种）[3]：

---

　　① Judith Kolbas, *The Mongols in Iran: Chingiz Khan to Uljaytu 1220—1309*, New York: RoutledgeTaylor & Francis Group, 2005, p. 169.

　　② http://www.zeno.ru/showgallery.php?cat=537.

　　③ www.zeno.ru 第 39955 号。

　　银币，重 2.82 克，直径 21.5—22.3 毫米，正面只认出 duriba（铸造）和 sanah（年），其第一行可能是 Qāān al-ādil（公正的可汗），中间横卧的繁体汉字"宝"非常清晰，下面可能是"六百六十六"（situmia wa sittah wa sittīn）；钱币的背面上面两行应是清真言"Lā ilāh illā Allāh, Muḥammad rasūl Allāh"，其中 rasūl Allāh 非常清楚。底下一行是 Atābak Abish［bint sa'd］，是萨尔古利德女王的名字。

　　图二（第二种）[①]：

　　铜币，正面第一行可能是 Qāān al-ādil（公正的可汗），接着是 duriba（铸造）和 sanah（年），伊斯兰历 666 年，铸造地是设拉子（Shīrāz）。中间是个"宝"字。背面是大卫星的图案，中间是萨尔古利德女王的名字（Atābak Abish）。

　　图三（第三种）[②]：

　　银币，重 2.59 克，直径 21.5，伊斯兰历 665 年。正面可辨认的是第一行 al-ādil（公正的），中间一个"宝"，下面是六百和五，于是推断是伊历 665 年（situmia wa khamsah wa sittīn）。背面第一二行无疑就是清真言"Lā ilāh illā Allāh, Muḥammad rasūl Allāh"。下面两行是"Atābak Abish（bint）（第三行）（sa'd）（末行）"。清真言根据图四推测，因为两者字体一致：

---

①　www.zeno.ru 第 36900 号。

②　www.zeno.ru 第 23 号。

图四①：

图五②：

　　银币。此图与图三字体风格一样，但是根据此图中间"宝"字的一点，以及背面Abish 的"sh"上的三点，判定此图与图三中的银币是由两个模子打造出来的。该钱币重2.82 克，直径 25.2 毫米。打造时间是伊斯兰历 665 年。

　　图六（伊朗钱币博物馆的收藏）③：

①　www.zeno.ru 第 29387 号。

②　www.zeno.ru 第 1441 号。

③　照片由李睿女士从德黑兰钱币博物馆获得，得到博物馆方的研究许可。

与图二相似，正面第二行 fī shīrāz 看得更清楚。打造时间是伊斯兰历 666 年。

萨尔古利德朝（Salghurid）及"宝"字钱的记载

在我们深入讨论"宝"字钱币时，首先要对萨尔古利德朝作一个简单的了解。旭烈兀在远征叙利亚的同时，消灭了波斯境内的一些地方王朝，其中就有萨尔古利德朝。该王朝是一个突厥人王朝，由服务于大塞尔柱君主的萨尔古利德家族建立。但是从公元 1148 年（伊斯兰历 543 年）起，该家族的首领桑古尔（Sungur）赶走了设拉子的当地统治者蔑力·沙，成为设拉子的独立统治者①。当成吉思汗远征伊朗的时候，这个王朝正值阿布·贝克尔（公元 1230—1259 年，伊斯兰历 628—658 年在位，瓦萨夫记载为伊斯兰历 623 年）统治时期，他很快向蒙古人臣服，并派遣侄子塔赫马坦追随窝阔台，并向他进贡。窝阔台派遣了代理到他那里，并不再进军设拉子②。这样，萨尔古利德朝保持了相对独立。但是第四任君王塞尔柱克·沙（公元 1262—1264 年，伊历 661—663 年在位）与蒙古人发生冲突，起来反叛蒙古人，公元 1264 年 12 月在卡泽伦被杀③。旭烈兀于是把王位交给了阿布·贝克尔的孙女阿必失可敦，也就是赛义德二世的女儿。后来旭烈兀并没有完全控制这个地方，而是把她嫁给自己的第十一个儿子④忙哥帖木儿。他考虑到这样一来，法尔斯随后就将自然落入蒙古人手中⑤。

这个半独立的王朝有独立的铸币权，并且在一些钱币上铸有汉字，这在《瓦萨甫史》中就有明确的记载，当时这是作为阿八哈汗驻法尔斯的总督因奇耀奴（Inkiyanu）的一项罪状而被记录下来的。书中是这样提及的："因奇耀奴在设拉子贪污腐败，侵蚀国家，妄图夺取王权。理由是在他当政时铸造的钱币上，在国王（可汗）的名字下铸了契丹（中国）的符号，他们还出示了他非法侵占财物的清单。伊利汗下令召回因奇耀奴问话。"⑥因奇耀奴后来被伊利汗遣送到忽必烈那里，接受管教⑦。由此我们可以判断，《瓦萨甫史》中提到的契丹的符号就是汉字"宝"。

"宝"字钱在萨尔古利德朝出现的原因

在伊利汗王朝的法尔斯地区的一个属国，出现带汉字的钱币着实使人感到惊讶，这势必使我们对其产生原因感到好奇。最早的解释当然是《瓦萨甫史》中所写的，在因奇耀奴的时代，在他的允许下铸造了这样的钱币，这可能是因为他窥视王权。当代钱币学家斯蒂芬·艾尔本也把铸汉字的原因归于因奇耀奴。但是，从我们掌握的钱币

---

① 'Abd al-Muḥammad Āyatī, *Tahrīr-i Tārīkh-i Vassāf*, Tehran: Intishārāt-i Buniyād-i Farhang-i Īrān, 1346, p. 86.

② 'Abd al-Muḥammad Āyatī, *Tahrīr-i Tārīkh-i Vassāf*, p. 91.

③ 勒内·格鲁塞《草原帝国》，蓝琪译，北京：商务印书馆，1998 年，463 页。

④ 《草原帝国》中说是第四个儿子，这是由于排序方式不同，一种是按年龄，一种按嫡庶。

⑤ Judith Kolbas, *The Mongols in Iran*, p. 169.

⑥⑦ 'Abd al-Muḥammad Āyatī, *Tahrīr-i Tārīkh-i Vassāf*, p. 113.

上的铸造年代来看，其与因奇耀奴在法尔斯地区的任期是有出入的。我们可以确切判定的一些"宝"字钱币的铸造年代是伊历 665 年或者 666 年，而因奇耀奴被阿八哈汗任命为法尔斯的总督却是在伊历 667 年①。因此，将钱币上铸造汉字归因于他是不妥的。况且，根据《瓦萨甫史》有关因奇耀奴的内容，我们很容易怀疑这是当时有人故意嫁祸此人。因为自从阿布·贝克尔死后，虽然后来的君王依然向伊利汗进贡，派军队随蒙古人出征，但是法尔斯地区一直不太平②。这成为蒙古人的一块心病。当地王族内部亲蒙古的势力和反蒙古的势力斗争不断，塞尔柱克·沙赫杀死了亲蒙古的图尔考恩王后和当地的两个蒙古治安官③，为此，蒙古人派大军镇压，杀死了塞尔柱克·沙。随后蒙古人扶植了阿布·贝克尔的孙女阿必失可敦为傀儡君主，并以她的名字铸造钱币④。后来阿八哈汗下令由因奇耀奴担任法尔斯的总督。因奇耀奴上任之后，当地的矛盾似乎转化为了蒙古地方长官与法尔斯当地贵族的矛盾。史书记载："因奇耀奴是一个可怕而聪明的突厥人。在短时间内就了解了当地的情况，依靠自己的洞察力任命了周边的官员。根据衙门每个人的级别赐予荣誉袍。……因此，财富很快聚集，国家繁荣安定。"⑤ 由此可见，首先他在各部门安插了亲信，然后获得了大量的财富，这无疑损害了地方势力的利益。他丢官的直接原因是因为他执行了旭烈兀的命令，杀死了王族的书记官库勒杰（Kolja）。当阿必失女王责问他时，他拿出旭烈兀的命令平息了此事⑥。但是旭烈兀在他被任命为法尔斯的总督之前就已经去世，所以这件事存在疑点。也许蒙古人此举是为了削弱法尔斯的地方势力。最后因奇耀奴因为被揭发贪污和夺权而遭到革职，其实他是伊利汗与地方势力斗争的替罪羊。按理他应该被处死，但后来只是被遣送到忽必烈那里⑦。所以，史书上将铸"宝"字在钱币上的原因归于他是值得商榷的。

目前还有一种解释就是朱迪思·库勒巴斯（Judith Kolbas）所持的观点。她认为波斯湾与中国的贸易和法尔斯的地方王朝在钱上铸"宝"字有关⑧。众所周知，海上丝绸之路的一个重要的目的地就是经霍尔木兹海峡进入波斯湾到巴格达。据中国史料记载，霍尔木兹海峡的几个小岛和锡拉夫早在公元 10 世纪中国的宋代时期就是重要的港口。元代旅行家汪大渊的《岛夷志略》记载了巴士拉港（波斯离）⑨。元朝官方文献提及中国商船驶

---

① 'Abd al-Muḥammad Āyatī, *Taḥrīr-i Tārīkh-i Vaṣṣāf*, p.112.

② 'Abd al-Muḥammad Āyatī, *Taḥrīr-i Tārīkh-i Vaṣṣāf*, p.106.

③ 'Abd al-Muḥammad Āyatī, *Taḥrīr-i Tārīkh-i Vaṣṣāf*, p.108.

④ 'Abd al-Muḥammad Āyatī, *Taḥrīr-i Tārīkh-i Vaṣṣāf*, p.110.

⑤ 'Abd al-Muḥammad Āyatī, *Taḥrīr-i Tārīkh-i Vaṣṣāf*, p.112.

⑥⑦ 'Abd al-Muḥammad Āyatī, *Taḥrīr-i Tārīkh-i Vaṣṣāf*, p.113.

⑧ Judith Kolbas, *The Mongols in Iran*, p.169.

⑨ 汪大渊著《岛夷志略校释》，苏继顾校释，北京：中华书局，1981 年 5 月第一版，2000 年 4 月第二次印刷，300 页。书中的校释还认为"甘埋里"就是霍尔木兹，此说不能使人信服。见《岛夷志略校释》，365 页。但是到达巴士拉必经波斯湾。

到"回回田地里"①，这就是指伊斯兰世界，包括波斯离（巴士拉）、天堂（麦加）、麻呵斯离（今伊拉克的摩苏尔）和大食（巴格达）。特别重要的是元朝的官方贸易船曾到达霍尔木兹②。公元1297年，法克尔哀丁（Fakhr al-Dīn Aḥmad）就代表合赞汗由海路到中国提亲，后来又从海路回去③。在霍尔木兹海峡有一个岛后来替代了锡拉夫的位置，那就是基什岛。而据伊朗史料记载，伊历628年，萨尔古利德朝的阿布·贝克尔终于控制了基什岛④。此后，基什岛就成为东西方海上贸易的中转站。《瓦萨甫史》记载："基什岛现在是波斯湾的大岛屿之一。来自印度、信德、中国、突厥斯坦、密昔儿（埃及）、沙姆（叙利亚）和大地边缘的商人都到那里，把自己的商品展现出来。"⑤因此基什岛对这个王朝非常重要，所以当时不惜派重兵将其占领，据为己有⑥。家岛彦一在他的文章中指出，公元13世纪中期到14世纪中期，霍尔木兹与基什垄断了波斯湾与印度洋的贸易⑦。在萨尔古利德王获得海上贸易的地理优势之后，波斯湾对外贸易的税收就尽入其囊中。据记载，当时设拉子地区的种植税为六分之一到二分之一，粮食除外；关税为单个马、驴或者牛所托运货物的十分之一⑧。随着商品交易和流通的日益频繁，对货币的需求量势必会相应增加。穆斯塔菲（Ḥamd Allāh Mustawfī）说伊利汗时期商路上的重要城市，包括设拉子，其税收主要靠商业税（tamgha）⑨。设拉子地方政府在钱币上铸"宝"字，容易让中国商人辨识，便于使他们接受这种钱币，有利于与中国进行商品贸易。这些从一个侧面印证了当时中伊贸易的繁荣。

那么为什么伊朗人要在钱币上仅仅铸造一个"宝"字呢？自从唐高祖武德四年（公元621年）铸造开元钱"开元通宝"起，到高宗时改铸"乾封泉宝"，肃宗时又铸"乾元重宝"，"宝"字成了货币的通用标识。到元代时，虽然主要以纸币行钞为主，曾发行过"中统元宝交钞"、"至元通行宝钞"、"至正元宝交钞"（正面依然是"中统元宝交钞"）⑩和"至大银钞"⑪，但上面基本都带"宝"字，另外发行的辅币也都以"**元宝""**通宝"命名。所以钱币上的"宝"字，自然成了货币的标识。还有一个佐证，2004年在中国新疆和田

①　黄时鉴，《通制条格》，杭州：浙江古籍出版社，1986年，卷二十七，285页。

②　黄溍《海运千户杨君墓志铭》，《金华先生文集》卷三五："年甫十九，致用院俾以官本船浮海。至西洋，遇亲王合赞所遣使臣那怀等如京师，遂载之以来。那怀朝贡事毕，请仍以君护送西还，丞相哈剌哈孙答剌罕如其请，奏授君忠显校尉、海运副千户，佩金符，与俱行。以八年发京师，十一年乃至。其登陆处曰忽鲁模思云。"

③　朱杰勤《中国和伊朗关系史稿》，乌鲁木齐：新疆人民出版社，1988年，26页。

④　'Abd al-Moḥammad Āyatī, *Tahrīr-i Tārīkh-i Vassāf*, p. 105.

⑤　'Abd al-Moḥammad Āyatī, *Tahrīr-i Tārīkh-i Vassāf*, p. 100.

⑥　'Abd al-Moḥammad Āyatī, *Tahrīr-i Tārīkh-i Vassāf*, pp. 104—105.

⑦　家岛彦一"モンゴル帝國時代のインド洋貿易——特にKish商人の貿易活動をめぐつて"，《东洋学报》，第五十七卷第304号，1976年三月。

⑧　'Abd al-Moḥammad Āyatī, *Tahrīr-i Tārīkh-i Vassāf*, p. 95.

⑨　A. K. S. Lambton, "Mongol Fiscal Administration in Persia", *Studia Islamica*, No. 64, 1986, p. 84, n. 1.

⑩　阎锋、陈凤伟主编《简明古玩辞典》，北京：华龄出版社，1999年，412页。

⑪　陈高华、史卫民《中国经济通史》，元代卷，北京：经济日报出版社，2000年，423页。没有纸币实物留下。

发现 15 枚钱币，其中一枚正面铸有汉文"宝"字，"宝"字右面是海都的标记[①]。根据考证，此钱应该是在公元 1295 年（伊历 694 年）左右在和田打制的。公元 1281 年后，元政府设立了别失八里、哈剌火州（吐鲁番）、斡端（和田）三个宣慰司，统管南、北疆的政务；公元 1295 年又设曲先塔林（塔里木附近）、北庭都元帅府，管理天山南北军务。可见，和田当时应该处于元政府的统治范围内，但又处于中亚与中原的中间地段，所以作为商品流通和税收的凭据，钱币的铸造考虑到了中亚和中原两方面的需求，因此既沿袭了伊斯兰钱币的风格，又加上了中国钱币的元素。

图六[②]：

　　银币，重量为 1.65 克，直径 18—19 毫米，正面为繁体"宝"字，左边是海都的徽记[③]，右边的尚待考证，背面中间的库法字体的美术字是清真言" Lā ilāh illā Allāh"。上面是 hazehe，意思是"这"。其余没有被打制到钱上的部分根据同时发现的钱币的佐证，推测是"duriba hazehe balad-i khotan"（打制在城市忽炭）。

　　所以，根据以上的推断和佐证，较为合理的观点是伊利汗法尔斯地区的"宝"字钱币应该是为了方便波斯湾地区与中国的贸易而铸造的。

"宝"字钱币细节和意义

　　无论我们从细节观察，还是从大处着眼，"宝"字钱都能引发我们进一步的思考。首先从这个字的打制来讲，我们把伊利汗国"宝"字钱上的"宝"字和察合台汗国"宝"字钱上的"宝"字作比较。从书法角度来审视，前者的书法水平要明显高于后者。前者是标准的楷体，而后者尽管背面的阿拉伯书法非常精美，但是"宝"字却给人以依样画葫芦的感觉。由此可见，当时伊利汗国有汉人书法家，或者是受汉文化影响研习书法的高手，相比而言和田地区则没有这样的人才。另外，就伊利汗各年代所铸造的"宝"字钱来看，钱币上面的"宝"字并非只请人写过一次，从笔画可以看出这些"宝"字都有一些

①　曹光胜、黄志刚《关于南疆发现的察合台钱币及初步研究》，《新疆钱币》，2006 年，第一期。

②　www.zeno.ru 第 7215 号。

③　Nyamaa Badarch, *The Coins of Mongol Empire and Clan Tamgha of Khans*, Mongolia: Ulaanbaatar, 2005, pp. 72—76.

细微的差别，由此可知，每次制钱前都请专人重新写过。这是否是同一个人的手笔，还是不同的人的手笔，我们不得而知。

另外，伊利汗国"宝"字钱币上的"宝"字是横卧着写的，而察合台汗国"宝"字钱上的"宝"字却是竖着写的。既然伊利汗国有汉字书法家，他们肯定知道汉字应该正过来写。我们仔细观察会发现铸币师是先让书法家写完阿拉伯文，留下空白处再让书法家写上汉字。因为，如果我们仔细看图二、图五、图六，会发现"宝"字中间的那个"尔"的一点好像是故意往里点的，以免碰到下面的阿拉伯字母。按照中文楷体一般书写习惯，这一点应该是朝外点的。而且，考虑到阿拉伯文字母基本是扁形的，所以留出扁平的空白再由汉字填补相对容易。由此我们可以看出为何汉字"宝"在钱币中是横写的。另外，也可以说明在钱币中这个字只是起到辅助的作用，阿拉伯文则占重要的地位。而在察合台汗国"宝"字钱上，因为钱币的整个一面都留给了"宝"字，所以没有横竖之分了。伊利汗国"宝"字钱的横斜似乎帮助我们解决了伊利汗国钱币上蒙文的书写方向问题。下面是一枚阿鲁浑时期的钱币（图七），右图的一面上都写了蒙文，最后一行是阿文阿鲁浑的名字（Arghūn）。蒙文一般是竖着写的，从左向右念，然而为了迎合阿拉伯文的书写方向，钱币按如下样式放置才应该是正确的。因此在铸币的时候书法家先竖着写完蒙文，再逆时针转九十度写阿文。

而从大处着眼，在伊利汗国的钱币上出现"宝"字足以体现元代时期中原的制度和文化对外的影响力。再联想到伊利汗时期乞合都汗曾在公元1294年（伊历693年）效仿元朝在伊利汗全境发行名为"钞"的纸币[1]，我们可以认定元朝对伊利汗国的金融影响不仅仅局限于我们通常认为的纸币的制造、管理和流通，其实还有金属币的铸造，或者更多。

图七[2]：

---

[1] 拉施特主编《史集》，余大钧译，第三卷，北京：商务印书馆，1992年，227—228页。
[2] www.zeno.ru 第2829号。

On the "Bao" Coins of the Salghurids in the Mongol Period

CHENG Tong

The "Bao" coins of the Salghurids are special and precious because a Chinese character "Bao" (宝) is minted on the obverse of the coin. We have sorted all these coins into three categories and found out that they were minted during the Islamic years of 660s in Fārs in the name of the last Salghurid Queen Abish Khātun. Two different explanations have been given by scholars, one is that the Turkish Mongol governor Inkiyānū probably ordered to mint the character before he was called back to the Ilkhanid court, this can be found in the history book written by Vassaf. The other is that the minting of the character attested to the prosperity of the trade with Chinese merchants in the Persian Gulf region. The author of this article prefers the latter explanation, because by comparing the years on the coins with the years mentioned by Vassaf, the "Bao" coins had been minted before Inkiyānū went to Fārs. And his demission was the result of the conflicts between the local noble group and the Ilkhanid group. The latter explanation can be supported by the deduction from the prosperous trade in the Persian Gulf, especially some islands in the Hormuz such as Kish, which was controlled by the Salghurids and provided the main part of the revenue of Shiraz with its commercial taxes. In addition, since the Tang Dynasty in China, the character "Bao" was often minted on the coins and became a sign of money. And the Chaghatay "Bao" coins in Xinjiang of China can also give an additional support to it. As a result, by this sign the Chinese merchants were willing to accept the coins in the process of trading. For the same reason, the "Bao" character on the Salghurids coins can make us imagine what a big share in the trade that the Chinese had at that time. Moreover, some details of the "Bao" character suggest that it was written by a Chinese or someone well-versed in Chinese culture. These details also explain why the character was placed horizontally just like the Mongolian inscriptions on the Ilkhanid coins.

从三种夜巡牌符看波斯文在元朝的使用

党宝海（北京大学历史学系）

一

2000 年 7 月，中国社会科学院考古研究所洛阳唐城队在隋唐洛阳城东城遗址距离地表深 2.8 米的金元地层发现了叠放在一起的五面元代令牌。牌为铜质，圆形，高 13 厘米，宽 10.8 厘米，厚 0.3 厘米。质地厚重，制作规整。牌上端为椭圆钮，中心有一孔。钮下面为覆莲叶图案，叶脉清晰，中间莲叶翘起，镶一火珠。牌背面似乎是双眼圆睁、展开两翼的鸟类形象。纹饰下为圆形牌面。正面有方形框，长 6 厘米，宽 5.9 厘米。方框外饰有花草纹，方框中间阳刻一大字"令"。字上部有两个梅花状纹饰。字的左右两侧各竖刻 6 个汉字，自右至左联读，右（视图方向，下文同）为"除伪防奸不许"，左为"借带违者治罪"。字均为阳文。在 0.7 厘米的边郭右侧阴刻令牌的汉字编号。这五面令牌的编号依次为天字肆拾肆号、捌拾玖号、地字十三号、四十八号、七十五号。令牌的背面也有方形框，长 6.3 厘米，宽 6.2 厘米，框内铸有三种文字。正中两行为八思巴字蒙古文，右侧两行为畏兀儿体蒙古文，左侧两行为波斯文[1]。

这五面令牌与 20 世纪前期中国学者柯劭忞收藏的一面铜牌完全相同。后者现藏乌兰巴托蒙古国国家历史博物馆（图 1）。日本学者羽田亨把圆牌正面"令"字右侧的汉字释为"关伪防奸不许"。通过与洛阳新发现令牌对比，应读作"除伪防奸不许"。笔者过去发表的论文沿用了羽田亨的读法，应当改正。

令牌背面的畏兀儿体蒙古文可转写为"jar tungqaq / maghun-i seregdekü"，八思巴字蒙古文可转写为"jar tʻungqaq / maʻun-i seregdekʻu"，意为"通令觉察奸恶"或"通令防奸"。这和正面汉文的文意大体一致[2]。

---

① 韩建华《河南洛阳市出土 5 枚元代"防奸"铜令牌》，《考古》2003 年第 9 期，96 页。该文把令牌顶部的鸟形图案释为雄鹰。日本学者羽田亨也曾将其判断为鹰，并进而认为此牌即元代海青牌。笔者据羽田亨论文所附照片辨认，曾认为图案具有夸张的眼、鼻和手臂，类似伏魔或力士。详见党宝海《蒙古帝国的牌符——以实物为中心》，《欧亚学刊》第四辑，北京：中华书局，2004 年，185 页。按，这一观点是不准确的，应为鹰纹。

② 对此日本学者羽田亨、美国学者鲍培（N. Poppe）都曾做过研究，详见前引党宝海《蒙古帝国的牌符——以实物为中心》，185 页。对洛阳新发现牌符的释读，见蔡美彪《洛阳市出土元代防奸令牌诠释》，《考古》2003 年第 9 期，83 页。本文对字母转写和释文都稍有改动。

柯劭忞所获令牌上的波斯文由澳大利亚国立大学利兹威（S. A. A. Rizvi）博士做了转写和释读。他的转写是：（1）iʻtimād（2）mānand（3）bar（4）lauh［i］（5）šab（6）gašt，释意为"授权夜巡之牌"[1]。利兹威的研究应是可靠的，特别是非常关键的后三个单词。牌上的两行波斯文对判断令牌的性质至关重要，它清楚地说明，这种令牌为夜巡牌[2]。

二

2004年8月，蒙元文化博物馆在北京大学赛克勒考古与艺术博物馆举办"大朝遗珍"文物展，展品中有几枚此前不为人知的金属牌符。据博物馆提供的信息，这几枚牌符属于蒙元时代。遗憾的是，蒙元文化博物馆收藏的这些牌符都是收集品，牌符的发现地点无从查考。

为配合展览，蒙元文化博物馆与北京大学考古文博学院举行了"蒙元文化与历史"国际学术研讨会。会上内蒙古大学蒙古学研究中心的齐木德道尔吉教授作了题为《蒙元文化博物馆收藏元代器物八思巴铭文释读》的学术报告。该报告研究了展品中的三面蒙古牌符[3]，其中的一枚"行走中军"铜牌引起了笔者的注意[4]。

铜牌的外观很特别，为心形。通高10.7厘米，最宽处为9厘米。牌子背面磨光，没有任何纹饰、文字。牌子的正面内侧有一圈卷草纹。中间有八思巴字蒙古文、汉文、畏兀儿体蒙古文、波斯文四种铭文（图2）[5]。汉字位于牌子的中下部，中央是一个汉文大字"令"，下面有汉字三列，自右至左分别为"赐行/走/中军"。八思巴字蒙古文位于牌子的上部，共八列。齐木德道尔吉教授研究了这组文字，他指出这些八思巴字自右至左可转写为：（1）-ni s-（2）-e reg-（3）-de-（4）-kʻu（5）jar t-（6）-ung（7）-qaq ma（8）-ʻu。这段文字应从第五列读起，读到第八列再与第一列连读，直读到第四列，形成一句完整的蒙古语句子，即"jar tungqaq maʻun i seregdekʻu"，意思是"通令防奸"。畏兀儿体蒙古文在牌子的右侧，共两行，可转写为：jar tungqaq maghun i seregdekü，与八思巴字蒙古文义基本相同[6]。事实上，这些文字和本文第一节所论令牌上的蒙古文一致。

在牌子的左侧有两行波斯文，目前尚无学者研究。笔者注意到，这两行波斯文与

---

① Igor de Rachewiltz, "Two Recently Published P'ai-Tzu Discovered in China", *Acta Orientalia Academiae Scientiarum Hungaricae*, vol. XXXVI（1982），p. 417, n. 23.

② 详见前引党宝海《蒙古帝国的牌符——以实物为中心》，191页。

③ "蒙元文化与历史国际学术研讨会"会务组编发的《论文资料汇编》第1—2页收录了齐木德道尔吉教授学术报告的提要。

④ 此据展览说明。齐木德道尔吉的论文提要中写为"铁质"。从实物来看，牌上青绿色铜锈很多，牌符应为铜质。另据笔者研究，巡牌通常多是铜牌。参看前引党宝海《蒙古帝国的牌符——以实物为中心》，194页。

⑤ 彩色照片见内蒙古蒙元文化基金会编《"大朝遗珍"精品展简介》，北京：中国民族摄影艺术出版社，2004年，38页。

⑥ 两种蒙文铭文的转写和释文，据前引齐木德道尔吉论文提要。本文稍有改动。

本文第一节所述夜巡牌上的波斯文完全相同，可转写为：（1）i'timād（2）mānand（3）bar（4）lauh［i］（5）šab（6）gašt，意为"授权夜巡之牌"。这和牌面上的汉文、两种字体的蒙古文文意相近，都有"巡行、巡视"的含义，而且三种铭文可以互相补充，完整地说明牌符的实际功能：持牌者可以夜间在军营中（包括军营最核心机要的区域——中军）巡行检视，以防奸伪之人。

<h2 style="text-align:center">三</h2>

　　蒙元文化博物馆的另一面带有波斯文的圆牌也是夜巡牌。牌为铜质，主体为圆形，边缘铸出花朵、卷草纹饰；牌符上部为平缓的锥形，做成叶蒂的形状，顶端有圆纽，用来系挂牌符。牌通高8.5厘米，最宽处6厘米①。牌背面的文字不详。牌正面有汉字两行，右侧是"捌號"，中央是三个大字"夜巡牌"（图3）。

　　牌左侧有波斯文一行。在我国的江苏扬州、内蒙古兴安盟科尔沁右翼中旗曾发现过此类夜巡牌，牌上也有相似的波斯文。通过比对，此牌上的波斯文与内蒙古科尔沁右翼中旗夜巡牌上的波斯文基本相同②。由于波斯文辨识困难，笔者采纳研究者们有较多共识的释读，将这行波斯文的中间两词释为"šab gašt"，意为"夜间巡行"。这与牌上的汉文吻合。

　　2012年，日本学者吉本智慧子在中国东北私人收藏家的藏品中，见到一面五种文字合璧的夜巡牌。牌为铜质，高17.4厘米，圆形部分直径14.2厘米，厚0.7厘米。牌子顶部做成叶蒂的形状，顶端有圆孔。此牌的一面有"夜巡牌"三个较大的汉字；另一面有四种文字，分别为畏兀儿体蒙古文"söni muquriqu kerege"（意为"夜巡牌"），八思巴字蒙古文"söni muquriqu kere·e"（文意同上），女真大字"dolwor soguru pai"（文意同上），另在八思巴字蒙古文和女真大字之间，有一行波斯文。吉本智慧子根据郝苏民、刘文性对科尔沁右翼中旗夜巡牌上波斯文释读的成果，将此牌的波斯文释为"ärsäd šab gašt pärät"（意为"夜巡者夜间通行牌符"）③。吉本智慧子论文中的波斯文图片字迹模糊，难以识读④。不过，从文字来看，应当是波斯文。

　　① 　与一般的夜巡牌相比，这面夜巡牌显得过小，参看本文第四节的表格。

　　② 　有关这两面牌符，特别是牌上波斯文的研究，参看耿鉴庭《扬州城墙里的元代腰牌》，《文物》1962年第11期，65—66页；蔡美彪《元代圆牌两种之考释》，《历史研究》1980年第4期，124—132页；前引 Igor de Rachewiltz, "Two Recently Published P'ai-Tzu Discovered in China", p. 417；照那斯图《内蒙古科右中旗元代夜巡牌考释——兼论扬州等处发现的夜巡牌》，《民族语文》1994年第4期，11—14页；蔡美彪、阿西木·图尔迪、刘迎胜、曾延生《对科右中旗夜巡牌阿拉伯字母文字读释的意见》，《民族语文》1995年第3期，51—53页；郝苏民、刘文性《关于科右中旗夜巡牌阿拉伯字母文字读释的再讨论》，《民族语文》1996年第3期，71—72页。

　　③ 　吉本智慧子《五体合璧夜巡牌女真大字考释》，《立命館言語文化研究》25（2），2014年，201—211页；特别是203页。

　　④ 　前引吉本智慧子《五体合璧夜巡牌女真大字考释》，211页。

四

2004 年笔者在《欧亚学刊》第四辑发表了《蒙古帝国的牌符——以实物为中心》一文。这篇论文对制作于蒙古帝国时期（相当于 13—14 世纪）的 20 面牌符进行了分类研究。依照实际用途，笔者将它们分为四类，分别是乘驿牌（7 面）、职官牌（8 面）、夜禁牌（包括 1 面夜行牌和 3 面夜巡牌两小类）、民间私造牌（1 面）。

三面夜巡牌的简况列表如下：

发现地	形状	质地	大小	文字	牌号	纹饰	时间
江苏扬州	圆	铜	长 17cm，宽 14cm，厚 1cm	正面汉文四行；背面波斯文、八思巴字蒙古文各一行	玄字拾号	叶蒂纹	至正十五年（1355）之后
北京？	圆	铜	左右直径约 10cm，上下高约 13cm	正面汉文三行，另汉字编号一行；背面波斯文、八思巴字蒙古文、畏兀儿体蒙古文各两行	地字五十号	正面叶蒂纹，背面鹰纹	至元六年（1269）后
内蒙古科尔沁右翼中旗	圆	铜	高 16.3cm，宽 11.3cm，厚 0.6cm	正面中央汉字一个，另有汉、藏文各一行；背面畏兀儿体蒙古文、八思巴字蒙古文、波斯文各一行	天字拾二号	顶部日月纹；正面如意云纹，背面连草纹	至元六年后

这三面牌符上都有内容相近而书写形式完全不同的多种文字。最多的科右中旗夜巡牌有五种文字拼写的四种语言。为什么夜巡牌上会铸有这么多不同文种的文字呢？笔者曾在拙作中结合元朝的夜禁政策，作了初步解释。

据《元史》卷一〇五《刑法志四·禁令》：

> 诸夜禁：一更三点，钟声绝，禁人行；五更三点，钟声动，听人行。违者笞二十七，有官者听赎。其公务急速，及疾病、死丧、产育之类不禁。（中略）诸犯夜拒捕、斮伤徼巡者，杖一百七。[①]

为执行夜禁政策，元朝在夜晚派出"徼巡者"，监视检查是否有人违犯了夜行禁令。这些"徼巡者"持夜巡牌来显示自己拥有执行夜禁、四处巡查的权力。夜禁政策主要在城市地区施行，而元代城市居民来自不同地区、不同民族，所以牌上使用了多种文字。

---

① 《元史》，北京：中华书局，2682 页。

　　这就引出了一个新的问题，即波斯文在元代的应用程度如何。如果只有少数城市居民使用波斯文，那么完全没有必要在夜巡牌上铸造波斯文。从夜巡牌的文字可以看出，至少在当时的城市中，波斯文被较多居民所使用。依元朝的情形判断，这些居民应是色目人中能够拼读波斯文的西亚或中亚人。从 10 世纪中叶起，波斯文成为伊斯兰世界东部地区的通用书面语，很多中亚的突厥民族也能读写波斯文。13—14 世纪，随着蒙古帝国的建立，大量中亚、西亚地区的居民进入元朝统治区，并被统称为"色目人"。很多色目人在政府机构任职或经商，因而定居于城市，形成波斯语文流行的小环境①。此外，尚有很多色目人在元朝军队中效力，所以"行走中军"牌上也有相应的波斯文。

　　根据为数不少的铸有波斯文的元朝官府夜巡牌，我们可以得出这样两点认识：第一，波斯文在元朝曾被政府较多地使用；第二，波斯文被元朝政府使用是由于元代社会有数量可观的波斯语文使用者。这些使用者大多属于色目人，多数定居在城市或效命于军旅。

　　中国学者黄时鉴先生很早就注意到波斯文在元朝的应用。为了说明这一问题，他不但利用了扬州夜巡牌，还研究了 8 件刻有波斯文的元朝铜权。这些铜权是元朝政府统一制造、颁发的衡器，其功用近似于今天的秤砣。8 件铜权上的波斯文分别标出了铜权的准确重量，如"斤二十五""斤三十五""斤五十五"等②。这些由政府制作、下发的衡器上刻有波斯文，也从另一侧面说明了波斯文在元朝的地位，特别是它在社会经济活动中的重要意义。而这一地位的取得，与色目人来华并大量经商有着密不可分的关系。

　　由于波斯语文使用较广，元朝在政府机构中设有专门的回回译史，并建立了回回国子学、回回国子监。这两个机构的一项重要职责是讲授"便于关防取会数目"的亦思替非文字。据学者研究，这是古代伊朗人为满足税收、理财及贸易要求而创造的一种特殊符号，是波斯文化的延伸③。

　　在黄时鉴的研究之后，南京大学刘迎胜教授撰文，进一步论证和支持了黄先生的观点④。2012 年，英国学者摩尔根（D.O. Morgan）的论文也强调波斯文、波斯语在元朝作为交流媒介的重要性⑤。

---

　　① Huang Shijian（黄时鉴），"The Persian Language in China during the Yuan Dynasty", *Papers on Far Eastern History*, No. 34（1986），汉文本题为《波斯语在元代中国》，收入氏著《东西交流史论稿》，上海：上海古籍出版社，1998 年，172—184 页。

　　② 黄时鉴《元代四体铭文铜权的考释——以识读波斯文铭文为主》，最初发表于叶奕良主编《伊朗学在中国》论文集第二集，北京：北京大学出版社，1998 年，41—47 页；后收入氏著《东西交流史论稿》，200—211 页。

　　③ 前引黄时鉴《波斯语在元代中国》，174—175、181 页。参看（伊朗）穆扎法尔·巴赫蒂亚尔《〈亦思替非〉考》，收入叶奕良主编《伊朗学在中国》论文集第一集，北京：北京大学出版社，1993 年，44—50 页。

　　④ Liu Yingsheng, "A Lingua Franca along the Silk Road: Persian Language in China Between the 14th and the 16th Centuries", in R. Kauz ed., *Aspects of the Maritime Silk Road: From the Persian Gulf to the East China Sea*, Wiesbaden: Harrassowitz, 2010, pp.87—96.

　　⑤ D.O. Morgan, "Persian as a *Lingua Franca* in the Mongol Empire", in B. Spooner and W.L. Hanaway ed., *Literacy in the Persianate World: Writing and the Social Order*, Philadelphia: University of Pennsylvania Press, 2012, pp.160—170.

然而，2015 年，英国学者浩史悌（Stephen G. Haw）对上述学者的观点提出质疑，认为波斯文在元代中国并没有上述学者所强调的重要性。在元代中国和蒙古，波斯语并不是政府确定的一种真正的通用语（Lingua Franca）[①]。

以上学者的观点都值得重视。一方面，目前能够看到的元代波斯文遗存数量可观，表明波斯文的确在元朝得到一定程度的使用。而另一方面，这些波斯文的篇幅较短，内容有较多的重复和雷同之处；政府翻译人员不需要掌握太高水准的波斯文，就可以完成书写的任务。就此而言，元朝政府对波斯文的使用似乎停留在较低的层次。

我们只有搜集更多的史料，特别是元代实物资料，才能更全面、客观地了解当时波斯语文的使用情况。换言之，综合更多文献与实物史料，我们才能进一步确认波斯语文在元朝多族群社会中的地位，从而对当时的语言文字及社会文化作出较准确的估计。

附图

图 1

图 2

图 3

[①]　Stephen G. Haw, "The Persian Language in Yuan-Dynasty China: a Reappraisal", *East Asian History*, No.39, December 2014, pp. 5—32.

On the Use of Persian in the Yuan Dynasty:
Based on Three Kinds of Night Inspection Tablet

DANG Baohai

This paper discusses three kinds of night inspection tablet with Persian inscriptions discovered in China in recent years. After a short survey of the studies on the use of Persian in the Yuan period, this paper argues that only based on more historical documents and material objects can we learn the actual significance of Persian in the multi-ethnic society of the Yuan Dynasty.

古代伊朗的王权观念

李铁匠（常熟理工学院人文社科系）

一、伊朗王权观念的起源

在古代世界各国，特别是大一统的帝国之中，君主在国家政治生活中处于权力金字塔的塔顶，对于该国社会历史发展起着十分重要的作用，并且深刻地影响到国家的政治、思想和文化的发展。因此，王权观念在各国历史中具有特别重要的意义。对于像伊朗这样在古代世界中规模空前的大帝国而言，王权观念就显得更为重要。

在伊朗语部落建立伊朗国家之前，两河流域和埃兰文明已经存在了几千年。因此，古代伊朗王权观念对两河流域和埃兰文明的王权观念实有继承。这种早期王权观念在《苏美尔王表》《吐马尔铭文》中有明确的反映[1]。在那里，存在着一位统治整个苏美尔的王（基什王），也存在着各个城邦的王。苏美尔的王权据说是从天而降，这种理论被称为天命论或王权神授论。正如许多学者所指出的，苏美尔的王是由设在宗教圣城尼普尔神庙的城邦联盟首领，根据情况的需要，由各邦国王中选举产生的，是有一定任期的职务[2]。它表面上打着天命或王权神授的旗号以显示其神圣不可侵犯性，实际上则必须取得各邦统治者同意。因此，所谓天命或王权神授，就是统治阶级的集体意志的体现。它既可以授予某人王权，也可以剥夺其王权。如果国王没有完成联盟交给他的任务，或者在战争中被对手击败，授予他的王权就将被剥夺，转交他人。其中的理由若用人们熟悉的理论来解释，就是"失天命"或"得人心者得天下，失人心者失天下"。不过，王权由选举产生的制度到后来逐渐流于形式，王位变得世袭化。

除了苏美尔的王，各邦统治者尽管称号、权力大小不一，但史学界也把他们视为国王。从《吉尔伽美什与阿伽》《恩梅伽尔与阿拉塔国王》和《乌鲁卡吉拉改革》可以看出，国王一般是世袭的，但也有由公民选举产生的。国王不一定都具有非凡的武功，也可以是具有高度权威，得到公民普遍支持的领袖。反之，如果国王缺乏威望，治国无方，也

---

[1]　吴宇虹译《苏美尔王表》和《吐马尔铭文》，《世界古代史论丛》（第一集），北京：三联书店，1982 年，222—233 页。

[2]　杨达悟、杨炽《美索不达米亚王权的兴起》，《古代王权与专制主义》，北京：中国社会科学出版社，1993 年，44—65 页。

可能被国人赶下台去①。这样一来，天命又被解释成人心和民意。由于苏美尔公民本身就是统治阶级，因此，所谓的人心也就是统治阶级的意志。

在苏美尔，早期王权代表着世俗权力与宗教权力的结合，国王有时干脆就是集世俗和宗教首领职务于一身的祭司王。国王在吹嘘自己的治国功绩时，也不忘吹嘘自己对神庙的贡献。这种王权神授、王位世袭、国王必须具有高度权威和人民支持的观念，是两河流域早期文明的王权观念，也是由城邦走向地域国家时期的王权观念。这种理论的出现，与苏美尔早期王权相对比较弱小、氏族贵族（神庙集团）势力强大有重要关系。

自阿卡德王朝起，苏美尔地区完成了由城邦向地域国家的过渡。分裂割据的城邦被逐一扫平，氏族贵族势力受到削弱，中央集权统治机构建立。国王除了自称某国之王，还自称"苏美尔之王、天下四方之王"。但是，国王在自己的铭文中，仍然坚持王权神授，强调自己的王权得到人民的支持。这种观念可以说和苏美尔时期没有很大变化。

同时，王权在国内政治、经济生活中开始起到决定作用。一方面，国王控制国家一切权力，建立起以家族统治为核心的王位世袭制度。另一方面，王权的基础不再来自选举或权威，而是武力。其权力不再受长老会议和公民大会限制，凡是反抗王权者都将受到严厉的镇压。

在新的国家制度中，王权和神权的关系也有很大的变化。一方面，由于王权需要神权为自己服务而又不希望它对王权造成损害，所以对神权采取利用与限制相结合的政策，使神庙集团感到不满。另一方面，由于对外征服给神庙集团带来许多实际利益，又使之乐于为新兴的王权服务。但是，由于神庙集团忽视了以国王为首的军事集团实力已经大大超过以其为代表的氏族贵族，以及国王不再是由选举产生而是靠武力取得政权的事实，继续打着神权的旗号干预政治，这就使两者之间经常出现尖锐的矛盾和斗争。这种情况，一直到古波斯帝国征服巴比伦之时，依然没有很大变化。巴比伦王国就是因为神庙祭司集团的出卖而灭亡的。

埃兰王国（公元前2700—前600）是伊朗最早的国家，但是，它的创立者是当地土著居民而不是印欧语系印度伊朗语族的伊朗人。埃兰文化深受两河流域影响，这一点，我们从《苏美尔王表》把埃兰列入两河流域城邦中就可见一斑。

埃兰王权观念受到两河流域影响，但又有自己的特色。根据埃兰王铭，古埃兰时期（约公元前2700—前1600）存在着类似两河流域的城邦联盟。国家管理实行三头政治，王位按母系继承，由在母系方面有血缘关系的三位统治者依照一定的规则继承，早期主要为传甥与兄终弟及制，偶尔也有父传子继的情况。中埃兰后期（约公元前1200），中央集权开始萌芽，王位按母系继承的制度遭到破坏，父系继承制度开始出现。新埃兰时

① 《吉尔伽美什与阿伽》《乌鲁卡基那改革》，《世界通史资料选辑》（上古部分），北京：商务印书馆，1985年，36—50页。《恩梅伽尔与阿拉塔国王》译文见拱玉书《升起来吧！像太阳一样：解析苏美尔史诗〈恩美卡与阿拉塔之王〉》，北京：昆仑出版社，2006年，305—388页。

期（约公元前 800—前 600），父系继承制度牢固确立。王位继承以父传子为主，如果没有儿子或儿子尚未成年，则传位于弟，三头政治退出历史舞台。

在埃兰的王权观念中，除了王权神授、王位世袭和国王必须具有权威的观念之外，还有一个重要特点，那就是王室成员盛行兄妹为婚制度，以王室血统的纯洁来强调王权的神圣和正统。这种制度实际上是母系继承原则的遗风，是掌权的王室为了排除其他贵族家族窥视王位而采取的一种预防措施。不过，在埃兰国家强大之时，也有埃兰公主远嫁两河流域王室的例子。埃兰将王权与神权相提并论，例如，在民间私人合伙契约中，订约双方必须以神与国王之名起誓，如违反契约，必须接受神与国王的惩罚[①]。

这种王权神化、王位世袭、王室内部血缘通婚和国王必须具有权威的观念，我们可以把它称为古代伊朗早期的王权观念，或当时人们判断国王是否合法的一种正统观念。这种正统观念，也可以追溯到印欧语系部落的王权观念原型。正统观念是古代世界所有文明古国中常见的王权观念。如果我们剥去其神圣外衣，实际上只是比较落后的国家为了消除王室内部纷争，保持王权稳定的一种办法。它对曾经在埃兰的安善地区生活了上百年之久的波斯人，产生了重要的影响。

米底王国（约公元前 673/672—前 550）是伊朗历史上第一个由伊朗人建立起来的强大国家。在它之前，伊朗西北部已经存在着许多由伊朗人建立的城市国家，米底王国也是其中的一个。根据希罗多德所说，米底传说中的第一位统治者戴奥凯斯是由于聪明、公正而被各部落推举为国王来治理米底的。希罗多德把他称为"僭主"[②]。这种僭主，大概就是由军事民主制首领或酋长转化而来的早期国家的国君。后来米底国王东征西讨，征服伊朗各部，并且开始加强王权，引起贵族的反对，被新兴的波斯王国所灭。

由于至今尚未发现真正的米底文书，我们只能根据间接的资料对米底王权进行一些推测。米底政治制度起源于亚述。但与亚述相比，米底王国是一个比较松散的政治联合体。米底贵族势力强大，国王权力有限，但王位世袭，以传子为主，也可以传女。居鲁士二世在击败阿斯提阿格斯之后，顺利地兼并了米底，这一举动得到米底贵族的支持，并且被米底贵族认为是外孙继承了外祖父的王位。因此，我们推测米底王权观念类似于埃兰和阿契美尼德时期的王权观念。不过，关于米底王权的确切情况，现在没有可靠的历史资料可供研究。

二、帝国时期的王权观念

在古波斯帝国建立之前，波斯人已经在埃兰境内的安善地区生活了 200 年之久。后

---

① 李铁匠《伊朗历史与古代文化》，南昌：江西人民出版社，1993 年，24—30 页。李铁匠选译《古代伊朗史料选辑》，北京：商务印书馆，1992 年，4—22 页。

② 希罗多德《历史》，北京：商务印书馆，1959 年，第一卷，51 页。

来，波斯又成为米底的属国。因此，古波斯帝国的王权观念无疑受到古代两河流域、埃兰和米底的影响。公元前550年，居鲁士二世联合米底贵族，击败米底国王，兼并了米底。随后，他又用了不到20年时间征服西亚各地，建立起古代世界空前庞大的古波斯帝国。

在古代各国君主之中，居鲁士二世的美名经久不衰，其政绩达到了古代君主政治的顶峰。这不仅是因为他为人宽厚豁达、尊重各地宗教传统，善于利用被征服地区的上层社会成员来治理当地；更因为他能够注意维护被征服地区的和平安定，防止大规模破坏、杀戮。因此，他在某种程度上得到被征服地区各个阶层的支持。

根据居鲁士二世在不同时间、地方所用的安善王、米底王、巴比伦王等称号，学术界认为他的国家是君合国。他在位时期忙于东征西讨，无暇建立完善的中央机构。地方机构主要是行省和附属国，由各地贵族治理。因此，他的国家并不稳定，其安危在很大程度上维系于君主的个人威望。

在《居鲁士二世圆柱铭文》中，第一次出现了阿契美尼德宗族的世系表："我，居鲁士，世界之王，伟大的王，强有力的王，巴比伦王，苏美尔阿卡德王，天下四方之王，伟大的王，安善城之王冈比西斯之子；伟大的王，安善城之王居鲁士之孙；伟大的王，安善城之王铁伊司佩斯之玄孙；万世君主之苗裔……"[1] 同时，铭文反复歌颂他对巴比伦的恩德，巴比伦人民对他的感激，称其为神所选定的国王和救世主[2]。如果我们仔细玩味铭文的意思，可以发现古波斯王权观念不但强调世袭、世系，也非常强调天命、王权神授和民意，并且有把天命解释为人心的倾向。

自居鲁士二世起，国王的人格被神化。居鲁士二世的生平就充满了神话，他被说成是由母狼养大的，生前被臣民吹捧为神所选定的统治者、救世主，甚至是神，死后又被葬入类似两河流域寺塔和伊朗神庙建筑的陵墓之中，享受到了只有神和英雄才能够享受的待遇。

尽管历代统治者都盛赞居鲁士二世的宽厚仁慈，但正是从他开始，波斯臣民朝见国王都必须行跪拜礼，并亲吻国王的脚[3]，以显示国王的神圣。国王是新年庆典活动的主要祭司和献祭者，其登基之日必须采用新的名字，点燃自己的圣火坛，表示自己得到了新生。同时，他还必须穿上象征宇宙统治者地位的长袍。国王去世之日，他的圣火坛必须熄灭。在追悼国王的时候，部分王室成员或奴仆可能会以自杀或自残的极端方式来显示自己的忠诚。不过，这些观念都是从许多零散的资料中推论出来的且是在伊朗漫长的历史中逐渐形成的。

为了强调王权的正统性，阿契美尼德王室非常重视血统的纯洁，王室成员内部实行

---

① 李铁匠选译《古代伊朗史料选辑》，30页。

② 李铁匠选译《古代伊朗史料选辑》，29—31页。

③ 李铁匠选译《古代伊朗史料选辑》，31页。

兄妹为婚、近亲通婚。我们知道冈比西斯二世和巴尔迪亚不但娶了自己的同胞姐妹为妻，而且娶了许多阿契美尼德家族的女子为妻。当时，不是由王室血缘通婚所生的子女，被认为是不合法的继承人。这种做法，实际上就是国王通过婚姻的手段，剥夺其政治对手名正言顺角逐王位的机会。后来的安息王朝、萨珊王朝，基本上都继承了阿契美尼德王朝兄妹为婚和近亲通婚的传统，以此作为稳固王权的一种办法。

居鲁士二世逝世之后，其长子冈比西斯二世（公元前529—前522年在位）继位。他在位时期，长期的对外战争使人民苦不堪言。而且，他企图加强王权，限制贵族势力，被贵族视为暴君。后来，其弟巴尔迪亚以清除暴政为名发动政变，夺取了王位。但是，巴尔迪亚上台后进行了一系列激进改革，进一步削弱贵族势力，加强王权，结果被以大流士一世为首的贵族集团暗杀。

在夺取了居鲁士家族的王位之后，大流士一世为了替自己弑君夺权辩护，不惜篡改历史，编造自己和冈比西斯二世同属一族，也是阿契美尼德王朝合法继承人的证据。在《贝希斯敦铭文》中，他自称"我父（是）叙司塔司佩斯；叙司塔司佩斯之父（是）阿尔沙米斯；阿尔沙米斯之父（是）阿里亚拉姆涅斯；阿里亚拉姆涅斯之父（是）铁伊司佩斯；铁伊司佩斯之父（是）阿黑门尼斯。[……]因此，我们被称为阿黑门人，自古以来我们就是贵族，自古以来我们的亲属就是国王"[1]。

1920年，考古学者在米底都城哈马丹宫廷发现大流士一世的曾祖阿里亚拉姆涅斯和祖父阿尔萨米斯的金版铭文，两者在铭文中都自称为波斯国王。这两块铭文似乎可以证实《贝希斯敦铭文》中大流士一世的世系，但考古学者仅仅是根据铭文的风格，就可以断定这两块铭文不是公元前7世纪之物，而是比公元前5世纪初更晚的伪造文件[2]，揭穿了大流士一世编造其曾祖和祖父是国王的谎言。为了使自己的统治更加符合正统观念，尽管大流世一世已经结婚，但他又把居鲁士二世之女、冈比西斯二世和巴尔迪亚的姐妹和妻子娶为自己之妻，以此显示自己是居鲁士二世合法的继承人。我们看到，即使是像大流士一世这样以阴谋夺取政权的篡位者，也必须千方百计伪造历史，把自己装扮成合法的、正统的统治者。

此外，他宣称自己得到阿胡拉·马兹达之助。在《贝希斯敦铭文》中，他将自己的王位和胜利都归功于阿胡拉马兹达的恩赐，将对手的失败归罪于反对阿胡拉马兹达[3]。国王在铭文中公开宣布阿胡拉马兹达授予自己王权，这在以前是从来没有的。由此可以看出，他在利用伊朗民族的宗教来维护王权方面比其对手要高出一等。

从大流士一世《纳克希·鲁斯坦铭文》（N）起，波斯历代国王铭文的开头有了固定

---

① 李铁匠选译《古代伊朗史料选辑》，35页。按，阿黑门尼斯即阿契美尼斯，阿黑门即阿契美尼德，下同。

② R. G. Kent, "The Oldest Persian Inscriptions", *JAOS*. Vol. 66, 1946, pp. 206—212. 转引自 M. A. 丹达马耶夫等著《古代伊朗文化与经济》，莫斯科，1980年，俄文版，267页。

③ 李铁匠选译《古代伊朗史料选辑》，35—49页。

的格式："伟大的神阿胡拉马兹达，他创造了这大地、天空。他创造了人类和人类的幸福。他立 XXX 为王，使之为众（王）之王、众（号令者）之号令者。我（是）XXX、伟大的王、众王之王、万邦万民之王、这辽阔大地之王、YYY 之子、阿黑门宗室、波斯人、波斯人之子、一个雅利安血统的雅利安人。"① 当然，所有铭文照例都不忘吹嘘自己的品质和功绩。

　　这个格式，比较完整地反映了古波斯帝国王权观念。首先是王权神授观念，即一位合法的国王，必须得到阿胡拉马兹达（神）的支持；其次是"大一统"观念，国王把自己统治国家视为"一统天下"，以"众王之王""世界之王"和"天下四方之王"自居；第三是正统观念，即国王必须是具有王室血统和雅利安人血统的波斯人。我们从中似乎看到了"波斯民族主义"的萌芽，不过，它的最后形成，还是在萨珊王朝时期。同时，国王还必须具有公正、诚实的品质和重要的功绩，也就是必须获得所谓的人心或民意。只有符合这些条件，他才能成为一位合法的统治者。可以说，阿契美尼德时期的王权观念已经比较成熟。

　　但是，阿契美尼德王朝在王位继承方面却没有一套固定的、行之有效的制度，因此，该王朝中宫廷政变不断，由居鲁士二世到大流士三世，共 13 位国王，就有 8 位国王死于政变。同时，阿契美尼德王室的血统并不像他们吹嘘的那样纯而又纯，正而又正。薛西斯国王就曾经立犹太著名女英雄以斯帖为妻②，阿契美尼德后代诸王也有人与外族女子通婚。其中有些政治婚姻是为了扩大王室的力量，但也有些是因为女方年轻美貌而被选为王妃。所以，阿契美尼德王室的后裔，并不是他们自己所说的纯波斯或雅利安人血统。

　　古波斯国王是否算专制君主？如果根据专制主义的五个特点和性质③来判断，我们认为至少自大流士一世开始，中央集权的君主专制制度就已经建立，并且已经相当完善。由于古波斯帝国是一个刚刚由部落联盟跨入帝国大门的国家，其制度还比较原始和不完善，国内贵族势力也比较强大。

　　阿契美尼德王朝灭亡之后，伊朗被马其顿征服者塞琉西王朝统治了上百年之久。公元前 238 年，伊朗游牧部落阿帕勒人在部落首领阿萨息斯一世带领下，占据帕提亚行省，建立阿萨息斯王朝，即《史记》所载"安息"王朝（公元前 238—公元 224）。

　　由于安息人来自东伊朗游牧部落，被萨珊人视为异族和仇敌，故安息王朝的文献资料被后者毁灭殆尽，国王的铭文至今未被发现。根据传世的安息钱币和文书，安息国王自称为"伟大的王、众王之王"，并宣称自己是阿契美尼德王朝阿塔薛西斯二世的后裔，

---

① 李铁匠选译《古代伊朗史料选辑》，50 页。

② 《圣经·以斯帖传》。

③ 施治生、刘欣如主编《古代王权与专制主义》，北京：中国社会科学出版社，1993 年，6—7 页。

其王权神授、王位世袭、王室内部血缘通婚的观念，都与阿契美尼德时期基本相同①。学术界据此判断，安息时期的王权观念与阿契美尼德时期没有很大区别。安息国王的名字，大多出自琐罗亚斯德教经典《阿维斯陀》中的英雄人物。这表明他们都是正统的琐罗亚斯德教徒，也表明安息国王有意利用琐罗亚斯德教为巩固王权服务。

不过，安息王权不如阿契美尼德王权强大。这是因为安息人出自游牧部落，政治结构比较松散，贵族势力强大。王位虽然基本按父系继承，但母系传统的残余较强烈，故王位既传子侄，也传兄弟。国王由宗室成员和大贵族组成的御前会议从有资格继承王位的宗室成员中选举产生，权力受会议限制，职务并非终身所有。只要时机成熟，会议成员随时可以用各种借口推翻不合自己心意的国王，另立新王。这种制度为窥视王权者提供了可乘之机，不利于国家的稳定。因此，自公元初年开始，国王在生前就指定继承人，待其去世后，议会根据其遗嘱推举其继承人为王。但这种做法虽然有利于国家稳定，却引起原来有权获得王位的宗室成员不满，造成了新的矛盾。

为了巩固王权，安息国王采取了许多措施，如任命宗室成员担任属国的藩王，或通过错综复杂的婚姻关系，加强王室与各个政治集团的联系。因此，王室与高官显贵、世家大族甚至外族通婚的事例比阿契美尼德时期更多，王位也并不一定由纯王室血统的王子继承。像安息国王弗拉阿特斯五世就是由其父与罗马艺伎穆萨所生，连纯正的安息人也算不上。

但是，这些办法并不能达到巩固王权、保证国家长治久安的目的。特别是任命宗室成员担任藩王的政策，使许多属国逐渐变成了独立或半独立的国家。这些藩王往往为了自己的利益而与中央政府发生冲突。因此，自1世纪起，罗马人开始把安息视为由许多独立国家拼凑而成的联合体，而不是一个统一的国家。224年，内外交困、衰败不堪的安息终于被萨珊王朝所灭。

萨珊王朝兴起于阿契美尼德王朝的发祥地波斯，因此，这个王朝被人们称为新波斯帝国。根据萨珊时期的传说，王朝创始人阿达希尔一世的祖父萨珊是阿契美尼德王朝末王大流士三世的后裔。实际上，这是萨珊官方编造的谎言。不但阿达希尔一世，其父与祖父的世系都难以断定，其祖父萨珊据说是斯塔赫尔城安那希塔神庙的高级祭司，其父帕佩克则是波斯地区的小王公。因此，萨珊王朝得到琐罗亚斯德教祭司的大力支持。

萨珊王朝初期的君主以阿契美尼德王朝继承人自居，波斯民族主义观念重新盛行，并且有所发展。萨珊国王自称"伟大的王、众王之王、伊朗与非伊朗之王"，神或神的后裔。王权在理论上不受任何限制，实际上受制于祭司集团和大贵族。按照萨珊时期的观念，王室血统是判断国王是否合法的唯一标准。一位合法的国王，首先必须具有波斯王室血统。因此，王室血缘内部通婚的现象在萨珊发展到极端地步，不但有兄妹为婚，

① *The Cambridge History of Iran*, vol. 3, part 2, pp. 696—697。安息国王称号见阿弗罗曼出土的文书，李铁匠选译《古代伊朗史料选辑》，174—178页。

甚至有父女、母子之间的通婚。不过，为了扩大王室的政治势力，国王与异族通婚的情况也不少。像胡斯洛二世之妻希琳，就是亚美尼亚女子。

4—5世纪之交，萨珊王权观念发生重要变化。国王不再将自己的世系与萨珊、大流士三世相联系，而是与《阿维斯陀》和东伊朗史诗中的卡维和凯扬王朝联系在一起①。这一方面表明琐罗亚斯德教和东伊朗的史诗在西伊朗得到广泛的传播，另一方面也表明琐罗亚斯德教经过几百年的发展，终于在4—5世纪取得了国教的地位，并且在政治思想领域占据了主要地位。其结果是波斯民族主义或伊朗民族主义观念有了进一步的发展。

萨珊时期，王权观念中出现了一个新元素，即所谓"赫瓦雷纳"（xvarənah）。这是琐罗亚斯德教祭司集团为了美化王权而编造出来的新理论。"赫瓦雷纳"一般被译为"神（天）命""神（天）赐"或"神的荣耀"，它是众神或幸运与报复女神赐给人类的礼物，可以赋予人力量与幸福。后来，赫瓦雷纳被神化为"凌驾于一切被造物之上"的神明、善界主神，并且被形象化为光线或小鸟，因此，它又被学者译为"灵光"。赫瓦雷纳是伊朗历史上最持久、最重要的观念。在《阿维斯陀》中，有两种赫瓦雷纳，即国王的赫瓦雷纳与伊朗的赫瓦雷纳。前者象征着伊朗人对神赐王权的祝愿，后者象征着伊朗人对本民族的祝愿（也有人认为两者实为一体）。任何一位国王只要拥有赫瓦雷纳，就具有合法性、正统性，就能取得成功与光荣。反之，如果他失去赫瓦雷纳，则不但不能取得成功，而且必将失败和灭亡②。但是，我们从史诗《列王纪》可以看出，赫瓦雷纳和人心、民意实际上是紧密相连的。所以，所谓天命、天赐和神佑，仍然离不开人民的支持。

三、王权观念的影响

伊朗王权观念，可以说直到萨珊王朝后期才终于形成。这种王权观念主张只有得到神佑和人民支持的出身于波斯王室血统的君主，才是伊朗的合法君主。在萨珊时期，这种观念对于政治制度的稳定、国家的发展具有一定的积极意义。它与其他国家的王权观念所起的作用，并没有太大的区别。但是，在萨珊王朝灭亡之后，伊朗王权观念对伊朗历史的发展，却起到了其他国家中所没有的作用。

7世纪，在先知穆罕默德领导之下，阿拉伯各部获得统一，并且开始对外征服。651年，萨珊王朝灭亡，伊朗民族从此丧失独立性，人民被迫放弃琐罗亚斯德教，改宗伊斯兰教。但是，伊朗人民反抗阿拉伯人统治的斗争从来没有停止过。9世纪之后，伊朗本土开始出现当地人统治的小王朝，其统治者反对阿拉伯人统治，主张重振波斯民族精

①　*The Cambridge History of Iran*, vol. 3, part 2, pp. 697—698.

②　关于赫瓦雷纳的说法很多，本文兼取《剑桥伊朗史》与元文琪之说。见 The *Cambridge History of Iran*, vol.3, part 1, pp. 344—345；元文琪《"水中之火"与"水中之光"的原型意义》，《伊朗学在中国论文集》，第二集，北京：北京大学出版社，1998年，134—140页。

神，培养波斯民族自豪感[①]。在他们的支持下，波斯诗人开始利用本民族的神话和历史传说创作史诗，激励人民起来反抗阿拉伯人统治。其中最著名的，当然是菲尔多西创作的、被赞誉为伊朗的民族史诗的《列王纪》。

《列王纪》之所以获得巨大的成功，在于它按照伊朗传统的王权观念，塑造了一系列理想化的国王。他们公正地统治人民，保护宗教信仰，维护等级制度，关心农业生产，解除穷人的痛苦；他们保卫祖国疆土，打击外来之敌。可以说《列王纪》反映了伊朗人民反抗异族统治，要求民族独立的愿望，增强了整个民族的凝聚力和自豪感。所以，在某种程度上，我们也可以说伊朗传统的王权观念，对于伊朗民族主义的形成和伊朗人民争取独立的斗争均起到了一定的积极作用。

The Concept of Ancient Iranian Kingship

LI Tiejiang

The concept of kingship played an important role in the ancient countries. This article discusses the origin, the evolution, and the characteristics of the concept of the ancient Iranian kingship and its influence on the Iranian history and nationalism.

---

① 菲尔多西《列王纪选》，张鸿年译，北京：人民文学出版社，1994 年，2—10 页。

读拉施特《史集·中国史》札记

邱轶皓（复旦大学历史系）

一、前　言

　　拉施特的通史巨著《史集》是伊利汗时期波斯文历史著作中篇幅最大、影响最深远的一部。其"中国史"部分则彻底摆脱了穆斯林地理学著作长期依靠零星传闻来描述东亚地区历史文化的局限，不仅完全建立在对原始史料的采信基础上，而且得到了当时寓居伊朗的蒙、汉学者的协助，从而无论在史实的准确性方面，还是记述涵盖方面的广度上都远超前人。诚如爱尔森（T. Allsen）所云，"它使穆斯林世界首次获得有关中国历史的知识"[1]。就这点而言，《史集·中国史》在中伊文化交流中的贡献不容低估。

　　关于《史集·中国史》本身的研究，从 20 世纪 50 年代起先后有卡尔·杨（K. Jahn）、本田实信等人的研究[2]。而王一丹教授的新著《波斯拉施特〈史集·中国史〉研究与文本翻译》[3]不仅利用现存《史集》的主要版本加以校勘，并综合了前辈学者的研究成果，是目前较为完善的一个译注本。本文则主要是在王书研究的成果上，结合另一种拉施特的遗著《五族谱》（*Shu'ab-i Panjgāna*，王书译作《五系谱》），对其中几个问题略加引申。

二、《史集·中国史》和《五族谱·契丹诸王世系》对勘

1.《史集》《五族谱》版本特征之比较

　　《五族谱·契丹诸王世系》位于钞本的倒数第二部分，故其整体的编排秩序当是：蒙古、阿拉伯、犹太、富浪、契丹。这一点大致与《史集》相同。但据我手头的钞本，三个早期蒙古世系却被置于"契丹诸王世系"之后，它们分别是：1）朵奔伯颜图像及其诸子世系；2）孛端察儿图像及其诸子世系；3）土敦—蔑年图像及其诸子世系。这部分记

---

　　① Thomas Allsen, *Culture and Conquest in Mongol Eurasia*, New York: Cambridge University Press, 2001, p.92.

　　② Karl Jahn, *Die Chinageschichte des Rašīd ad-Dīn*, Vienna, 1971；本田实信《ラシード・ウッディーンの「中国史」》，《モンゴル時代史研究》，东京：東京大学出版会，1991 年，387—404 页。

　　③ 王一丹《波斯拉施特〈史集·中国史〉研究与文本翻译》，北京：昆仑出版社，2006 年。

载极其简略，也有《史集》中有记载的人名却为《五族谱》所遗漏的，这些都提示我们《五族谱》是一本未完成的作品。

《五族谱》较之《史集》的另一个差异是，在用波斯语对人名和专有名词转写时，《五族谱》要显得更为严谨与规范。其中不仅有已为赤坂恒明所指出的"以元音后加缀 y 来表示突厥/蒙古语中的阴性元音（如 e/ö/ü 等）"①的做法，而且在转写汉语、女真语时也更为准确，如"糺（札忽忒）"一词在《史集》中被拼作 ḫārqūt，而《五族谱》中则将其拼作 jārqūt（جارقوت）；又如协助拉施特进行编撰工作的蒙古丞相孛罗在《史集》中被拼作 aʻẓam fūlād āqā，而《五族谱》中则将其拼作 aʻẓam pūlā-[后阙]，似更为准确。另外，在《五族谱》中简写较多，如 P 往往被简写为 B 等。

其三，在帝王系谱图像的排列上，《史集》采取的方式是一行并列两到三位帝王图像，下附文字说明；而《五族谱》则全部采用圆形框图直线单列的方式，也许这就是《五族谱》把本章叫作"乞台世系表"的缘故吧。考虑到《五族谱》中图谱反映的信息要多于《史集》，所以有学者认为它是拉施特"经过反复改良后的图谱集大成之作"②。而现存于《五族谱》中的"契丹帝王世系"并非全帙，仅仅从"第一朝（即盘古）"开始到"第十一朝（成汤之世）"为止（其中阙第六、第八朝）。但是清点为填入每一代帝王图像所预留的圆形框的数目，则似多于《史集》的图像数。如第五朝"少昊金天氏"共十世，《五族谱》所载阙"金天氏"本人图像，但于其后留有九个圆框；又第四朝"轩辕氏"，《史集》载其共十七世，但只列出轩辕本人的名号图像，而《五族谱》则预备了九个框格。在这些多出的圆框上，注释文字为"契丹君王图像"。这或许意味着拉施特有意预备下多余的空格，为将来的增补作准备，惜未克蒇事即罹难，留下了永久的遗憾③。

2.《史集》《五族谱》之文字的几点不同（第一、二页）

关于两部作品在文字上的差异，比较显著的一点就是题目的不同。《五族谱》本章的题目为"从他们的第一位帝王开始的契丹历史年表。从名为盘古的帝王直到最末一位为成吉思汗所灭的，出自女真部落的名为阿勒坦汗的少帝守绪，以及安拉所安排的一切帝王"（*jadval-i pādishāhān-i khitāy az mabdaʼ- tārīkh-i īshān wa ān ʻahd pādshāh-i avval īn ishān-ast. az Pankū nām būde tā pādshāh-i ākhar Shū-dī Shū-ū-sū nām ka ū rā Altān khān mī guftand az qaum-i jūrja va musakhkhir Chinkīz khān shudand ṭabaqa va pādīshāh alā allāh stadbīr*）。比起现存的《史集·中国史》诸版本以介绍秦和摩秦的各种称呼来作为整篇文章开头，保存于《五族谱》的这个题目似乎显得更接近作者本意。

---

① 赤坂恒明『『五族譜』モンゴル分支と『集史』諸写本』，《アジア・アフリカ言語文化研究》，1998 年，55，159 页。

② 赤坂恒明『『五族譜』モンゴル分支と『集史』諸写本』，154 页。

③ 如在《土敦一蔑年纪》诸分支图中遗有小注"这八个儿子的名字不清楚，因此没有写出来。等以后查清楚时，再把它们补上"，说明拉施特当日曾有不断增补之计划。余大钧、周建奇译《史集》，北京：商务印书馆，1985 年，第一卷第二分册，21 页。

其次，《五族谱》在其他部分的文字上与《史集》也存在着一些异同：1）在钞本的右栏所抄部分，相当于《史集》中的"开篇"部分，但是在叙述完摩秦地区的税收一年有900万后（《史集·中国史》汉译本116页），就直接进入了对女真部首领完颜阿骨打的介绍（《史集·中国史》汉译本118页，钞本第2面右栏），而阙失了当中关于大理、契丹的全部篇幅；2）钞本左栏纪事则对应《史集》中"契丹和摩秦的历史"部分（《史集·中国史》汉译本128页）。

3.《五族谱》中的增订部分：干支年表

《史集·中国史》中曾列专章介绍中国的纪年法，并说明其资料的来源是火者·纳昔儿·徒昔（Khvāja Naṣīr ad-Dīn Tūsī）所著之《伊利汗之天文历表》（*Zīj-i Ilkhānī*）。拉施特写道"中国人的历史分为三元，每一元六十年"，无疑这里所说的就是中国传统的干支纪年法，但无论现存的哪一个《史集》版本都佚失了记载每一年所属干支的"图表"部分。幸运的是，《五族谱·契丹诸王世系》第三页上保留了一份11列6行的表格，除右起第一列用单独的阿拉伯字母标示序号外，其余六十格内均有以阿拉伯字母转写之文字，虽然此处图版非常模糊，但仍能分辨出每一组字符皆由两部分组成。现将图表迻录于下：

> 题记：首先，他们的历史分为三元，每一元六十年。六十年中每一年都有其名称，其情形如图表所示：

?	كوى	ژوم ش	سن وى	كى وى	ك مر؟	تن ماه	بن عم	ى موه	كارو	1
كوى وى	ژوم وو	سن شو	كن سن	ك ماه	وو عم	تن سو	بن ؟	ى حاى	كاش	2
كوى سن	ژوم سن	سن؟	كن عم	ك سو	وو رو	تن وى	بن مو	ى وو؟	كاشن	3
كوى ماه	ژوم عم	سن جو	كن ؟	ك خاى	وو سو	تن مور	بن شن	ى وى	كارو	4
كوى جو	ژوم زو	سن حاى	كن شو	ك مور	وو شن	تن حى	بن وو	ى سن	كاس	5
كوى خاى	ژوم سو	سن مور	كن شن	ك وى	وو وو	تن سن	بن س؟	ى ماه	كا عم	6
癸 kūī	壬 zūm	辛 sin	庚 ken	己 k/g(ī)	戊 wū	丁 tin	丙 bin	乙 ī	甲 ?	

虽然存在着因迭经传抄所致的错误，但我们还是能够一下子认出，这是按照天干排列的六十年的干支名称。至于为何从"壬"到"戊"列，第一行内容会发生向右一列的偏移，是否只是笔误，笔者目下尚无法解释。但无论如何，它不仅是已知穆斯林史料中最早最详尽译介汉地"干支纪年"的文献，而且其准确性也是相当高的。

而在对音方面，如"壬"字，拉施特将其转写为 zūm，正反映了元代汉语的实际读音：壬为以 -m 收声之合口韵。而用擦音 z- 来对音日母 r- 也同样是有例可循的。柯立甫 W. Cleave 释读的《1335 年蒙—汉合璧张应瑞碑》中"清河郡夫人"蒙文作 sing qoo gün wušin[1]，《1362 年蒙—汉合璧忻都公碑》中"范阳郡夫人"一词蒙文作 wang yang gün wušin[2]。柯氏认为这是因为回鹘体蒙文中没有表示 z- 音的字母，故用 š- 代替，而在八思巴文中日母 r- 被拼作 ž-[3]。而这正好在波斯文转写中可得到印证。其他如"己"拼作 k（按，正确的拼法似应为 kī/gī），"戊"拼作 wū，都可以在元代颁布的蒙文日历中找到对应：如傅海波释读过的元代蒙文日历残片中，"已卯"作 gi-taulai[4]，而《1338 年蒙—汉合璧兴元阁碑》中"戊寅"年作 wuu-bars（蒙文以元音叠加表示长音）[5]，和《五族谱》的 wū 完全契合。

至于十二地支的转写，问题较多。一则是因影印图版字迹漫漶，添加了辨认的困难；又则现存回鹘体蒙文日历沿袭了突厥传统的十二生肖纪年法，而非汉字的音译，所以无法加以借鉴。因此笔者至今未能将其全部识别出来。但这也并不意味着毫无线索："癸"字列第 6 行的 kūy-khāy，应该就是"癸亥"年的转写。英国学者波伊勒曾刊布过《伊利汗之天文历表》全文的译注，其中有一段云"在猪年 ṭunqūz yīl，即契丹星相学家所谓的癸亥年 sāl-i kūy-khāy"，成吉思汗击败了王汗[6]。其中"癸亥"二字的拼写与此完全一致。我们可以想象，因为"癸亥"年在记述成吉思汗伟大功业时具有特殊的意义，它应该是最不会被抄错的。由此我们又可以辨认出其他两个年份"己亥"（g(ī)-khāy）和"乙亥"（ī-khāy）。其他几个表示地支的转写，现推定如下：1）申（شن，shen）；2）卯（ماه，māh）；3）未（وی vay）；4）子（زه，za）；5）午（وو，vū）；6）丑（جو，jū）。

总之，保存在《五族谱》中的这个干支纪年表，既不见于《史集》，亦不见于已知的两种《伊利汗之天文历表》，应当被看作采录自有关汉地历法的一手资料。同时，其拼写也显示出回鹘体蒙古文音译汉字的某些特征，这多少有助于我们思考《五族谱》甚至《史集》的史源。

---

[1] Francis Woodman Cleaves, "The Sino-Mongolian inscription of 1335 in memory of Ohang Yinjui", *Harvard Journal of Asiatic Studies*（*HJAS*），1950, vol.13:2/1, p. 96, n. 67.

[2] F. W. Cleaves, "The Sino-Mongolian inscription of 1362 in memory of Prince Hindu", *HJAS*, 1949, 12:2/1, p. 110, n. 76.

[3] 蔡美彪、罗常培《八思巴字与元代汉语》，北京：中国社会科学出版社，2004 年，210 页。

[4] Herbert Franke: *Mittelmongolische Kalenderfragmente aus Turfan*, Müchen: Verlag der Bayerischen Akademie der Wissenschaften,1964.

[5] F. W. Cleaves, "The Sino-Mongolian inscription of 1338 in memory of Jigüntei", *HJAS*, 1951, 14:2/1, p. 56.

[6] J. A. Boyle, "The Longer Introduction to the 'Zīj-i Ilkhānī' of Nasīr ad-Dīn Tūsī", *The Mongol World Empire 1206—1370*, London: Ashgate, 1977. 成吉思汗于 1203 年击败王汗，作为蒙古兴起之初的大事，在蒙古时代的波斯文史籍中屡被提及。如新近刊布的《忽忒卜抄本中之蒙古载纪》（*Akhbār-i Mughūlān dar Anbāna-yi Quṭb*）一书中，有着与《伊利汗之天文历表》几乎完全一样的记载："572 年，为回鹘历之猪年，为契丹历之癸年（sina 572, ba tārīkh-i ūyghūr ṭu[n]ghūz yīl, ba tārīkh-i khiṭāyān sāl-i gūy）." Maḥmmūd ibn Masūd Quṭb al-Dīn Shīrāzī, *Akhbār-i Mughūlān dar Anbāna-yi Quṭb*, ed. by Iraj Afshar, Qūm: Kitābkhānah-yi Ayatolah Marashi Najafi, 2010, p. 19.

三、"汉儿言语"——《史集·中国史》中的汉语译音及语汇

1. 关于"中州汉儿"

《史集·中国史》中有这样一句"当地人自己称之为汉族中土（khān zhū khūn nūī mī gūyad），蒙古人称之为札忽惕（Mughūlān ān rā Jāūqūt gūshta-and）"[①]。关于这个词汇，以往研究的诸家各自提出了不同的看法。其实正如上下文所示，它仅仅用以特指北部中国的汉、契丹人。但是分歧在于，无论是"汉族中土"，还是伯希和所拟的"汉子"，在汉语中都没有此处所需要强调的"北部中国的汉人"的义项，也都没有作为一个整词在宋元史籍中出现过。那我们是否能够复原与此词所对应的汉语？我推测它很有可能是 jān 字，而 kh 则可能为 j 的讹写，由此可将之转写为：jūn zū khūn nūy。而这恰好可对应金、元之际汉语史籍中频频出现的"中州汉儿"一词。

这里有必要就"中州"和"汉儿"二词的意指略加申述。"中州"自汉、魏以来便被用以指代中原地区，如《三国志》中有"是时中州士人避乱而南，依琼居者以百数"[②]，而金、元之际元好问撰《中州集》便是借"中州"之名来作为中原一带文化总称的，其《题中州集》中诗句"北人不拾江西唾"正可视为"中州"注脚——指和偏安江东的南宋相对的所谓"北人"。而"汉儿"一词则渊源更久，早在唐代，司空图诗《河湟有感》中便有"汉儿尽作胡儿语，却向城头骂汉儿"的句子，不过当时所指的应该是指久居吐蕃治下、熏染胡人习气的汉人，究其含义，还只是强调文化意义上"非我族类"的他者。不过到了宋代，随着与辽、女真等北方敌国的长期对峙，"汉儿"的意思似更为确定，就是指那些生活在契丹、金境内的汉人或汉化之胡人。陆游曾记一金人对宋朝使节语："女真、契丹、奚皆同朝，只汉儿不好。北人指曰汉儿，南人却骂作番人。"[③] 由此可见，《史集》作者把"汉儿"一词当作北人的自称实是于史有据的。此外，他们由于长期和北方诸民族混居，其习俗、语言上也较之传统的"中原雅音"有了较大差异。如北宋许亢宗《奉使行程录》中有语"［金人］副使则选汉儿读书者为之"[④]。而他们所操的那种"语杂胡汉"的语言也被称作"汉儿言语"，日本研究近代汉语的学者用"汉儿言语"来作为对辽、金、元三朝北方口语的统称[⑤]。进入元代后，"汉人""汉儿"则成为一种身份意义上的区分（蒙古、色目、汉人、南人四等人之一）。

① 王一丹《波斯拉施特〈史集·中国史〉研究与文本翻译》，115 页。

② ［汉］陈寿《三国志·吴志·全琮传》，闻喜、裴松之注，陈乃乾点校《三国志·卷六十吴书十五·贺全吕周钟离传第十五》，北京：中华书局，1963 年，第 5 册，1381 页。

③ ［宋］陆游《老学庵笔记》卷六，"丛书集成初编"，上海：商务印书馆，1936 年，55 页。

④ ［宋］徐梦莘《三朝北盟会编》，台北：文海出版社，1962 年，第 1 册，卷 20，139 页，一 b；贾敬颜《〈许亢宗行程录〉疏证稿》，《五代宋金元人边疆行记十三种疏证稿》，北京：中华书局，2004 年，252 页。

⑤ 太田辰夫著，蒋绍愚、徐昌华译《中国语历史文法》，北京：北京大学出版社，2003 年，316 页。

而蒙古语中对于此种"北部中国人"的称呼，则又见于《至元译语》"人事门"："汉儿"曰"札忽歹"①。20世纪90年代出土的《蒙汉合璧少林寺圣旨碑》提供了汉—回鹘体蒙古字双语记载，文曰：

> 蒙哥皇帝圣旨，道与少林长老：
> 俺与你都僧省名字去也。则不是管汉儿和尚（jauɣud-dun doyid-da），不拣畏兀儿（uiɣur）、西番（töbün）、河西（tangɣud），但是来底和尚每都管底上头……咱每根底来的，不合来底，都僧省少林长老识者。合来底，都僧省少林长老与文书者。②

从中我们可以清晰地看到，在当时口语中"汉儿"对应的蒙古语就是 jauɣud，这都和《史集·中国史》中的记载完全一致。而所谓"中州汉儿"一词在汉文史籍中也早已出现，南宋张棣《金虏图经》载："亶立，执政大臣多中州汉儿人，始加损益。"③所以从史源上来看，拟定为"中州汉儿"也最为妥帖。

而在对音方面，"儿"中古音从"汝移"切，属日母，其发音可拟定为 nie（按蔡美彪、罗常培所拟八思巴字记录音值为 nžie）④，因此在进入波斯语时发生了由 nī/ney 转为 nū 的笔误。

另外，此处我们还可以注意到《史集》作者没有沿用此前在阿拉伯—波斯地理志中常见的名称，即将中国分为秦 chīn、桃花石 tavɣači 两部分。将北部中国称为"桃花石"早在鲁尼突厥语碑铭中便已出现，而喀什噶里《突厥语大辞典》中对其所下的定义则流传更广⑤。虽然学者对其词源作出了诸多推测，但可以认为自汉唐以降，"桃花石"实际上是突厥语世界对南北中国的称呼，并非汉语中原有的词汇。长春真人丘处机携门人远赴西域，还在笔记中特意记录了一笔"〔土人〕喜曰：桃花石诸事皆巧。桃花石，谓汉人也"⑥，可证明当时汉人并无此等自称。成书于蒙古征服初期的《纳昔儿史话》（Ṭabaqāt-i Nāṣirī）中出现的仍是"秦"和"桃花石"的名称，而《史集》中则已经为"汉/札忽惕"和"蛮子/摩诃秦"所取代。这种变化并非偶然，相反地，它代表了一个明显的分界，即：从中国本身的记载来介绍中国。

① 贾敬颜、朱风《蒙古译语、女真译语汇编》，天津：天津古籍出版社，1990年，3页。
② 中村淳、松川節《新発現の蒙漢合璧の少林寺聖旨碑》，《内陸アジア言語の研究》，1993，8；道布、照那斯图《河南登封少林寺出土的回鹘式蒙古文聖旨碑考釋》，收入《道布文集》，上海：上海辞书出版社，2005年，198页。
③ ［宋］徐梦莘《三朝北盟会编》，第4册，卷二四四，337页，九 a—b。
④ 蔡美彪、罗常培《八思巴字与元代汉语》，205页。
⑤ 张广达《关于马合木·喀什噶里的〈突厥语词汇〉与见于此书的圆形地图》，《西域史地丛稿初编》，上海：上海古籍出版社，1995年，57—82页。
⑥ ［宋元］李志常《长春真人西游记》，"丛书集成初编"，上海：商务印书馆，1937年6月，12页。

2. 关于"太上老君"信徒的称谓

《史集·中国史》在"第十二朝"（周朝）的年表之后附录了几则逸闻，包括释迦牟尼、老子、孔子的出生及圣迹等。这些记载都非常简单，可以认为是从某些极为粗浅的中国史编年读物转译成波斯语的。其中有一条提到了周定王在位时，"太上老君降世"，并提到"他在母亲腹中80年而后才出生"[①]。"太上老君"在波斯语中被拼作 Tāi-shānk-lāu-kūn，毫无疑问，此处指的是老子，因为在元代的公文文献中多有将老子称作"太上老君"的，如《元典章·礼部·道教》载有忽必烈至元二十四年刊布圣旨时节引成吉思汗旧旨，称道教徒为"依着太上老君教法里。告天与俺每祝寿、祈福者"，又对张宗演说"这张天师的言语的太上老君底教法里，休别了，依理行踏者"[②]，等等。这些文献皆保留了元代白话公文的遣辞习惯，究其原因，或许和盛行于蒙元时期的全真教之神谱中对太上老君特殊的推崇有关[③]。不管怎样，这不仅在波斯文献中留下了印迹，同时在藏文文献中我们也可发现相关的记录。劳费尔（B. Laufer）曾在其所著的《藏文中的借词》一文中举证了《蒙古佛教史》（Hor č'os byu）中的一则例子，即藏文用 T'ai-šan-la-gyin 来拼写汉语中的"太上老君"（即老子）一词，并提到"在忽必烈汗统治下，许多叫作先生（zin-šin）的教徒继承了太上老君之道"[④]。虽然劳费尔采用的是编撰于清代的藏文文献，但毫无疑问它应当源自更为古老的记载。所幸之后由日本学者今枝由郎转写并译注的八思巴字《道士调伏偈》佐证了这个猜测，今枝的译文为：

> 如是，以前在汉地出生之太上老君（Tha-bo-čan-lab-gin）[⑤]，据说在母胎中住了 82 年……信奉其教的被称为先生（zin-šin），为众甚夥。[⑥]

可以看出，汉、藏、波斯文献中的这段记载事实上存在着对应关系，由此我们可以来解读《史集》中接下来的一句话"他的信徒被称为 š.nš.n（شنشن）"。对这句的对音历来各家有着不同的意见，如劳费尔引用玉尔（H. Yule）注释《马可·波罗》一书中的意见，认为当读作"先生"（šin-šin）。而王一丹教授的《波斯拉施特〈史集·中国史〉研究与文本翻译》中则翻译为"他的信徒被称为全真"。对以上两家的审音，笔者有着不同

① 王一丹《波斯拉施特〈史集·中国史〉研究与文本翻译》，149 页。

② 《大元国朝圣政典章》册中，北京：中国广播电视出版社，1998 年，1232 页。

③ 参考景安宁《元代壁画：神仙赴会图》，第三章"全真教早期神系的复原"，北京：北京大学出版社，2002 年，48 页；又洼德忠复原之《老子八十一化图》文字部分，其中有"太上老君者，混元皇帝也。乃生于无始，起于无因，为万道之先，元气之祖也"，为老子之第一化云。洼德忠《老子八十一化圖説について》，载氏著《モンゴル朝の道教と仏教》，东京：平河出版社，1993 年，198 页。

④ Berthold Laufer, "Loan-words in Tibetan", *Sino-Tibetan Studies*, 1987: 2, p. 606.

⑤ 此处今枝由郎又根据藏文本《八思巴传》给出了该字的另一种写法 Thai-čan-lam-gin，见今枝田郎《バクパ，phags-pa 造"道士調伏偈"について》，41 页。

⑥ 今枝由郎《バクパ'Phags-pa 造"道士調伏偈"について》，《東洋學報》，1974：56，41 页。

的意见。首先，"全真"一语中"全"字古音"从"母，相当于 dž，在波斯语中当用 z-ز 或 ض 来对应。而劳费尔采取的"先生"的对音方案似乎和元人用语习惯极其符合，如上引忽必烈圣旨中即称道士为"先生每"，又元代免税圣旨白话碑中也往往以"和尚、也里可温、先生"三者并举，因为其有为皇帝替天祝寿的功能，得以免去差发。但先生的"生"字为后鼻音，在藏文文书中明确是以 šin 来拼写的，在拉施特书中先生被拼作 sīnk-sīnk (سينک سينک)[1]，而"他的信徒被称为 š.nš.n (ششنن)"一句的四个版本中都没有保留后鼻音的痕迹。为何拉施特在此要用两种不同的方案拼写呢？或者还应有更为贴切的词汇。因此，我猜测这可能是"神仙"二字的对音。

那么，在蒙文碑刻中是否出现过"神仙"一词呢，其音值又为几何？在普颜笃皇帝虎年（1314）圣旨中出现了以下句子：

> 太上老君教法里，告天祝寿，么道。特授神仙演道大宗师（šin sen jen taw taj dzuŋ shi）玄门掌教真人……诸路里应管有底先生、女冠每根底，为头儿管着者。[2]

由此段八思巴文圣旨可以看出，在蒙文文献中"神仙"和"先生"不仅共存于一篇文书中，而且其拼写是有着明确区分的。考虑到波斯文本和蒙文圣旨在文本上存在的大量相似处，此处的翻译似也应该遵循这种区分——如果说 senšhiŋ 对应波斯语中的 sīnk-sīnk 的话，那么 š.nš.n 则对应蒙文中的 šin sen 一词（按：《中国史》的不同钞本中，此处的 š 和 s 各有两例，而在波斯文钞本中音点误置也是较为普遍的现象，因此并不影响此处的判断），而后者的汉语对应词自然就是"神仙"了。

Notes on Rashīd al-Dīn's
Jāmi'al-Tavārīkh and *Shu'ab-i Panjgāna*

QIU Yihao

Through philological comparison, this article lists and analyses the differences between the Chinese history mentioned in Rashīd al-Dīn's *Chinese History of Jāmi'al-Tavārīkh* and *Shu'ab-i Panjgāna*. Moreover, the author discusses the Chinese lunar-calendar table recorded in *Shu'ab-i Panjgāna*, and considers it a product of the active culture exchange between China and Iran during the 13th—14th centuries. In addition, this article discusses several Chinese loanwords recorded in *Jāmi'al-Tavārīkh*.

---

① 王一丹《波斯拉施特〈史集·中国史〉研究与文本翻译》，120 页。
② 照那斯图《八思巴字蒙古语文献Ⅱ·文献汇编》，东京：日本亚非研究会，2000 年，55 页。

撒答剌欺在中国

尚　　刚（清华大学美术学院）

撒答剌欺本为中亚的传统织锦，从6世纪末到9世纪，当地的织造业颇为兴盛①。由于6世纪到8世纪中期，东西交往频繁，所以撒答剌欺不仅织造在中亚，还出现于中国。在吐鲁番阿斯塔那墓葬、都兰热水墓葬、敦煌藏经洞等地的发现都昭示了它在中国西北的流行。

中国西北出土的撒答剌欺产在何地、出自谁手是个问题。吐鲁番文书、敦煌文书都证实了粟特人在当地的居留，因此，它们不一定尽皆来自中亚，也可能产在中国西北。又因粟特人与当地百姓共同生活，相互濡染，中国西北的撒答剌欺也不一定尽皆出自粟特织工梭下。即令织工仍为粟特人，其工艺、图案等也难免吸收东方元素。显例是联珠对羊纹锦，这种花纹既见于西欧的教堂（图1），又在敦煌被裁为幡头（图2），前者还带有7世纪的粟特文题记，自名为"撒答剌欺"②。它们的图案相似中又有不同，配色差异明显，工艺也有区别。前者的中亚特色鲜明，后者却同中国中原的风格更接近。

尽管出土丝绸的阿斯塔那墓葬时代较明确，但其时代多属8世纪中期以前。都兰热水墓葬和敦煌藏经洞则几乎没有纪年资料，固然可以判断由这两处获得的一些西方风格丝绸的时代更晚，不过，判断仰仗很大的或然性。这样，8世纪中期以后撒答剌欺在中国的情形又成为问题。理应感到鼓舞的是，以现有的其他资料也能梳理出大致的脉络，并且，时间可以涵盖到更晚。

北京故宫博物院收藏着一批特殊的丝绸，它们出土于新疆阿拉尔的干尸墓，其中的三种锦纹洋溢着浓郁的西方风情，即联珠对鸟纹锦袍、双头鹰攫羊纹锦夹袍和联珠对羊纹锦片。其中，联珠对羊纹锦（图3）的异域色彩最明显，上面不仅织有阿拉伯文，主纹还和另一片被判定为8世纪拜占庭织锦的锦片上的辅纹（图4）十分相似。8世纪及其以

　　① ［苏联］安·阿·捷露萨莉姆斯卡亚《论粟特艺术丝织风格的形成》，《中亚和伊朗》（国立艾尔米塔什博物馆论文集），列宁格勒：作者出版社，1972年，5—56页。

　　A.A.Иерусалимская, *К сложению школы художественного шелкоткачества в Согде, Средния Азия и Иран*（Сборник стадий Государственного Эрмитажа），Ленинград,изд. Автора, 1972г. стр.5—56.

　　② D. G. Shepherd and W. B. Henning, "Zandaniji Identified" , in *Aus der Welt der Islamische Kunst: Festschrift für E. Künhel*, Berlin, 1959, pp. 105—122.

后，中亚撒答剌欺深受拜占庭艺术影响，这已被捷露萨莉姆斯卡亚指出了。因而，我们起码可以判断此锦同中亚撒答剌欺大有渊源。早年的研究认为，阿拉尔干尸墓的年代为北宋至南宋绍兴年间[①]，但从其中出土的织锦图案看，这个年代判断似乎过晚，该墓年代应属安史之乱以后的唐代。

在黑龙江阿城的金齐国王墓（1162 年）里，出土过一件锦袍，其肩袖和前后襟下摆都有不可释读成句的织金阿拉伯文字（图 5），为 1/2 平纹纬重组织，经纬均加 Z 向的弱捻[②]。文字装饰是伊斯兰艺术的常见形式，以异域文字为饰断非中国传统，Z 捻又是众所周知的西域做法，故此袍装饰方法的西方渊源不证自明。但西方装饰出现在中国样式的锦袍上，又提示着其产地必在东方，故应是由金朝驱役的西方工匠织就的。可惜的是，浩瀚的中国文献仍不能为此提供直接的证据。

好在，既有文献中还残留着间接的证据。1126 年秋，宋朝遣李若水等前往榆次，向金朝西路军统帅完颜宗翰（粘罕）求和，和议虽未达成，但使臣仍收到赠礼，在副使得到的丝绸里，就包括了"赞叹宁" 20 匹[③]。显然，"赞叹宁"就是"撒答剌欺"的异译。1126年距灭辽仅一年，金宋战争正在进行，金人尚无力组织高档丝绸的织造，故所赠"赞叹宁"应为灭辽时所获战利品。

倘若如此，辽朝便应有撒答剌欺的织造者。有文献透露，辽朝确实拥有这类工匠。辽祖州城内有"供给内府取索"的绫锦院，它役使着番、汉、渤海匠人三百[④]。其中的番匠显然就是西域人，应该就是织造撒答剌欺的中亚工匠，其后裔当为完颜宗翰所赠"赞叹宁"的织造者。辽亡后，这些人应继续为金朝官府效力，齐国王墓中织有阿拉伯文字的锦袍当出自他们或其后裔梭下。

若以上推测不错，那么，隋唐时期中国的撒答剌欺产地尚局囿在西陲，属民间产品，而辽金的撒答剌欺织造已经深入中国东部，并成为官府产品。

蒙元的情况与辽金类近。在元代，最少有一所官府作坊织造撒答剌欺，即工部系统的撒答剌欺提举司，它设置于 1287 年，最初的长官是著名的回回科技家札马剌丁。提举司设在大都（今北京），应当规模不小、产量不低[⑤]。此外，在蒙古国时期，还有个由布哈拉工匠组成的局院，起先，它设在首都和林，后迁至西京（今山西大同），织造是这个局院的主要工艺[⑥]。布哈拉一带为撒答剌欺的原产地，故这个局院大约也织撒

① 魏松卿《考阿拉尔木乃伊墓出土的织绣品》，《故宫博物院院刊》1960 年第 2 期，153—156 页。

② 赵评春、赵鲜姬《金代丝织艺术》，北京：科学出版社，2001 年，18—19 页。

③ 徐梦莘《三朝北盟会编》，卷五十五："国相传语，使副承远来，无以为谢。白马一匹、并银鞍衔一副、将花罗三百匹、香药一合，上正使侍郎；乌马一匹、并银鞍衔一副、将花罗三百匹、赞叹宁二十匹、香药一合，上副使观察。"上海：上海古籍出版社，1987 年影印本，411 页。按，"赞叹宁"文渊阁四库全书本做"纳奇实"，"纳奇实"即"纳石失"的异译。

④ 脱脱等《辽史》，卷三十七《地理志一》，北京：中华书局，1974 年，442 页。

⑤ 尚刚《元代工艺美术史》，沈阳：辽宁教育出版社，1999 年，94—95 页。

⑥ 朱德润《存复斋文集》，卷一《资善大夫中政院使买公世德之碑铭》，上海：商务印书馆，"四部丛刊初编"本，8—11 页。

答剌欺[1]。

通常认为，在蒙古时代之前，中亚撒答剌欺已变为棉织物[2]，但从转译的波斯史籍分析，倒未必如此[3]。而撒答剌欺提举司里，撒答剌欺与较粗厚的"丝绸同局造作"，显然仍是丝织物。元代文献里，"西锦"出现频繁，并且，往往作为帝王的赏赐物，这个名词至少与撒答剌欺有重合。若帝王总以之充赏，那么，就不大可能都从西方获得，官府作坊该有织造匠人。

在已知的出土织锦里，起码有三片织锦可以同蒙元撒答剌欺建立联系，它们都出土于内蒙古。其中的两片得自达茂旗明水的墓葬，为异文锦和团窠对人面狮身纹锦，织造时代约在 13 世纪初。还有一片收获于元集宁路故城窖藏，为团窠对格力芬纹锦被面，入埋时间当在 14 世纪中叶。

团窠对格力芬纹锦被面的主题装饰形象为对称的异兽（图 6）。这种禽兽合一的形象题材源出西方，是那里长期风行的装饰主题，它们也曾出现在中国，但各种样式的初次出现都是在东西交流频繁时。若以锦纹为例，其典型便是 7 世纪时中国西北的翼马、翼羊、翼狮纹锦，其中不少可被判定为撒答剌欺。将集宁被面视为撒答剌欺还有工艺和构图的理由，专家指出，其工艺属于蒙元时期新出现的特结锦[4]，而这种织法来自西域；至于构图，是两只格力芬扭头相对的图形，蒙元时期采用这种构图的丝绸大抵都有浓郁的伊斯兰风格。

明水墓葬里异文锦（图 7）的情况与前述金齐国王墓中的织金装饰部分相似，均属 1/2 平纹纬重组织，其夹经和明经都加 Z 捻，图案依然是不能释读成句的阿拉伯文或波斯文。除去文字形象不同外，另一主要区别就是未见织金痕迹。尽管同样"并无金箔残留"，但明水人面狮身纹锦（图 8）仍被判定为织金锦，并被技术鉴定为 1/3Z 斜纹纬重组织。人面狮身主题的西方风格尤其明确，这种题材不仅出现于 10 世纪波斯东部的丝绸（图 9）上，还在蒙古时代的中亚—伊朗陶器（图 10）、铜器（图 11）上屡见不鲜，甚至传播到西至东欧的金帐汗国[5]。

1368 年，元朝灭亡。在此后的资料里，再未见中国东部织造撒答剌欺的痕迹，这应

① 宋濂等《元史》，卷八十五《百官志一》，北京：中华书局，1976 年，2149 页。

② 姜伯勤《敦煌吐鲁番文书与丝绸之路》，北京：文物出版社，1994 年，213 页。1987 年，在艾尔米塔什东方部，笔者曾面询安·亚·捷露萨莉姆斯卡亚女士，得到的也是同样的答案。

③ 志费尼《世界征服者史》中《征讨算端诸地的原因》篇记，三名中亚商人携织金料子、棉织品、撒答剌欺到蒙古高原，见何高济汉译本，呼和浩特：内蒙古人民出版社，1980 年，91 页。这里将棉织品同撒答剌欺并列，透露出两者不同。此事也见于拉施特主编的《史集》，在汉译本里，三种织物是"咱儿巴甫场、曾答纳赤、客儿巴思"，注称："咱儿巴甫场（直译"织金"）——锦缎；曾答纳赤：彩色印花棉布，由不花剌曾答纳村而得名，该村几乎直到最近还生产棉布；客儿巴思：素白棉布。"见余大钧等译本，北京：商务印书馆，1983 年，第一卷，第二分册，258 页。

④ 赵丰《织绣珍品》，香港：艺纱堂服饰出版，1999 年，190 页。以下对丝绸技术的描述均据此书。

⑤ Г.А. 费多洛夫-达维多夫《游牧民族和金帐汗国的艺术》，莫斯科：艺术出版社，1976 年，166 页。Г.А.Федоров-Давыдов, *Искусство кочевников и Золотой Орды*, стр.166, Москва,Изд.Искусство,1976г.

是撒答剌欺之生产终止的证明。究其原因，应该是明代开国皇帝朱元璋对胡风胡俗的厉禁。

最后应当说明的是，撒答剌欺在中亚和中国的生产历史有近八百年，在其时间漫长、空间广阔的发展中，装饰、技术都会因时因地而殊。比如，同样产在中国，年代相去也近的异文锦可以用织金技艺，也能够是纯丝质的。又如，同为西方风格图案，不仅有织金与否的差异，还会有1/2平纹纬重组织、特结锦组织、1/3Z斜纹纬重组织的区别。因而，我们只能判断典型的撒答剌欺作品取用何种图案、哪种技术，非典型的作品则可能杂糅当地的文化因素。尤其是在东西文化大交流的背景下，非典型的作品一定不在少数。中国长期是丝绸王国，历来有先吸收、后改造的传统，因此，在中国东部织造的撒答剌欺、纳石失等织品中融入中国因素亦在所难免。

Zandaniji Silk in China

SHANG Gang

Discovered in China while distinct from local ones in pattern and weaving techniques, multiple groups of silk textiles were believed to be Zandaniji, the traditional silk brocade of Central Asia. These silk fabrics were frequently found on the west frontier of Tang Empire and in the inland areas of later dynasties such as Jin and Yuan. Under the reign of the Mongol rulers, there were even large-scale official workshops for Zandaniji silks. All these indicate the gradual progress of communication and cultural exchanges between the East and the West.

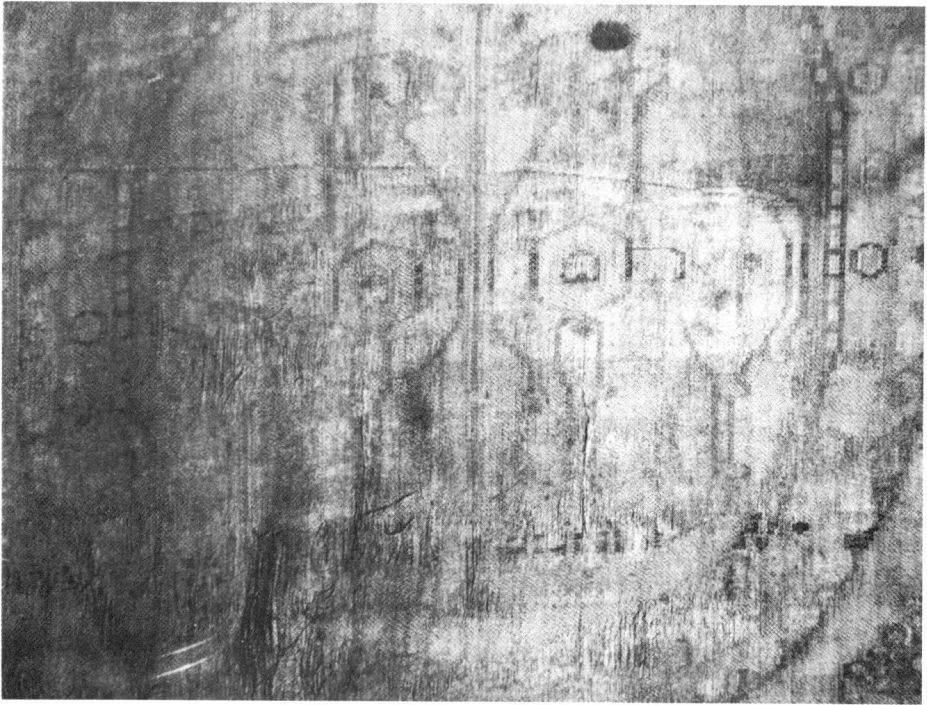

图 1

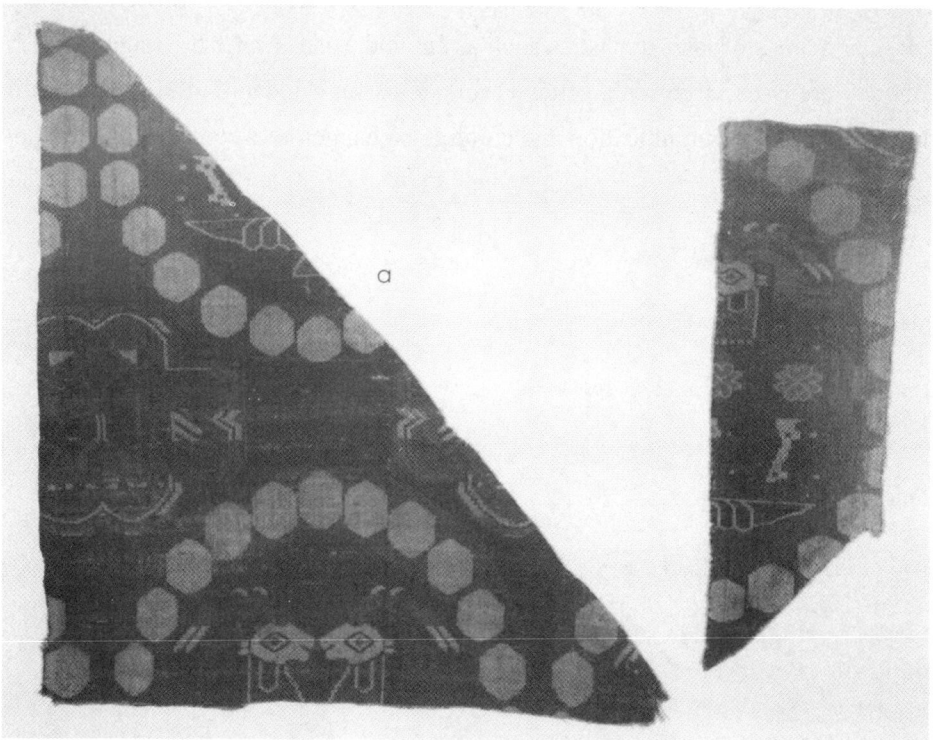

图 2

图 3

图 4

图 5

图 6

图 7

图 8

图 8a

图9

图10

图11

《真境昭微》中的"动"字

——《真境昭微》与《勒瓦一合》比较研究

沈一鸣（北京大学外国语学院）

　　《真境昭微》是中国清初穆斯林学者刘智（约 1655—1745）的一部译作，其原文为 15世纪波斯纳格什班迪耶教团苏非贾米（Jāmī，1414—1492）的一部旨在阐释伊本·阿拉比（Ibn al-'Arabī，1165—1240）神秘主义思想的著作《勒瓦一合》（*Lavāyiḥ*）。

　　《勒瓦一合》全书分为前言、祷告、序言、正文和结语五个部分。其中正文共分为三十六章[①]，每一章节以数字序号作为标题，以散文加四行诗的形式完成，语言简洁流畅，较少使用阿拉伯语词汇。全书内容主要围绕着"存在单一论"（*vaḥdat al-vujūd*）这一主题展开讨论，内容分为两个部分：前十二章是从苏非神秘主义的实践层面来说明信徒们应该如何正确地从内心和身体上进行修炼；后二十四章是从苏非神秘主义的理论层面分析和解释"存在单一论"的原因和表现。

　　对比《勒瓦一合》，刘智在译文《真境昭微》中，并没有翻译贾米的前言、祷告、序言和结语，以及正文中的大部分四行诗。译文的章节与原文同为三十六章[②]，每一章被译者重新拟定双字标题，作为对该章节主旨的归纳，例如第一章"一心"讨论的即为"真主独一"的主题。虽然四行诗在原文《勒瓦一合》中用生动形象的比喻阐述了散文中晦涩的哲学论证，但是译者刘智回避了四行诗的翻译，似乎倾向于削减原文的文学性，试图将《真境昭微》塑造成一部纯哲学的理论书。在翻译方法上，刘智基本采用了直译和意译混合的形式，其中三分之二的译文能够逐句对应原文，其他文字则多为译者对原文某些段落内容的概括。此外，译者很少在译文中增添原文以外的内容。

　　此前，笔者曾对原文和译文的部分术语进行了对照分析，并将刘智对术语的译文

[①]　本文采用的版本是 Yann Richard 的版本。Muḥammad Ḥusayn Tasbīhī 版本的正文则是 33 章。Jāmī, *Lavāyiḥ*, edited by Yann Richard, Tehran: Intishārāt-i Asāṭīr, 1994. Jāmī, *Lavāyiḥ: Dar 'irfān va Taṣavvuf*, edited by Tasbīḥī Muḥammad Ḥusayn, Tehran: Kitābfurūshī-yi Furūghī, 1963.

[②]　目前尚不知刘智翻译所采用的原文是哪个版本，但是通过比对 Richard 版原文，发现译文中出现了章节错位，即总章节不变的情况下，有部分章节的顺序与原文不符。

选择分为“一一对应型”和“创新型”①。所谓“一一对应型”，即《勒瓦一合》原文中的一些词汇的含义与所对应的译文中的中文词汇已经存在的含义相符，例如：asbāb 对应于“缘”，martaba 和复数 marātib 对应于“品（第）”和“万品”，'ālam 对应于“世（界）”，kamāl 对应于“全”，sakīnāt 对应于“止”，qudrat 对应于“能”，等等。从以上术语的对应关系可以看出，这些术语所阐述的哲学命题同时存在于伊斯兰神秘主义哲学和中国传统哲学中。考虑到在不同的宗教和文化背景中存在着相似的哲学命题，我们即便不能依此断定这两种哲学之间具有相似性，这些对应的词汇也至少说明了上述两种哲学可以在同一平台上进行对话。

所谓“创新型”，主要是指《勒瓦一合》中的一些伊斯兰神秘主义的哲学概念和术语所对应的译文中的中文词汇，或不常出现在中国传统哲学著作中，或在传统哲学语境下的含义并不能完全与《勒瓦一合》中的波斯文原意相符。这一类型中的原文词汇一般是全文的核心词汇，在原文中不但具有常规含义，而且还有神秘主义的哲学层面的含义。有些词汇出现的频率甚高，有些则作专门一章进行讨论。针对这样的词汇，译者刘智主要采取两种方式进行翻译，一是创造新的合成词，例如将 hastī-yi Ḥaqq（真的存在）翻译成“真有”②，即将原文的偏正短语的每一部分用单字译出，然后组成合成词；二是赋予已存在的中文词汇以伊斯兰神秘主义哲学的含义，例如 Ḥaqīqat 与“理”，zāt、ṣifat 与“体”“用”。在这一翻译策略的运用中，由于译者多借用宋明理学的概念和术语，使得译文的语言具有了理学文本的特征。

由此可见，虽然从整体上看，译文《真境昭微》与原文《勒瓦一合》存在着紧密的对应关系，但是在文本阅读上，由于古代汉语一字多性、一字多意的特点，仅仅通过中译本《真境昭微》来探讨贾米的伊斯兰神秘主义思想将会面临很大的挑战。所以，有必要将《真境昭微》与《勒瓦一合》进行比对，找到与中文术语对应的波斯文原词；通过将原词置于伊斯兰神秘主义的语境下理解，确定对应的中译词的含义，并讨论此含义与该中译词在中国传统哲学思想语境下的含义的异同。下文将以“动”字为例，梳理其在《真境昭微》中的多种含义，并对照原文，尝试探讨刘智在翻译过程对原文的理解和处理方法。

“动”，在《真境昭微》中共出现二十五次，所在章节分别是第七章（一次）、第十六章（三次）、第十七章（一次）、第二十一章（二次）、第二十三章（三次）、第二十五章

---

① 参见沈一鸣《跨越时空的苏非经典——贾米的〈勒瓦一合〉与刘智的〈真境昭微〉初步比较研究》,《回族研究》, 2008 年第 1 期, 106—112 页。

② “真”，对应于波斯文的以 Ḥaqq 为词根的一系列名词，理解为真实、实在、存在等，相对于假、幻、伪。同时，“真”还对应于 Ḥaqq 的另一个含义，即真主安拉。“有”，对应于波斯文的 vujūd、hastī 和 mawjūd。Vujūd 和 hastī 分别是阿拉伯语和波斯语的形式，含义是相同的，即存在、实在之意。Mawjūd 是阿拉伯语 vujūd 的被动形式的名词，虽然也被译为存在，但是是“被创造的存在”，即存在物之意。作为一个新的合成词，“真有”在中国伊斯兰哲学及其神秘主义哲学中具有重要的地位。

（十一次）、第二十七章（四次）。对照原文，"动"词主要对应于三个波斯语词汇，其翻译方法兼具上述两种类型。

1. "动"与 ḥarikat

在译文第七章和第二十一章中的"动"字全部对应于波斯语词 ḥarikat，而 ḥarikat 在原文中也仅出现于此三处。ḥarikat 在波斯语里是一个动名词，意为"运动，运转，与静相对"①，而其对应词"动"在古汉语里也具有"脱离静止状态，振动，活动，移动"的含义②。

在第七章中，ḥarikat 以复数形式 ḥarikāt 出现，与表"静止"意的复数形式 sākināt 并列，刘智将这一对反义词译为"一切动止"，此处的"动"表示"与静相对"的含义。在第二十一章中，ḥarikat 出现在原文讨论"无限"（bī mughīd）和"有限"（mughīd）两者关系时所举的一个例子中，即"手的运动和手中钥匙的运动"③。刘智将这句话译为"犹手动与扇动义也"④，此两处"动"皆表示"改变原来位置"的含义。由此可见，与 ḥarikat 相对应的三处译文中的"动"，是"一一对应型"的，即原词含义与中文译词在汉语语境中本来的含义相仿。

2. "动"与 tajallī

在译文第十六章中，有三处"动"字对译于原文 tajallī。而就 tajallī 来说，在原文中，除第十六章外，该词还分别出现在第五章、第二十四章、第二十六章、第三十六章。而这几处的 tajallī，刘智在中文译本里将其翻译成"显"或"现"。

tajallī 在波斯语里是一个名词，意为"光辉，光芒"，其引申义为"显露、显耀"⑤。在第十六章中，与"动"字对应的原文译文如下：

> 用这些事物相应于他的描述与他的关注，即对在第一道光（tajallī-yi avval）中表现出的世界，这是他自己暴露在自己对自己的光中。⑥

刘智译文：

---

① 'Alī Akbar Dihkhudā, comp. *Lughatnāma*, Tehran: Chāpkhāna-yi dawlatī-yi Īrān & Chāpkhāna-yi dānishgāh-i Tihrān, since 1946, 6:7784—7785.

② 罗竹风主编《汉语大词典》，上海：上海辞书出版社，1986—1994。

③ Jāmī, *Lavāyiḥ*, p. 79. 本文中的《勒瓦一合》的中文译文全部为笔者根据波斯文原文翻译。

④ 刘智，《真境昭微》，北京：清真书报社，1925 年，31 页。

⑤ Dihkhudā, *Lughatnāma*, 4:5643—5644.

⑥ Jāmī, *Lavāyiḥ*, p. 70.

以其向于表世也，于初动中，自见于自，乃有知见赋授之喻。[①]

接下来，刘智将 *tajallī-yi sānī va sālis*（第二和第三道光）翻译为"第二动"和"第三动"。这使得该段译文与第二十五章讨论的六个层次的"动"相呼应。但在第二十五章中讨论的"动"，其所对应的原词并不是 *tajallī*，而是另一个苏非神秘主义术语 *ta'ayyun*。

3. "动"与 *ta'ayyun*

在译文中的"动"字对应最多的原词即为 *ta'ayyun*，分别位于译文的第十七章、第二十三章、第二十五章、第二十七章。在这四章中，除第二十七章由于是意译而不能逐句对应原文外，其他三章都能找到相应的原文。就 *ta'ayyun* 来说，在原文中除上述章节外，还分别出现在第十六章、第二十五章、第二十七章、第三十五章[②]，且每章出现的次数均不超过三次。

ta'ayyun 在原文中被用作名词，表"特性、特征"之意[③]。按照 Tasbīḥī 的注释，这种特性是指能够使一件事物从众多事物中被辨认出来性质[④]。*ta'ayyun-i avval*，即"第一特性"，是苏非神秘主义哲学中一个重要的术语，"第一"指的是时间顺序，这里特指"真有"能够被认知的最开始所具有的特性。贾米在《勒瓦一合》第十七章开篇就定义了"第一特性"，即纯粹的单一和绝对的接受能力[⑤]。这里的接受性是泛指全体接受性，无论接受性是否脱离了性质和联系，或是性质和联系的表现。

在第二十五章，也就是《勒瓦一合》中出现 *ta'ayyun* 次数最多的章节中，贾米认为"真有"（*mūjūd-i Ḥaghīghī*）是独一的，但可以分为六个层次。在这些层次中，第一个层次是"无特性"（*lā ta'ayyun*），*lā* 是一个否定前缀，表"非/无"之意，刘智将这个层次译为"不动"；第二个层次是"真有的特性（*ta'ayyun*）"，也就是"第一特性"，刘智将其译为"初动"；第三个层次是"有痕迹的特性（*ta'ayyun*）的集合"，刘智将其译为"包含一切本为授迹之动"；第四个层次，是上述神圣的层次的名称和表现，刘智将"上述神圣的层次"翻译为"本为诸动"；第五个层次，是"所有被动的特性（*ta'ayyun*）的集合"，刘智译为"一切能为之动"；第六个层次，也就是最后一个层次，是"宇宙"的层次，在对这一层次的翻译中，刘智没有使用"动"这个字。从上述六个层次的 *ta'ayyun* 的使用和翻译来看，*ta'ayyun* 是针对"真有"的不同层次的描述。由此，"真有"被分为两种层次，一是"无特性"（*lā ta'ayyun*），二是"有特性"；而在"有特性"中，又根据认知程度而分为

---

① 刘智，《真境昭微》，17 页。

② 因为原文和译文有部分章节顺序错位，因此此处所指原文的第二十五章、第二十七章相对于译文的第二十六章、第二十八章。

③ Dihkhudā, *Lughatnāma*, 4:5977.

④ Jāmī, *Lawā'ih: Dar 'Irfān va Tasavvuf*, p. 103.

⑤ Jāmī, *Lavāyiḥ*, p. 72.

多个层次。

在"第二特性"的阐释中，贾米在这个层次给出了"特性"（ta'ayyun）的定义，原文如下：

> 第二个层次，是他的特性，这个特性是包含了神圣的、动态的、必要的特性集合和被创造物可能的、被动的特性集合，这个级别被称为第一特性，因为特性首先是他存在的真实，超越他的只有无特性的级别。[①]

对应在译文中，在对第二层次"动"的解释中，"动"的含义也因此得到了阐释，以下是刘智的译文：

> 第二品，即其动也，此动包总一切，为主当然之动，及一切为物能为之动，此品名曰初动。盖真有实理，为万动之初也，其上即不动之品也，无他。[②]

因此，在中国伊斯兰哲学的语境下，译文中的"动"是一个动名词，表示"真有实理"，描述的是一种状态，并且也相应地分为不同的层次。

从上述所归纳的"动"所对译的三个波斯语词汇中可以看出，刘智在译文中对"动"的第二和第三种用法很难在中国传统哲学语境中找到相似的用法和含义。那么，刘智为何选择"动"字来对应于 ta'ayyun 呢？要回答这个问题，首先需要确认刘智是否正确理解了 ta'ayyun 的含义。通过比对，可以发现 ta'ayyun 在某些章节并没有被翻译为"动"。例如译文第二十六章中，ta'ayyun 有一次被译为"现"，两次被译为"显"。刘智的译文范例如下：

> 此一体，若论圆通自在，不干所言一切显碍则为真。[③]

"现"与"显"在文中并不仅指视觉上被看见，而正是事物能够被分辨出的一种"特性"，这与 ta'ayyun 的原义相比是较为贴切的。可见，刘智对于 ta'ayyun 一词的翻译并没有仅限于"动"字，他只是根据不同的上下文选用了不同的汉语词汇。

由此，一方面从译者用"动"字翻译 ḥarikat 可以看出，译者理解"动"字在中文语境中的含义并运用在翻译中；另一方面，译者在第十六章用"动"翻译了表"显"和"现"之意的 tajallī 和 ta'ayyun，可以看出刘智在了解 ta'ayyun 和"动"字含义的基础上，为中

---

① Jāmī, Lavāyiḥ, p. 85.

② 刘智，《真境昭微》，37 页。

③ 刘智，《真境昭微》，42 页。

文的"动"字增加了"显"和"现"的含义。目前，在没有其他材料支持的情况下，仅凭《勒瓦一合》和《真境昭微》的文本比较来解释译者的这种翻译策略的动机，理据尚不充分。在将来的研究中，笔者将扩大对刘智以及其他中国穆斯林学者的译本和作品的文本研究，并参考其他宗教哲学体系在汉语语境下的运用，希望能够从中得到更多的启发。

A Comparison between the Chinese Character *Dong* in Liu Zhi's *Zhenjing Zhaowei* and Its Persian Counterpart in Jāmī's *Lavāyiḥ*

SHEN Yiming

This paper is a comparative research on Jāmī's（1414—1492）Persian Sufi prose *Lavāyiḥ* and its Chinese translation *Zhenjing Zhaowei* by Liu Zhi（c. 1655—1745）. The paper will first compare the word *dong* in the Chinese translation and its corresponding words in the original text, then discuss the meaning of each word in different contexts and try to find out Liu's trahslating strategy.

对《明实录》等汉文典籍中的波斯语词的考察

宋　岘（中国社会科学院世界历史研究所）

近察《明实录》有言，明宣德六年（1431）正月甲午：

> 赐撒马儿罕使臣卜颜札法儿等钞、彩币表里有差。初，行在礼部奏："卜颜札法儿等进速来蛮石一万斤，多不堪用。今还，请薄其赏。"上曰："厚往薄来，怀远之道。撒马儿罕去中国最远，毋屑屑与较，可加厚遣之。"故有是赐。（《明宣宗实录》，卷七五）

明正统十二年（1447）十一月癸丑：

> 哈密忠顺王倒瓦答失里，遣脱脱卜花及撒马儿罕使臣舍黑马黑麻等，贡马六十三、驼二十七，速来蛮松都鲁思玉石二万斤、青鼠皮三万张，赐宴及袭衣、靴、袜。（《明英宗实录》，卷一六〇）

其中的"速来蛮松都鲁思玉石"实为速来蛮石、松都鲁思石及玉石这三种东西。

据《波斯语汉语词典》，速来蛮（苏莱曼）石，乃波斯语词，义为"缟玛瑙"、"缠丝玛瑙"（sang-i Sulaymānī）[①]。从而可知，当年撒马尔罕等地向明朝进献的速来蛮石是玛瑙原石中的上品——白色的缟玛瑙，或红、白两色相间的缠丝玛瑙。它们乃雕刻玛瑙器件的上好原料，但礼部官员不识货，故言其"多不堪用"。

文中提及的"松都鲁思"，乃波斯语词，义为"（植）山达脂，松香树胶"（sandarūs）[②]，其学名为 Sandarač，是一种波斯本草。阿维森纳《医典》卷二《生药志》录有此药。伊本·贝塔尔（Ibn al-Baytar，1248 年卒）撰写的《药典》（*Materia Medica*）的第三节言："松都鲁思（Sandaroos）：伊斯哈格·本·欧姆朗认为，它是黄色的树胶（树脂），颇类琥珀，但比它软，其中有胆汁的成分。伊本·玛素亚认为，其热的性质与燥

---

① 北京大学东方语言文学系波斯语教研室编《波斯语汉语词典》，北京：商务印书馆，1981 年，1376 页。

② 《波斯语汉语词典》，1384 页。

的性质均在第一等级，它能消除胃、肠内的脓性（黏痰质的）分泌物。它能杀死蛔虫和涤虫（Habu al-Qar'u）。它能治愈因过于冷、过于潮湿或过于腹胀而引起的神经衰弱症。玛塞尔久亚认为，用它的烟气薰，可令内痔干缩。陀拔里讲，它的疗效与琥珀类似。它能改善因伤风、感冒而出现的脸色暗黑。曼苏里讲，饮服之，能治愈咯血（Nafth al-Dam）和外痔。……"明马欢《瀛涯胜览》"满剌加国"所载之"损都卢斯"即此物也。马欢言："内有明净好者，却似金珀一样，名'损都卢斯'（Sindarus）。番人做成帽珠而卖，今水珀即此物也。"① 可见，此物既可入药，又可作装饰品。

《明实录》言，永乐七年（1409）六月己巳，赫拉特（哈烈，Harāt）、撒马尔罕等处"遣使贡西马，共五百五十匹；赐钞各有差"（《明太宗实录》，卷九三）；永乐十一年（1413）六月癸酉，西域、哈烈、撒马尔罕、失剌思（设拉子）等国"贡马、西马、狮、豹等物；赐予有差"（《明太宗实录》，卷一四〇）；永乐十七年（1419）三月丁未，失剌思、亦思弗罕（伊斯法罕）等处"遣使贡西马、狮、豹等物。赐白金、钞币及宴"（《明太宗实录》，卷二一〇）。

从永乐十一年的贡品可以看出，马与西马是不同的两种贡品。那么，西马是何种马呢？元代大旅行家、《岛夷志略》一书的作者汪大渊，在游历到麦加时，见到身高八尺有余的阿拉伯马，并呼之为"西马"。那么，西马是否就特指阿拉伯马呢？今查中央民族大学的胡振华、胡军两位编注的《回回馆译语》中的波斯文、汉文对照的"来文"可知，"西马"对应的波斯语词正是"阿拉伯马（asb-i Tāzī）"②。查看"来文"的全部文字可知，这种对应屡试不爽。由此观之，在15世纪，阿拉伯马作为马中上品，曾经帖木儿帝国所控扼的中亚丝绸之路多次输入中国。

到了大清王朝，《清世祖实录》记有"顺治十三年（1656）八月甲午，定吐鲁番进贡赏例"，其中言"西马一匹，给缎、绢各二匹；西弓四张，给绢八匹"云云。显然，元、明、清三代，阿拉伯马——西马，一直是经过丝绸之路，被转输到中国内地的。

《明实录》还提及正德十年（1515）二月甲辰"撒马儿罕等番王头目速坛拔卜儿等所遣火者哈新等来朝贡驮马方物"（《明武宗实录》，卷一二一）。其中的把卜儿即为印度莫卧儿帝国的创始人和第一代君主巴布尔（Bābur，义为"老虎"）。其中的速坛拔卜儿，义为"巴布尔苏丹"。巴布尔1482年出生在费尔干纳的安集延，1515年从撒马尔罕遣使来中国，1530年冬季逝世。他酷爱诗歌，有诗集和《巴布尔回忆录》传世。

李时珍《本草纲目》引元代人刘郁撰写的《西使记》（1263年成书），记录了撒马尔罕的土地上出现的三种植物药，即阿儿只、阿息儿、奴哥撒儿。《本草纲目》卷二十一言："阿儿只［时珍曰］刘郁《西使记》云：'出西域，状如苦参，主打扑伤损、夫人损胎。用豆许，咽之自消。又治鱼鼠疮。'阿息儿［时珍曰］《西使记》云：'出西域，状如地骨皮，

---

① 马欢《瀛涯胜览》，冯承钧校注，北京：中华书局，1955年，24页。
② 《波斯语汉语词典》，518页，اسب تازی条: تازی，阿拉伯马。

治夫人产后衣不下。又治金疮脓不出。嚼烂，涂之，（脓）即出.'奴哥撒儿［时珍曰］
《西使记》云：'出西域，状如桔梗，治金疮及肠与筋断者。嚼烂，敷之，自续也.'"①
历史上，刘郁是追随成吉思汗的孙子、伊利汗国的第一代君主旭烈兀（Hūlegū，1217—
1265）的书记官。经考定，阿儿只（gharz），乃是扁蓄（asarayee）之一种；阿息儿，即灯
心草（asal）；奴哥撒儿，乃是观赏植物仙客来（nugūnsar نكو نسار ）②，皆为波斯本草名字。

仅从以上《明实录》等元明年间文献的记载可以发现，其中有不少是世界史、中亚
史以及中国史研究的有用资料。倘若能够由波斯语学者对其中的波斯语词进行甄别、考
证，再准确地释义，那么，一定会有力地促进中国伊朗学的进一步发展。笔者寄希望于
年轻的波斯语学者。

言及此，令我想到伊朗学研究的另一个相关问题，就是对用阿拉伯文表述的中古时
期的伊朗学资料，也应安排人去关注、去研究。比如，《隋书》卷八三言："安国，汉时
安息国也。……炀帝即位之后，遣司隶从事杜行满使于西域，至其国得五色盐而返。"
查雅库忒《地名辞典》③可知，安国，即布哈拉地区，其地不产五色盐。该书言，在伊朗
的法尔斯省境内的达拉卜杰尔德（Dalabjerd），有一座盐山。整座山乃是一整块岩盐，此
岩盐裸露于地表，不是深藏于地下的。它同时具有红、黄、绿、白、黑五种颜色。当地
人将这五色盐雕刻成盘子、杯子、壶、碗等器皿，并作为礼品发往各地。试想，波斯人
的这类土产实是可用来馈赠的民族工艺品。杜行满在中亚得到的五色盐，应是伊朗的土
产。现在看，《隋书》也好，《明实录》也好，都是中国史研究的重要资料。倘若中国伊朗
学学者们关注一下它们，一定会使更多的历史之谜得以廓清。

A Study on Some Persian Words in *Ming Shi Lu* and Other Chinese Documents

SONG Xian

In *Ming Shi Lu*, the "Lai Wen" in *Hui Hui Guan Yiyu*, Liu Yu's *Xi Shi Ji*, Ma Huan's *Ying Ya Sheng Lan* and other texts, I came across frequently some Chinese words translated from the Persian words. Most of them are resulted from free translation combined with transliteration, e.g. "Su Lai Man Shi" (*Sang Soleymanee*), "Xi Ma" (*Asb Tazee*) and etc. Others are pure transliterations, e.g. "Nu Ge Sa Er" (*Nogoonsar*), "Song Du Lu Si" (*Sandaroos*), ect. Lacking expertise in the Persian Language, such Chinese historical texts

---

① 李时珍《本草纲目》，陈贵廷等点校，北京：中医古籍出版社，1994 年，610 页。

② 《波斯语汉语词典》，2449 页。

③ Ya'qūt, *Mujama al-Buldān*, Beirut, 1957.

with Persian words have long been misunderstood and misinterpreted by historians. Persian culture has a long-standing influence upon the Chinese culture and history. Therefore, when we try to translate the ancient Chinese texts into modern language, we indeed expect those capable of reading Persian to cooperate with us.

拜火宗教与突厥兴衰[*]

——以古代突厥斗战神研究为中心

王小甫（北京大学中国古代史研究中心）

　　唐人姚汝能撰《安禄山事迹》，开篇即说："安禄山，营州杂种胡也，小名轧荦山。母阿史德氏，为突厥巫，无子，祷轧荦山，神应而生焉。"其自注云："突厥呼斗战神为轧荦山。"[①]然而，名为轧荦山的斗战神究竟是何方神圣，迄今没有得解[②]。2004年8月，北京大学中国古代史研究中心组成"蒙古历史文化"考察队，前往蒙古国作主题为"自然环境与历史文化关系"的野外考察。在该国后杭爱省哈沙特县和硕柴达木（Hoshoo Tsaydam），在那矗立着著名的阙特勤碑和毗伽可汗碑的地方，考察队员在其文物陈列室里发现了一件重要文物：一块出土于阙特勤墓地的红色花岗岩巨形石板，其表面阴刻线雕类似近年国内虞弘墓等处出土的葬具上那种两个鸟身祭司相对护持圣火的图案，只是这块巨石线雕上半部残缺，图案也较国内所出简单粗犷[③]。这件文物对于研究古代突厥文化乃至其政治历史发展有着不可替代的价值[④]。本人认为，这种鸟身祭司就是古代突厥斗

---

　　* 本文系教育部人文社会科学重点研究基地北京大学中国古代史研究中心"中古国家体制与北亚民族传统互动研究"课题成果之一。

　　① ［唐］姚汝能《安禄山事迹》，曾贻芬校点，上海：上海古籍出版社，1983年，1页。《新唐书》卷二百二十五上《逆臣安禄山传》作"虏所谓斗战神者"，北京：中华书局标点本，1975年，6411页；《旧唐书》卷二百上《安禄山传》作"突厥呼斗战为轧荦山"，北京：中华书局标点本，1975年，5367页。

　　② 伊朗语专家恒宁（W. B. Henning）曾将"轧荦山"完全考释为粟特语 rwγšn，意为"光明、明亮"（参荣新江《中古中国与外来文明》，北京：生活·读书·新知三联书店，2001年，224—225页），显然是忽视了"突厥呼斗战神为轧荦山"这一说法。日人冈崎精郎曾提到这一说法，但只是望文生义地说是"战神"，未作探究，见其《后唐明宗与旧习》（上），《东洋史研究》（东京）新第1卷第4号，1945年，52页。

　　③ 我应该说明：这件文物是考察队里北大中古史中心罗新副教授和中国社科院历史所吴玉贵研究员发现的。当时这块暗红色的巨形石板和其他石板一道散放在陈列室出口附近，罗、吴二人首先看出了石板上的对鸟图案和两鸟中间的火坛，然后招呼我过去一同进行仔细辨认和鉴定。现在，他们委托我来写这样一份考察专论，正式公布这项发现，我首先应该感谢他们以及提供了文物照片的北大历史系李新峰副教授。当时陪同我们考察的蒙古国立历史博物馆馆长敖其尔先生听到我们对该文物图案的鉴定后告诉我们，有类似图案的文物在蒙古国还有两处，但从来没有人提出过我们这样的鉴定意见。虞弘墓等处出土葬具，集中见于荣新江、张志清主编《从撒马尔干到长安》，北京：北京图书馆出版社，2004年。

　　④ 我曾经把图片发给国际著名的隋唐史和中亚史专家张广达先生鉴定，他回信说："鸟身祭司的形象太重要了，可以说是 missing link（缺失的一环）。"［2004年9月23日 email］

战神的形象，为拜火教神祇 Verethraghna（Warahrān/Bahrām）的化身之一。本文拟结合有关文物和文献史料，汲取前贤学术成果，对该文物的价值和意义试予阐释，同时对其反映的拜火教与古代突厥政治盛衰关系略加探讨。妄逞臆见之处，还望专家批评指正。

一、拜火教神话中鸟的形象

学界一般公认，"这种半人半鸟的祭司护持火坛的形象，是最具特征的祆教图案"[①]。祆教即琐罗亚斯德教（Zoroastrianism），源自古代伊朗，因其主要功课是在祭司的指导下礼拜圣火，因而又被称为拜火教（fire-worship）[②]。也有学者提出，这种"人头鹰身赫瓦雷纳（按：Xvarenah）鸟即是圣鸟 Senmurv 之一种"[③]。

其实，Senmurv 是伊朗神话中虚构神鸟 Simurgh/Simorgh 的婆罗钵语（Pahlavi，又译"巴列维语"，即中古波斯语）形式，其名称源自波斯古经《阿维斯塔》（*Avesta*）中的 maragho saeno，意为"Saena 鸟"，原本指鹰雕一类的猛禽。这一神鸟在伊朗艺术中被描绘成鸟形的巨型有翼动物，能够抓起大象或骆驼，外形类似孔雀，长着一个狗头和一副狮爪，有时候显出一张人脸。据说这鸟能在火焰中再生并不朽[④]。萨珊波斯（226—651）时期，人们认为该鸟能使土地丰产并且统合天地等[⑤]。权威的研究意见认为，要把这一神

---

① 荣新江《中古中国与外来文明》，164 页。

② Mary Boyce, *Zoroastrians: Their Religious Beliefs and Practices,* London and New York: Routledge & Kegan Paul, 1987，p. 64. 祆教为中原旧译，本论文论及突厥，迳称拜火以图简明，参见林悟殊《波斯拜火教与古代中国》，台北：新文丰出版公司，1995 年，作者前言 i 页。

③ 姜伯勤《中国祆教艺术史研究》，北京：生活·读书·新知三联书店，2004 年，104 页。又，法国葛乐耐等转述哈佛大学伊朗学教授施杰我（Oktor Skjaervø）的意见，倾向于把西安史君墓葬具上的鸟身祭司比定为奈何桥（the Chinwad bridge，本意为"分离之桥"）头的灵魂审判者之一 Srōš，其化身之一为公鸡（Frantz Grenet, Pénélope Riboud, Yang Junkai, "Zoroastrian Scenes on a Newly Discovered Sogdian Tomb in Xi'an, Northern China", *Studia Iranica* 33, 2004, pp. 278—279. 感谢耶鲁大学的韩森 Valerie Hansen 教授提供信息及全文的复印件）。然而，接受这一比定势必要将鸟身祭司的出现与灵魂超度的场面整合在一起，这就难以解释那些非灵魂超度场面的鸟身祭司（如虞弘墓、安伽墓等），也无法说明其他拜火教葬具上祭司非鸟身的情况，更与装饰华丽的拜火教葬具这一现象本身相矛盾。也就是说，奉火的鸟身祭司本身不能就是灵魂的审判者，它应该与现世人们的精神需求有关（见后）。况且，如果真的是要反映灵魂审判，在这种场合首先应该出现的是主神密特拉，而不该是他的胁侍之一（参 Mary Boyce, *Zoroastrians: Their Religious Beliefs and Practices*, p. 27）。因此，施杰我的这一比定不可取。

④ 萨珊波斯艺术中的这种神鸟的复合形象渊源有自：公元前 10 世纪早期的斯基泰艺术是其先驱，其间显示了与萨珊表现法明显的相似。不过，人们既不能据此确定它们有什么传承关系，也不能由此建立起一种历史联系，因为，类似的复合动物在近东、中亚和中国都有发现。而且，在帕赞德文（Pâzand，印度拜火教徒帕西人的一种经书文字）里，神鸟 Simorgh 就被写作 Sîna-Mrû，参见 Hanns-Peter Schmidt, "Simorgh", *Encyclopaedia Iranica*, http://www.cais-soas.com/CAIS/Mythology/simorgh_senmurv.htm［2005 年 10 月 4 日］。因此我认为，所谓神鸟 Simorgh 一名最早也有可能是"中国凤"一名的音义合译，但这需要另撰专文研究。

⑤ 参 Gareth Long, *Greek Mythology Compared to Norse Mythology*, http://webhome.idirect.com/~donlong/monsters/Html/*Senmurv*.htm［2005 年 10 月 3 日］。

鸟的原型比定为已知鸟类是有困难的，问题在于，该神鸟的艺术典型只有三趾，而大多数鸟类都是四趾的①。在菲尔多西的《列王纪》中，作为扎尔（Zal）和鲁斯塔姆（Rostam）父子保护者的神鸟还有一个名字相同（Simorgh）的邪恶的对应物，后来被勇士埃斯凡迪亚尔（Esfandiar）杀死②。研究者认为，这两只鸟原本很可能是同一只鸟，神鸟性格是善恶二重的。总之，有证据表明，这一神鸟在不同的文化中有着不同的形态，而且，同一个名字既用于称真实的鸟类，也用于称神话中的复合物，甚至同时被用于称善良的和邪恶的动物。"这只神鸟有很多特点都和印度的迦楼罗（Garudáa，按：华言金翅大鹏）共通，那是毗湿奴神（the god Visánáu）的座驾。特别有意思的是，这种比喻在萨珊波斯时代已经出现了。在第一本梵文《五卷书》（Pancatantra，波斯编译本名《卡里来和笛木乃》Kalila and Dimna）里就有海边的鸟儿们向其国王迦楼罗作申述的故事。在粟特语里，神鸟（synmrgh）一词就被用来作为迦楼罗的译文；在中古波斯语原本《卡里来和笛木乃》的古叙利亚文译本中，迦楼罗也被译成神鸟（Simorgh）。"③

无论如何，单是伊朗神鸟（Simorgh）的三趾特征就使我们难以认定其与近年出土葬具上的鸟身祭司相同，因为我们看到这种祭司都有典型的四趾鸟爪（有向后突出的距趾）。

尽管有些证据十分可疑，但这一神鸟与赫瓦雷纳（Xvarnah/Khvarenah）神有着某种关系却是不可否认的。这种关系在《阿维斯塔》里已经有所显现，在《列王纪》里也有迹可寻：神鸟把一根羽毛作为自己灵光（farr= Xvarnah④）的象征交给扎尔（英雄鲁斯塔姆之父），以便必要时点燃它以召唤神鸟显灵⑤。不过，研究者认为，既然该神鸟形象没有出现在花园拱门（Taq-e Bustan）窟龛的君权神授浮雕里⑥，那么，它就可能并非专门的王者象征，而是一个较为普遍的幸运符号⑦。相反，赫瓦雷纳却是著名的"王者灵光"（详见下节）。

① 据研究，在波斯古经中，这种三趾神鸟是最大的鸟（Bundahishn 13.10），与之并列提到的也都是大型鸟类，如鹰、兀鹰、秃鹫及金雕等，而不包括隼、鹞等比它们要小得多的猎鹰。这一性质以及出土戴鹞冠雕像等文物证实了我们关于葬具图案上的鸟身祭司并非 Simorgh/Senmurv 的判断（见下）。参 Hanns-Peter Schmidt, "Simorgh", Encyclopaedia Iranica。

② ［波斯］菲尔多西《列王纪全集》（四），张鸿年、宋丕方译，长沙：湖南文艺出版社，2001年，20—24页。

③ 本段有关神鸟（Simorgh）的介绍除另外注明者外，主要参考 Hanns-Peter Schmidt, "Simorgh", Encyclopaedia Iranica。

④ 关于这一比定，参见 Gherardo Gnoli, "Farr", Encyclopaedia Iranica, http://www.iranica.com/articlenavigation/index.html［2005年10月9日］。

⑤ ［波斯］菲尔多西《列王纪全集》（一），214页。

⑥ 花园拱门窟龛位在伊朗克尔曼沙赫（现在叫作巴赫塔兰 Bakhtaran）城附近，主要是萨珊波斯王朝阿尔达西尔二世（Ardeshir II, 379—383）的加冕浮雕，参 The Splendor of Persia 网站, http://www.babyloniangal.com/files/tours/taqebostan.html［2005年10月9日］; A Zoroastrian Educational Institute 网站, http://www.vohuman.org/SlideShow/Taq-e-Bustan/Taq-e-Bustan-Main.htm［2005年10月9日］。

⑦ 参 Hanns-Peter Schmidt, "Simorgh", Encyclopaedia Iranic。

Xvarnah/Khvarenah 是《阿维斯塔》里表示"光耀"的术语，指古代伊朗宗教里最具特点的观念之一，即灵光神。由于希腊化时期（即亚历山大东征以后的塞琉古王朝统治伊朗的时期）这一神祇被比定为希腊的梯刻（Tuche，机运女神）以及阿拉米文的"幸运"（gad，这个词也是中古波斯语"灵光"一词的表意写法），因而它经常与王者的光环以及显贵的德运联系在一起。对此，贝利（H. W. Bailey）爵士有不同意见，他认为灵光神的基本观念应是和光与火有关，而不是和福运有关系，其词根源于 khvar（燃烧、发光）可以证实这一点，khvar 很可能与写作 hvar（太阳）的同根词有关系。这种情况也可从"灵光神"有时在希腊文里译作 doxa（辉煌）、在阿拉伯—波斯文里译作 nur（明亮）的现象中得到佐证[①]。

据研究，现存《阿维斯塔》中《亚什特》（"Yasht"）卷第 19 篇主要是对灵光神的称颂[②]，其中第 7 章第 34—35 节云："（34）当他（按：伊玛 Yima，传说中人类的第一个国王）开始以虚假的谎言为乐时，灵光神就现形为一只鸟避开了他。……伊玛惶恐不知所措，羞愧得无地自容。（35）……灵光神离开了闪亮的伊玛……化身为一只 Varaghna/Vareghna 鸟。辽阔牧场的主公密特拉（Mithra）神捉住了灵光。"[③] 在玛丽·博伊丝编译的《拜火教研究经文史料》中，Varaghna/ Vareghna 鸟被直接译成了隼雀（英文 hawk）[④]。可见，灵光神的化身并非是前述那只硕大无朋的神鸟 Simorgh，而是形为隼雀的 Vareghna 鸟。

下面我们就来看一看这只 Vareghna 鸟在拜火教神话中的性质和作用。有意思的是，在拜火教经典《阿维斯塔》中，形为隼雀的 Vareghna 鸟并非只是灵光神的象征，它同时也是另一位重要的神祇——Verethraghna/Bahram 的化身，而且与后者有着更密切的关系，在其特性发挥中起着更重要的作用。"在《阿维斯塔》里，Verethraghna 具有一个古代斗战神（warrior god）的所有特征，一个粉碎和战胜任何抵抗和防御力量的化身，一种在攻击中展示其强大的不可抗拒的力量。由于这个原因，它和 *Vanaintī Uparatāt*（赢得优势）有联系（*Yasht*:14.0，64），并被尊为 *yazatanam zayō.təmō*（诸神中最高度武装的）（*Yasht*:14.1），*amavastəmō*（最被赋予攻击力的）（*Yasht*:14.3），*xvarənahŋuhastəmō*（最被赋予灵光的）（*Yasht*:14.3）。它被想象为处于不断的对敌作战之中，（恶）人和魔鬼（daēvas），巫师（yātus）和异教徒（*Yasht*:14.4，62）。"[⑤] 因此我认

① 参 Gherardo Gnoli. "Khvarenah"，http://www.bookrags.com/other/religion/khvarenah-eorl-08.html［2006 年 5 月 23 日］。

② 《阿维斯塔》的《亚什特》主要是分别对一些重要的善神作具体的赞美，见元文琪《二元神论——古波斯宗教神话研究》，北京：中国社会科学出版社，1997 年，18—21、241—251 页。

③ 见 http://www.avesta.org/ka/yt19sbe.htm［2005 年 10 月 14 日］。参 Mary Boyce, *Textual Sources for the Studies of Zoroastrianism*, edited and translated by Mary Boyce, Chicago: The University of Chicago Press, 1999, p. 30。

④ 参 Mary Boyce, *Textual Sources for the Studies of Zoroastrianism*, p. 30。

⑤ G . Gnoli, "Bahram，i. In Old and Middle Iranian Texts"，*Encyclopaedia Iranica*, vol.III, ed. Ehsan Yarshater, London and New York: Routledge & Kegan Paul, 1989, pp. 510—511a and p. 513a.

为，把拜火教神祇 Verethraghna/Bahram 和汉文史料记载的突厥斗战神相比定可谓名副其实①。

《亚什特》第 14 篇是专门的对斗战神 Verethraghna/Bahram 的颂歌，该篇一开始就依次描写了斗战神的 10 种化身，即：一阵猛烈的狂风、一头长有金角的公牛、一匹长有金耳和金蹄的白马、一匹发情的骆驼、一头公野猪、一个十五岁的青春少年、一只 Vareghna 鸟、一只弯角的公绵羊（ram）、一只尖角的野山羊（goat）和一个武装的战士②。《伊朗学百科全书》(Encyclopaedia Iranica)"斗战神（Bahram）"条在列举这些化身时把 Vareghna 鸟解释为隼雀或猛禽（falcon or bird of prey）③。斗战神颂歌第 7 章第 19—21 节云："（19）第七次阿胡拉创造的斗战神（向他的求助者）赶来，化成一只 Vareghna 鸟急速前进，下面抓，上面撕，这最敏捷的鸟，这最快的飞行物。（20）它是唯一能赶上飞箭的生物，无论那箭射得多好。天刚破晓，它舒展羽毛飞翔，为避离黑暗追寻日光，为徒手者寻求武装④。（21）它在山岭峡谷上空滑翔，它掠过一座座山峰，它掠过一条条河流，它掠过林梢，聆听着鸟儿们的喧哗。斗战神就这样来了，带着马兹达创造的善惠灵光，那马兹达创造的光华。"⑤

有的《阿维斯塔》现代译本将 Vareghna 鸟译作"渡鸦"（raven，大乌鸦）⑥，还有的研究者甚至就将其译作"乌鸦"（crow）⑦，显然是因其为一种体型较小的猛禽的缘故。然而，有一件文物有助于我们对此作出更为准确的判断，那就是陈列在乌兰巴托蒙古国立历史博物馆里的石雕阙特勤头像。这是一尊圆雕石人像，据说被发现于阙特勤墓地，身体部分已经不知去向。该头像下还陈列了一个只剩口鼻和下巴的石片，石质与上述头像相同，据说是阙特勤之妻。重要的是，所谓阙特勤头像的上部造型为戴着一个高筒冠，冠前面的装饰浮雕是一只展翅的飞鸟的正面图像。虽然正面浮雕不能完整表现鸟的体形，但国内近年出土的许多唐代武官俑，其鹖冠正面却都塑出了一只完整的飞

---

　　① 安禄山为操东伊朗语的粟特人，"轧荦山"《广韵》音可拟测为 *æt lɔk ʃæn，应该就是 Verethraghna 或其历史变体的音译。史料中以"光照"渲染此神，正反映其在宗教象征中与灵光神共有 Vareghna 鸟的这一特性。或有将 Verethraghna/Bahram 径称为胜利之神者，然拜火教另有胜利之神 Vanant，《亚什特》第 21 篇就是其专门颂歌，见 http://www.avesta.org/ka/yt21sbe.htm［2005 年 10 月 15 日］。

　　② 见 http://www.avesta.org/ka/yt14sbe.htm［2005 年 10 月 15 日］；参 G. Gnoli, "Bahram, i. In Old and Middle Iranian Texts", p. 511a；元文琪《二元神论——古波斯宗教神话研究》，212 页。

　　③ 参 G. Gnoli, "Bahram, i. In Old and Middle Iranian Texts", p. 511a。

　　④ 此节末两句各家翻译有异，玛丽·博伊丝的翻译是："在薄暮中寻找它的晚餐，在晨曦中寻找它的早餐"，参见 Mary Boyce, Textual Sources for the Studies of Zoroastrianism, p. 31。有的《阿维斯塔》译本的译文是："希望黑夜不再，期望曙光到来"，见 http://www.avesta.org/ka/yt14sbe.htm［2005 年 10 月 16 日］。

　　⑤ Mary Boyce, Textual Sources for the Studies of Zoroastrianism, p. 31, http://www.avesta.org/ka/yt14sbe.htm［2005 年 10 月 16 日］；Marzban Hathiram, "The Taavil-Esoteric Version and Interpretation of Baheraam Yasht", http://tenets.zoroastrianism.com/TAAVILOFBAHERAAMYASHT.pdf［2005 年 10 月 8 日］。

　　⑥ http://www.avesta.org/ka/yt14sbe.htm［2005 年 10 月 16 日］。

　　⑦ 参 Marzban Hathiram, "The Taavil-Esoteric Version and Interpretation of Baheraam Yasht", 第 7 章的阐释部分。

鸟形象：鸟头朝前展翅飞翔，体型小巧①。孙机先生曾撰专文研究中国古舆服中的鹖冠，他说"唐代也在鹖冠上饰以鹖鸟全形，不过它所饰的鹖鸟并非似雉或似鸡的大型鸟类，而是一种小雀"；"唐代的鹖冠不但饰以鹖鸟全形，而且冠的造型相当高大，冠后还有包叶。这种造型是前所未见的。它的形成，大约一方面是为了和日趋高大的进贤冠相谐调，另一方面又受到唐代新创的'进德冠'的式样的影响。……这种冠皇太子、贵臣以及舞人都可以戴，流行的时间也比较长"；"此外，唐式鹖冠从外面看去，在两侧的包叶上还画出鸟翼。冠饰双翼，并非我国固有的作风。萨珊诸王的冠上多饰双翼，如卑路斯（457—483）、库思老二世（590—627）的王冠上都有这样的装饰，夏鼐先生以为这是太阳或祆教中屠龙之神未累什拉加那（Verethraghra）的象征"②。所谓未累什拉加那（Verethraghra）显然就是我们前面提到的斗战神（Verethraghna/Bahram），突厥王子阙特勤所戴的高筒冠应该就是鹖冠。总之，由冠饰双翼为斗战神的象征可以判断，唐代鹖冠及阙特勤头像上的那种小型飞鸟——鹖，应该就是拜火教神话中斗战神的化身Vareghna鸟的原型鸟类。

　　鹖到底是哪种鸟？诸书说法不太一致。《续汉志》说它是"勇雉"，《晋书·舆服志》又说鹖"形类鹞而微黑，性果勇，其斗到死乃止"，也有人认为鹖形似雀③。由诸书称其形类鹞而好勇斗狠的特性来看，显然应属隼雀无疑。在伊朗，隼雀被称为bāz（英语译为falcon，hawk）。在被认为由古代伊朗数学家和哲学家奥马尔·海亚姆（'Omar Khayyām，卒于12世纪初）编写的《新年书》（Nawrūz-nāma）里一开始就赞颂隼雀："它得到君主们的喜爱，被训练得像国王般慷慨和整洁。古人云：隼雀是肉食鸟类之王，犹如马是草食四蹄动物之王。它天生具有其他鸟类所没有的威权（majesty）；鹰（eagle）虽然体大，却无隼的威严。"④因此我认为，将拜火教神话中斗战神的化身Vareghna鸟比定为隼雀，从而认为其与中国古代的鹖鸟相同是非常合适的⑤。

---

①　这类文物近年国内已有较多出土，有俑，也有壁画，正式刊布的资料见王自力、孙福喜编著《唐金乡县主墓》，北京：文物出版社，2002年，彩版11武官俑；参见唐昭陵网页http://sxxx.sei.sn.cn/sxxb/wbh/wb/city/V3/tzl/zlly1.htm［2005年10月17日］等。此承吴玉贵先生提示，谨此专致谢忱。

②　孙机《进贤冠与武弁大冠·鹖冠与翼冠》，收入氏著《中国古舆服论丛》，北京：文物出版社，1993年，140—142页。参见夏鼐《中国最近发现的波斯萨珊朝银币》和《青海西宁出土的波斯萨珊朝银币》，收入《夏鼐文集》下册，北京：社会科学文献出版社，2000年，27、34—35页。

③　参见孙机《进贤冠与武弁大冠·鹖冠与翼冠》，140页。

④　H. Alam, "Bāz", *Encyclopaedia Iranica*, vol.IV, ed. Ehsan Yarshater, London and New York: Routledge & Kegan Paul, 1990, p. 17.

⑤　拜火教里还有一只著名的超凡神鸟叫Pesho-Parena，有的学者错误地将其译作"猫头鹰"（owl）。《亚什特》第14篇第14章（35—40节）主要就是对这只超凡神鸟的赞颂。然而，如专门的研究者所说，"对这只鸟的描写及其神奇的特性看来完全是虚构的，甚至是难以置信的"；而且，"正像Pesho-Parena一样，神鸟Simurgh也与一般凡人无关。……普通人是永远不可能认出Simurgh的。如果由于某个机会他偶然看到了仅是这只大鸟的影子，他要么就会失去理智，要么就会得到完全的解脱！总之，这两只鸟处在物质与精神的中间一环，因此，我们可以说它们存在，也可以说它们不存在！"参见Marzban Hathiram, "The Taavil-Esoteric Version and Interpretation of Baheraam Yasht"，第14、15两章的阐释部分。

二、鸟身祭司的象征意义

那么，在葬具上为通常所见护持火坛的祭司赋予斗战神的形象有什么特殊的意义呢？我们先来看一下作为斗战神的化身的 Vareghna 鸟在拜火教里的作用：

斗战神的第七种化身是 Vareghna 鸟，这似乎又是一种夸张的描述。为什么一只鸟要为徒手者寻求武装呢？我们还得求助于隐喻，它表明这只鸟象征着一个自由的灵魂。一个人摆脱了七大行星的影响，摆脱了物欲，因而正等着飞向阿胡拉·马兹达——那就是用一只鸟作为象征所指代的灵魂。Vareghna 是一种特别的鸟，它在善界方面操劳，而且可以大致被比作一只渡鸦（raven）或乌鸦（crow）。该鸟被描绘成上部是锐利的——即它身体的上半部分尖锐而小，有利于它攻击任何敌人。它被描绘成有着厚实的下半部分，那就是说，它身体的下半部分笨重而大。隐喻显示，这鸟在它的下半部分保管着其他一些善的功课，它带着这些飞行，以便将它们交给那些应该得到的人。它就像一个驿使，带着货物无所畏惧，甚至愿意付出生命加以保护，不将这些货物送达预定的领取人，它就不会停息。颂歌（Yasht）把该鸟描绘得比其他鸟都要迅捷，意思是它以最快和最有效的方式去做托付给它的工作。它以飞行这种特殊的方式吸引虔诚者的注意，从而把对方引向他需要去的地方。

该鸟被描绘成在拂晓时第一个起飞，从而唤醒他人。黑夜表示一个人绝望时的黑暗；拂晓则表示斗战神的到来。该鸟但愿这事赶快发生：斗战神将武装那徒手的人，以便他能向邪恶的人开战。这鸟据说掠过了高岗、山峰、树林的顶尖，以及河谷的深处，聆听其他鸟儿们的喧哗。其他鸟儿指的是另一类灵魂，他们正在努力以抵及阿胡拉·马兹达。它们的歌声不是别的，正是这些灵魂激动的祈祷声，他们很快就要达到他们的目的了。河谷的深处指的是"灵魂"（Ruvan）活着和死后的劳作。高岗和山峰的顶部指的是那些获得解放以及为其他人的解放而工作着的灵魂。树梢指的是普通老百姓的祈祷，为了他们一天受到的任何好坏而感谢阿胡拉·马兹达。这鸟便聆听所有这些灵魂的倾述，安慰他们，想要照亮那黑暗的地方，希望他们群起开化，通过斗战神的作用而达到较高的程度。

斗战神的这一奇妙化身通常显示给那些由于他们自身的活动而濒于财政崩溃的人们。因此，若一个确实贫困和贫穷的人，他极其需要钱，比如要为他的孩子们举行受信礼（Navjote），则将会得到这只鸟的显灵。既然他在绝望中流浪，那么 Vareghna 鸟飞行的特殊方式将会引起他的注意。一旦这种情况发生，这鸟通常是把该人引到一个地方，在那里可以找到足够的钱，以解决他的真实需求。这就是斗战神的工作和隐喻的精髓。[1]

显然，斗战神化身 Vareghna 鸟的宗教作用与其作为宗教祭司的角色是一致的。然而，对于拜火教的信徒而言，斗战神的作用和意义并不止于此。

近年的研究表明，在东伊朗文化世界，尤其是在外出活动的粟特商队和聚落里，祭司（宗教事务）往往是由叫作"萨保/萨宝"的首领兼任的[2]。在传统社会里，实际上更可能是外出的商队首领由祭司充任。这种情况仍见于近代以前的印度帕西人移民社群。帕西人（Parsees/Parsis）是萨珊波斯被阿拉伯人消灭以后逃往印度的波斯难民，他们一直保持着自己的拜火教信仰和社群组织。"移居印度的帕西人手里并没有固定的成文法典以裁定社群的内部制度和秩序。他们作为一个少数族群，也没有自己自主的政治组织，当涉及刑法问题时，他们实际上接受各自统治者的审判；另一方面，内部民事调解和宗教争执则留给帕西人自己，因此，司法行政在这么多个世纪中都掌握在神职人员手里。既然大祭司（Dastur）作为这群难民的首领或发言人在 Sanjan[3] 与 Jadi Rana 大公谈判，从而使得帕西人定居印度成为可能，祭司们的领导作用显然是无可争议的。在萨珊波斯，大祭司们已经掌握了最高民政职权[4]，那么，在社群处于一种政治领导缺位的状况时，大祭司起到首领的作用是最自然不过的事。在古吉拉特邦（Gujarat）的每一个有帕西人群体定居的地区和城市中，都有一个作为首领的大祭司家庭行使发言人（对外）和调停人（对内）的职责。"[5]

移民社群的这种状况有可能为鸟身祭司乃斗战神化身这一比定提供进一步的论据。因为，即使是在萨珊王朝灭亡以后，"斗战神在拜火教社群里也一直享有巨大的声望。事实上，斗战神之所以总是保有其突出地位，既是由于后来同'战神之火'（*vərəθrayan-ātar*, the *ādūr ī warahrān* or the *Ātaš Bahrām*）之间的联想，更是由于他作为出门人和旅行者的保护神的作用"[6]。玛丽·博伊丝则指出："他（斗战神）被尊为一个重要的保护神，且在稍后的时代作为行人商旅特有的守护神；他的颂歌（yasht）总是为那些行进在旅途

① Marzban Hathiram, "The Taavil-Esoteric Version and Interpretation of Baheraam Yasht"，第 7 章的阐释部分。

② 参见荣新江《萨保与萨薄：北朝隋唐胡人聚落首领问题的争论与辨析》，收入叶奕良编《伊朗学在中国论文集》（第三集），北京：北京大学出版社，2003 年，128—143 页。学界对于萨保/萨宝一名的语源虽有不同意见，但对其本为政教兼领的队商首领并无根本分歧，参见罗丰《萨宝：一个唐朝唯一外来官职的再考察》，收入氏著《胡汉之间——"丝绸之路"与西北历史考古》，北京：文物出版社，2004 年，248—279 页；荣新江《北朝隋唐胡人聚落的宗教信仰与祆祠的社会功能》，收入荣新江主编《唐代宗教信仰与社会》，上海：上海辞书出版社，2003 年，385—412 页。

③ 传说是帕西人出走的起点，地在呼罗珊（Khorasan）西南。参 Mary Boyce, *Zoroastrians: Their Religious Beliefs and Practices*, p. 157.

④ "林悟殊先生曾提醒我们注意，西域胡人生活的一大特色，就是教务与民事的结合，他举《魏书》卷一○二《西域传》所记粟特康国的风俗云：'有胡律，置于祆祠，将决罚，则取而断之。重者族，次罪者死，盗贼截其足。'"见荣新江《北朝隋唐胡人聚落的宗教信仰与祆祠的社会功能》，400 页。显然，这可能也是受萨珊伊朗的影响所致。

⑤ Eckehard Kulke, *The Parsees in India:* New Delhi: Vikas Publishing House, 1993 reprint，pp. 59—60.

⑥ G. Gnoli, "Bahram, i. In Old and Middle Iranian Texts", p. 513b.

中的人们所刻意吟诵。"①帕西人认为，他们能安全地从伊朗到达印度，也是受斗战神的庇护。据《Sanjan 年代记》(*Kisseh-i-Sanjan*，1600 年 Navsari 的 Bahman Kaikobad 写的波斯语诗歌)所记传说，帕西人迁徙途中在海上碰到了一场猛烈的暴风雨。先辈们向斗战神祈祷，希望神救助他们脱离风暴，并允诺以他的名义奉祀一座巨大的火庙。风暴消退，感恩的帕西人就奉祀了印度第一处斗战神之火——Iranshah，作为他们感激神迹的纪念②。在拜火教里，所谓"斗战神之火"就是最高级圣火③。

实际上，斗战神作为行旅保护神的这一特性至少可以追溯到伊朗高原的希腊化时代。在克尔曼沙赫(原名巴赫塔兰 Bakhtaran)附近的贝希斯敦(Behistun/Bīsotūn)，在那著名的大流士摩崖附近，路边的岩石上被开凿了一座神龛，其中雕造供奉的是希腊神话中光荣的战胜者赫拉克利斯(Herakles Kallinikos)④。该神龛上有一条希腊语铭文，表明其开凿于公元前 147 年左右；其上还有一条尚未完成的阿拉米文铭文。神龛位于东西方交通主干道(即由德黑兰经哈马丹去往巴格达的大路)的路边，这一位置表明，它是为希腊和伊朗两方的信徒设计的，因为战胜者赫拉克利斯在希腊化时代被比定为斗战神轧莘山(Verethraghna)，而后者对拜火教徒而言就是旅行者的守护之神。这样，沿着这条重要干道从该岩石旁边经过的伊朗人可以在那里献祭，祈祷神的保护；同时，希腊人则祈求他们自己神明的亲切护持⑤。

因此可以认为，斗战神作为商人行旅的护佑之神，应该是祭司被赋予其化身形象的重要原因之一。同样可以设想，在祭司被赋予斗战神化身形象的地方，该社群多半是离乡背井、出门在外的，当然，也可以引申为身处文化故土之外，甚至波斯世界之外。就目前刊布的材料来看，葬具上事火祭司为鸟身的文物均出土于中原内地或蒙古高原，而在出土于中亚和粟特本土的类似葬具上，事火祭司均为人形⑥，两者间的区别值得注意。最近的研究表明，尽管粟特人在中古中国被直接称为商胡、贾胡、兴(生)胡，行商色彩极为浓厚，可是在其本土，商贸却成了"粟特艺术中最缺失的部分"："撒马尔干壁画的所谓'异国风情'特征中，明显缺少了贸易和长途商旅的信息，大量不同形式的粟特壁画都是如此"；"整个粟特本土艺术甚至没有一个表现商旅驼队的场景，也没有一艘商

① Mary Boyce, *Textual Sources for the Studies of Zoroastrianism*, p. 30, 斗战神颂歌选译小序。

② 参 Marzban Hathiram, "The Taavil-Esoteric Version and Interpretation of Baheraam Yasht", 前言部分。

③ 参 Mary Boyce, *Zoroastrians: Their Religious Beliefs and Practices*, pp. xv, 64—65。

④ 该神像为真人大小，雕为斜倚状，左手持一大酒杯，大棒靠着他的腿，岩石的下方显出一张狮皮的轮廓。邢义田撰有《赫拉克利斯(Heracles)在东方——其形象在古代中亚、印度与中国造型艺术中的流播与变形》(收入荣新江、李孝聪主编《中外关系史：新史料与新问题》，北京：科学出版社，2004 年，15—48 页)，似漏检此像。又，该文注 1(16—17 页)论及鹖冠，似亦漏检孙机《进贤冠与武弁大冠·鹖冠与翼冠》，故未察隋唐鹖冠有双鹖尾与鹖鸟全形之别。

⑤ 参 Mary Boyce, *Zoroastrians: Their Religious Beliefs and Practices*, p. 89；P. Jamzadeh, "Bahram, ii. Representation in Iranian Art", *Encyclopaedia Iranica*, vol. III, ed. Ehsan Yarshater, London and New York: Routledge & Kegan Paul, 1989, p. 513b。

⑥ 参荣新江《中古中国与外来文明》，156—157 页：图 30、31，165 页：图 35、36；施安昌《火坛与祭司鸟神》，北京：紫禁城出版社，2004 年，82—86 页：图 43—49。

船";"绘画题材中缺失商业活动场景的安排是如此的统一，所以不能仅仅把它归咎于材料的缺失";"粟特地区虽然主要是一个商贸社会，但它的艺术从来不为商人喝彩"①。这种情况强化了我们的推测，即葬具上的斗战神化身形象主要是作为离土在外社群的保护神而被赋予祭司职责，从而使之成为政教首领的。

不过，在伊朗艺术的历史长河中，各个时期流行的艺术形式和风格不同，斗战神的图像也随之采取不同形式。在塞琉古王朝、安息王朝和早期萨珊波斯，斗战神被雕刻成希腊的赫拉克利斯的样子：一个裸体的男性形象，手持大棒，显示身体强健。稍后的萨珊时期，该神祇被描绘成萨珊王朝的战胜之火，即在印章和钱币上见到的 ātaš ī Wahrām，以及描绘成《亚什特》(Yašt)第14篇(即斗战神颂歌)所列举的各种不同的动物化身，从而图示在萨珊艺术之中②。

可是，我们在葬具上见到的鸟身祭司既然是斗战神的化身之一 Vareghna 鸟，那么其上半部分的人形又从何而来，或该作何解释呢？我认为，这鸟身人形正反映了拜火教里斗战神与灵光神特殊的密切关系，上半身的拟人造型应该就来自著名的"王者灵光"。

上一节我们已经提到，Vareghna 鸟是斗战神和灵光神共有的化身形象。专门的研究者认为，在东伊朗文化世界，斗战神和灵光神的关系非常密切。在贵霜钱币上，斗战神(Vərəθrayna)用希腊字母写作 ORLAGNO，该神祇的图示为戴着有翼冠饰——一个伊朗象征符号的特有母题，以此将其比作灵光神(Xvarənah)，即比作贵霜的光耀神(FARRO)。在这种象征符号背后，很可能就是《阿维斯塔》中有关 Vareghna 鸟是斗战神和灵光神二者化身的观念③。而灵光神最典型的象征，就是著名的"王者灵光"。

在宗教神话中，灵光神会伴随着君主、英雄、先知等正直、诚实、公正的领袖人物，一旦他们对正道(asha)做假，神就立刻弃离他④。所以，灵光神是首领们的福运象征⑤。所谓"王者灵光"即古代波斯浮雕上那种带翅膀和鸟尾的光盘(Faravahar / Farohar / Farrah)，上部为一个男性显贵的形象(如贝希斯敦摩崖上所见)。这一图案过去被欧洲学界当作是拜火教最高神阿胡拉·马兹达(Ahura Mazda)，近年的研究已经纠正了这一误解⑥。一般认为，这个图案的各个部分都具有宗教上的象征意义：从中央光环上冒出来

① 见葛乐耐(Frantz Grenet)《粟特人的自画像》，毛民译，收在荣新江等主编《粟特人在中国——历史、考古、语言的新探索》，北京：中华书局，2005年，312—314页；并请参同书所收魏义天《结语》，497—500页。

② 参 P.Jamzadeh, "Bahram, ii. Representation in Iranian Art", p. 513b。

③ 参 G. Gnoli, "Bahram, i. In Old and Middle Iranian Texts", p. 513a。

④ 参 Mary Boyce, *Zoroastrians: Their Religious Beliefs and Practices*, pp. 10, 42; Mary Boyce, *Textual Sources for the Studies of Zoroastrianism*, pp. 29—30。

⑤ 参 Gherardo Gnoli, "Farr"。

⑥ 参 M. Boyce, "Ahura Mazda", *Encyclopaedia Iranica,* vol.I, ed. Ehsan Yarshater, London, Boston and Henley: Routledge & Kegan Paul, 1985, p. 686b. 有关这一象征图形的源流可参 Mary Boyce, *Zoroastrians: Their Religious Beliefs and Practices*, p. 58. 有关图案见 http://www.crystalinks.com./faravahar.html[2006年5月6日]，可以看出，奉事火坛的祭司也为"王者灵光"所伴随。亦可参见[日]小川英雄监修《波斯帝国》(译自法文)，大阪：创元社，1998年，6、22—23、32、46、51、59、96、98、105、107、135等页图版，大多都有人形上身。

的大胡子男性象征人的灵魂；他上面的手展开向上作祝福状，要人们记住高尚的事物和去天堂的路径；另一只手握着一个环，那是承诺之环，提醒拜火教徒总是信守自己的诺言；身上有三层羽毛，代表拜火教的"三善"，即善思、善言和善行；中央光盘是一个无尽的环，象征着精神永恒不朽；从中央光环下垂的两条绶带，象征着人所面临的二元选择，要么行善，要么作恶，这代表了拜火教的道德二元观①。有的说法还把翅膀和尾巴分开，翅膀上为五层羽毛（如波斯波利斯王宫基座外壁浮雕上的精致版本），意味着先知的五篇《伽萨》圣歌、拜火教每日的五个时辰、五种官能，以及灵魂投奔神主必须经过的五个神秘阶段；尾巴则是灵魂前进的方向舵，三层尾羽象征"三善"②。

关于"王者灵光"的宗教象征，我们在出土葬具的鸟身祭司图案上还能观察到一些，如：腰带（等同中央光环）和由腰间下垂的两条绶带③，三层羽毛（虞弘墓、安伽墓）；祭司奉火与臂间上扬的飘带，亦可视为信守承诺与向上祝福动作的对应物。最明显的一处不同在于，虞弘墓葬具上，祭司在事火的同时做着以手掩口的动作（安伽墓和史君墓的祭司图像则戴着口罩）。据研究，以手掩口是拜火教举行哀悼仪式的特有手势。在波斯波利斯附近大流士陵墓入口的石刻上，面朝大流士的三个贵族，全都举手以袖掩口做出此哀悼的手势。迄今，拜火教祭司在为死者念诵超度经文时还要做这种手势④。在已经刊布的粟特本土撒马尔罕的"大使出行图"壁画中，南墙所绘为国王率大队人马前往其父母陵寝祭奠的画面，"画面里有些随从戴着举行仪式用的口罩（padam）"⑤，显然也属于哀悼行为。因此可以认为，葬具上的祭司形象原本应是哀悼的形式，只是由于特殊的需要，才被改造成了鸟身人形（斗战神＋灵光神）。

可是，这就出现了一个问题，既然拜火教传统习俗是曝尸天葬，为什么我们却能够见到并讨论这些陵寝、葬具呢？我们注意到，这些陵墓、葬具有一个共性，即其主人均为王者、显贵或首领人物。据权威学者的研究意见，王者的遗体之所以被保存下来，很可能与有关国王的"王者灵光"观念有关，认为既然王者还留在他的陵墓里，那么就可以继续眷顾他的继承者和广大民众。所以从居鲁士（Cyrus，约公元前600—前529）大帝开始，阿契美尼德王朝及其后继的安息王朝、萨珊王朝，都保持了一种特殊的礼俗，即将国王遗体作防腐处理，再放进岩石或石制墓穴中。而且，有证据表明这种礼俗也传到了草原上⑥。尽管国王以下的显贵所筑石室主要是为曝尸之后的瘗骨之用⑦，但既然某些石室以精美的雕刻来作装饰，说明"王者灵光"的观念仍然还有影响，人们指望首领

① 参见 http://www.accessnewage.com/articles/mystic/frava.htm［2006年5月6日］。
② 参见 http://www.crystalinks.com./faravahar.html［2006年5月6日］。
③ 此点承北大中古史中心罗新提示。
④ 参 Mary Boyce, *Zoroastrians: Their Religious Beliefs and Practices*, pp. 57—58。
⑤ 见葛乐耐（Frantz Grenet）《粟特人的自画像》，毛民译，307页及319页：图1。
⑥ 参 Mary Boyce, *Zoroastrians: Their Religious Beliefs and Practices*, p. 52。
⑦ 参 Mary Boyce, *Zoroastrians: Their Religious Beliefs and Practices*, pp. 59—60。

的在天之灵还能继续福佑他的社群。当然，从留有碑志题记之类的现象也可以看出来，"很多拜火教徒显然也有一般人那种对死者表示纪念的想法"[①]。我想，这应该也是我们今天能够见到虞弘墓、安伽墓等拜火教风格的痊骨石室和葬具的一个重要原因[②]。

中国境内还发现过其他一些有拜火教艺术风格的墓葬文物，例如安阳出土北齐石棺门柱上的火坛与祭司、据传出自山西北齐墓的加彩石雕屏风画（现藏日本美秀博物馆）等，其中事火祭司均戴口罩作举哀状，但全身为人形，与前述出土于中亚和粟特本土的痊骨瓮上的祭司形象一样[③]。我以为，这种情况应该就纯属"很多拜火教徒显然也有一般人那种对死者表示纪念的想法"在中土的具体体现，和指望显灵的"王者灵光"观念恐怕已经毫无关系了。故宫博物院藏北魏苟景墓志的志盖"上方二半人半鸟神，一捧莲，一捧树叶，中为荷花荷叶，摇曳有姿。下方左为牛，右为羊，有翼和尾羽，中间绘花卉，画中升起火焰，火焰中出现一方形祭坛"[④]，有说这也是拜火教文物，但上方半人半鸟者并非事火祭司。牛、羊倒都是拜火教中斗战神的化身形象，却和灵光神没有关系[⑤]，因此不能适用我们对鸟身祭司的理解[⑥]。

综上所述，我想作一个推测：葬具上的事火祭司图作鸟身人形（斗战神＋灵光神），很可能是伊朗世界之外的宗奉拜火教的政教首领痊骨石室的一个特点。那么，这些首领们这样做有什么意义呢？我们来看一个典型的例子。据研究，唐朝叛将安禄山是粟特胡人，而从柳城胡人聚落到幽州军事集团，安禄山都是首领，甚至最高首领[⑦]。《安禄山事迹》略云："母阿史德氏，为突厥巫，无子，祷轧荦山，神应而生焉。是夜赤光傍照，群兽四鸣，望气者见妖星芒炽落其穹庐。其母以为神，遂命名轧荦山焉（原注：突

[①] 参 Mary Boyce, *Zoroastrians: Their Religious Beliefs and Practices*, pp. 90—92，关于塞琉古和安息时代的火庙与像祠及殡葬习俗。

[②] 并请参考张广达《再读晚唐苏谅妻马氏双语墓志》，载袁行霈主编《国学研究》第10卷，北京：北京大学出版社，2002年，1—22页。

[③] 参荣新江《中古中国与外来文明》，156—157页：图30、31，165页：图35、36，166页：图37；施安昌《火坛与祭司鸟神》，68页：图35，82—86页：图43—49，92页：图54。

[④] 见施安昌《火坛与祭司鸟神》，43页：图20，53页：图27，61页：图30—31。

[⑤] 在《阿维斯塔》中，作为斗战神化身的一些形象有时也跟另一些神祇有联系，如15岁少年、金角牛、白马跟天狼星（Tištrya）、Vareghna 鸟跟灵光神、骆驼跟风神（Vāta/Vayu）等，见 G. Gnoli, "Bahram, i. In Old and Middle Iranian Texts", p. 511a。总之，这些图像的关联都有拜火教依据和伊朗历史文化背景，要阐释这些关系应该对宗教、文化本身有相当了解，而不能仅凭文物特点和个别经验来联想发挥。

[⑥] 韩森教授提醒我注意巴米扬石窟里出现的半人半鸟形象。该壁画以密特拉（Mithra）为中心，"密特拉（Mithra）神站在战车上，有翼的马驾着战车，车轮旁边有半人半鸟像，也有口罩，手执火炬，飞向天空"（荣新江《中古中国与外来文明》162页，并见163页图33）。据此，该壁画表现的似为拜火教的灵魂审判场面：密特拉居中主持裁决，Sraosha 和 Rashnu 左右侍立，后者手持正义的天平（参 Mary Boyce, *Zoroastrians. Their Religious: Beliefs and Practices*, p. 27）。据前引葛乐耐等转述哈佛大学伊朗学教授施杰我的意见，Srōš/Sraosha 的化身之一为公鸡。然而，这幅壁画以主神密特拉居中，和我们讨论的场面明显不同。而且阿富汗的巴米扬地处伊朗世界东部，与我们的研究对象所必须适应的环境无法相提并论。

[⑦] 荣新江《中古中国与外来文明》，228—233页。

厥呼斗战神为轧荦山）。……乃冒姓安氏，名禄山焉。"① "禄山"一名，据我看就是伊朗语 *rawšān*（光、明亮、光辉的）一词的音译。因此，安禄山以其两个名字，宣示了自己是斗战神和灵光神二位一体！为什么要这样呢？《新唐书·逆臣安禄山传》有一段讲得很明白："至大会，禄山踞重床，燎香，陈怪珍，胡人数百侍左右，引见诸贾，陈牺牲，女巫鼓舞于前以自神。"② 他就是要神化自己！《安禄山事迹》里还有一些这类记载，如，禄山奏云："臣焚香告天曰：臣若不行正道，事主不忠，（虫）食臣心；若不欺正道，事主竭诚，其虫请便消化，启告必应。"③ 所谓"正道"显然就是拜火教的 asha，灵光神依首领对其态度真伪决定取舍。禄山又奏："荐奠之日，神室梁生芝草，一本十茎，状如珊瑚盘叠。臣当重寄，誓殄东夷，人神协从，灵芝瑞应。"④ 所谓"芝草一本十茎"，应该就是拜火教的 Baresman/Barsom，即拜火仪式上主持祭司手里拿着的枝条或草束⑤。又有"禄山醉卧，化为一黑猪而龙首"⑥ 的说法，公野猪为斗战神的化身之一。玄宗曾"于御座东闲为（禄山）设一大金鸡帐"⑦，金鸡应即斗战神和灵光神共有的化身 Vareghna 鸟。又说"开元天宝中，人闲多于宫调中奏突厥神，亦为禄山之应"⑧，等等。这些都有利于佐证我们提出的推测。

三、拜火教与突厥之兴

长期以来，尽管有学者钩稽文献史料，对古代突厥人信仰拜火教并因之勃兴的情况进行了一些探讨⑨，但由于缺乏文物实证，并未成为学界定谳。现在，带有鸟身祭司图像的葬具在漠北突厥故地被发现，填补了古代突厥史研究的一项史料空白。有关突厥人与粟特人的历史联系，乃至于至少在精英层面形成了一种混融的种族文化关系，最近已有法国人魏义天的系统研究⑩。我这里只就突厥人的拜火教信仰作进一步的论证。

早在突厥汗国建立（552 年）之前，就有拜火教徒在草原上活动了，这已经为 1999 年在太原发掘的虞弘墓所证明。虞弘墓最早出土了有鸟身祭司的葬具，而其墓志记载：

---

① ［唐］姚汝能《安禄山事迹》，1 页。

② 《新唐书》卷二百二十五上，6414 页。

③ ［唐］姚汝能《安禄山事迹》，3 页。

④ ［唐］姚汝能《安禄山事迹》，4 页。

⑤ 据研究，近年西安发现的史君墓（以及安伽墓）出土葬具上鸟身祭司手持奉火者即是，参见 Frantz Grenet, Pénélope Riboud,t Yang Junkai, "Zoroastrian Scenes on a Newly Discovered Sogdian Tomb in Xi'an, Northern China", pp. 276—277。

⑥ ［唐］姚汝能《安禄山事迹》，6 页。

⑦ ［唐］姚汝能《安禄山事迹》，7 页。

⑧ ［唐］姚汝能《安禄山事迹》，34 页。猪龙、金鸡帐两条史料承北大历史系研究生陈昊提示。

⑨ 见《"弓月"名义考》和《弓月部落考》，收在王小甫《唐、吐蕃、大食政治关系史》附录，北京：北京大学出版社，1992 年，224—256 页。

⑩ 参 Étienne de la Vaissière, *Sogdian Traders: a History,* translated by James Ward, Leiden/Boston: Brill, 2005, p. 202。

"公讳弘，字莫潘，鱼国尉纥驎城人也。"①据考释者的意见，虞弘本当姓鱼，以国为姓，如《隋书·虞庆则传》："本姓鱼，其先仕于赫连氏，遂家灵武，代为北边豪杰。"②赫连氏指十六国时期由匈奴铁弗部酋长赫连勃勃以统万城（今陕西靖边红墩界下城子）为中心建立的夏政权（407—431），可见很早就有鱼国人在北方部族中活动。墓志又说虞弘的祖上"派枝西域"，为"鱼国领民酋长"；"父君陀，茹茹国莫贺去汾，达官，使魏……"；弘"年十三，任莫贺弗，衔命波斯、吐谷浑"③。由此可知，虞弘家族是从西域东迁而来的，所谓"鱼国领民酋长"也就是由鱼国来的移民聚落首领，与出土墓志、文书中常见的康国大首领、本蕃大首领等同属一类。茹茹即柔然。鲜卑拓跋部南下以后，柔然兴起于蒙古高原，势力扩张西面到达焉耆，影响远及中亚北部草原。墓志反映出，虞弘家族和同时代往来东、西兴贩贸易的许多粟特人一样，也经常在不同的部族和国家间充当使者。

虞弘字莫潘，应该就是拜火教里高级祭司 mōbad 的音译，该名称源出于古代波斯的 *magupati，本意为穆护首领（祭司长）④。鱼国究竟在哪里，学界言人人殊。我认为，墓志中的鱼国城名尉纥驎可拟测为 *Ɂut γət lin⑤，此读音不难与 Gurgāndj/Ürgenč 一名勘同。众所周知，Gurgāndj/Ürgenč 就是古代 Khwārazm 的首府，地在阿姆河下游三角洲⑥。Khwārazm 唐代译称货利习弥、火寻等，迄蒙古征服仍称花剌子模，此后渐以 Khīwa 知名。Khwārazm/Khīwa 这一地名的产生和演变经历了怎样复杂的民族文化过程，现在很难确切考知了⑦。无论如何，虞（鱼）字古音可拟测为 *ŋĭwa⑧，这一读音要和 Khīwa 一名勘同几乎没有任何困难。因此，我倾向于认为鱼国就是古代的 Khwārazm/Khīwa。柔然在西域与嚈哒对立，要想通使波斯，不得不绕道更远的 Khwārazm/Khīwa，这可能也是虞弘为柔然使波斯的原因之一：绕行之地是他的故乡（鱼国），往来路线为他所熟悉。

有的汉文文献将火寻（即鱼国）列为以粟特人为主的昭武九姓之一⑨，这反映了两地在历史上时有分合的情况⑩。据研究，Khwārazm 很可能是印度—伊朗人（所谓亚利安人

① 本文所引虞弘墓志，均见张庆捷《虞弘墓志考释》，荣新江主编《唐研究》第七卷，北京：北京大学出版社，2001 年，145—176 页。

② 《隋书》卷四十《虞庆则传》，北京：中华书局，1174 页。

③ 张庆捷《虞弘墓志考释》，147、149、153 页。

④ 参 Mary Boyce, *Zoroastrians: Their Religious Beliefs and Practices*, pp. 65, 78。

⑤ 参 Edwin G. Pulleyblank, *Lexicon of Reconstructed Pronunciation in Early Middle Chinese, Late Middle Chinese, and Early Mandarin*, Vancouver: UBC Press, 1991, pp. 122, 194, 384。

⑥ 参 B. Spuler, "Gurgāndj", *The Encyclopaedia of Islam*, II: 1141b, WebCD edition, Brill Academic Publishers, 2003。

⑦ 参 C. E. Bosworth, "Khwārazm", *The Encyclopaedia of Islam*, IV: 1060b, WebCD edition, Brill Academic Publishers, 2003。

⑧ 见郭锡良《汉字古音手册》，北京：北京大学出版社，1986 年，111 页。

⑨ 见《新唐书》卷二百二十一下《西域传》下，6243 页。有关研究请参考向达《唐代长安与西域文明》，北京：生活·读书·新知三联书店，1979 年，12 页以下。

⑩ 参 C. E. Bosworth, "Khwārazm"；加富罗夫《中亚塔吉克史》，肖之兴译，北京：中国社会科学出版社，1985 年，71 页。

Aryan）的摇篮，也是他们分道扬镳的起点①。同时，这里很可能也是拜火教的发源地之一②。无论如何，如英国东方学家博思沃斯所说，"Khwārazm 是否就可以比定为《阿维斯塔》里的'亚利安居地' *Airyannem vaeǧo*，即如马迦特（J. Marquart）等所坚持的，比定为古伊朗圣书的故乡，虽未经证明，却也不无可能。恒宁（W. B. Henning）提出了一种可能性，《阿维斯塔》中的最古老部分即《伽萨》，是在呼罗珊北部即末禄（Marw）和也里（Harāt）地区所撰作的，也许当时那里是 Khwārazm 的前阿契美尼德王国的一部分"③。

据苏联东方学家加富罗夫的说法：古代花剌子模人的宗教观念"首先表现在对不灭之火的崇拜上，表现在对农业和畜牧之神的崇拜上，在具有宗教仪式特征的小雕像中，马的雕像和马头雕像占多数。可以与此相提并论的是狮子像，同前者一样，它是祭祀太阳神的要素。此外，还时常能见到阿娜希塔和她的伴侣肖瓦赫什的像"④。阿娜希塔（Anahita）女神兼具母亲女神、河水女神以及丰产崇拜等神格，在拜火教里地位崇高，曾和阿胡拉·马兹达、密特拉一起被古代波斯帝王尊为三联神（triad），跟斗战神一道成为普遍供奉的主要对象⑤。根据这些情况，我甚至怀疑唐代之所以把 Khwārazm 用汉字音写为"火寻"，很可能也有音义兼用之意，如今天港澳台地区常见的做法。

总而言之，如我曾指出的，俄国东方学家巴托尔德的关于突厥人占领了朱里章河流域（Gurgān/Djurdjān，Khwārazm 以南⑥）才受到波斯文化的影响接受了拜火教的说法，应该被修正⑦。拜火教早就被活动在北方部族（如柔然等）治下的中亚移民聚落（如虞弘家族等）带到了草原上，这就给突厥人提供了机会。在这里我还要指出，就我们正在讨论的拜火教形象艺术的流播而言，伊朗安息王朝（公元前247—226）的宗教艺术传统非常重要。正是在这一时期，古代波斯对显贵的灵魂崇拜演变成了偶像崇拜，贵族、祭司们的瘞骨石室发展出了华丽的装饰，装饰图像仍然带有希腊化的艺术风格，而其内容则很可能包括了以塞种英雄鲁斯塔姆（Rustam）故事为主线，融合了拜火教神话传说的传统史诗情节⑧。尽管后来的萨珊王朝反对偶像崇拜，却只是在祭坛上代之以圣火，将神祠代之以火庙，而图像艺术仍然继承了安息的传统，尤其是热衷于图写王者显贵的战阵之

① 参 C. E. Bosworth, "Khwārazm"; Peter B. Golden, *An Introduction to the History of the Turkic Peoples*, Wiesbaden: Otto Harrassowitz, 1992, pp. 44—47。

② 参加富罗夫《中亚塔吉克史》，71页；[唐]玄奘、辩机《大唐西域记校注》，季羡林等校注，北京：中华书局，1985年，97页。

③ C. E. Bosworth, "Khwārazm".

④ 见加富罗夫《中亚塔吉克史》，71页。

⑤ 参 Mary Boyce, *Zoroastrians: Their Religious Beliefs and Practices*, pp. 61, 62, 90, 106。

⑥ 参 B. Spuler, "Gurgāndj", *The Encyclopaedia of Islam*。

⑦ 见王小甫《唐、吐蕃、大食政治关系史》，226—227页。

⑧ 参 Mary Boyce, *Zoroastrians: Their Religious Beliefs and Practices*, pp. 52, 88—92。这些史诗凸出反映了定居的伊朗（伊兰）和游牧的突朗（土兰/图兰）间的历史文化联系，从而成为菲尔多西编写宏制巨著《列王纪》（*Shāhnāme*）的主要素材。参见张鸿年《菲尔多西和〈列王纪〉》，[波斯]菲尔多西《列王纪全集》（一）（译者序），14页以下。

状①。我们前面提到，古代波斯由于"王者灵光"观念而保存王者遗体的习俗早就传到了草原上，而据最近的研究，毗邻里海东南安息王朝隆兴之地的 Khwārazm 正是南部绿洲与北方草原文化交流的一个要道路口②。

据《周书·突厥传》记载，突厥本"臣于茹茹，居金山之阳，为茹茹铁工。金山形似兜鍪，其俗谓兜鍪为'突厥'，遂因以为号焉"③，552年破茹茹（即柔然）建国。根据近代学者研究，汉文"突厥"是突厥语 Türk 的复数 Türküt 的对音，单数 Türk 则音译为汉文"铁勒"④。显然，突厥和铁勒原本并无二致，铁勒是对古代操突厥语的人群的一种泛称。那么，由专名突厥所代表的族群是怎样从一般的铁勒人中区别出来的呢？换言之，突厥凭什么能从铁勒人中兴起成为北方草原的统治人群呢？我认为很重要的原因就是他们改宗了新的宗教即拜火教，从而突破了旧的社会传统，获得了族群凝聚的新的精神力量。关于这一点，在史料记载有关突厥起源的各种传说中都有反映。《北史·突厥传》记载了突厥起源的三种传说：①狼生，②平凉杂胡，③神女之子；我们以下稍微作点分析。

学界对第②种即"平凉杂胡"说讨论较多，一般都认为这反映了早期粟特人与突厥人的密切关系，当时甚至是一种混生融合状态（mixed milieux），且粟特商人在突厥社会中扮演了重要角色⑤。与第③种传说有关，戈登（Peter B. Golden）研究了大部分早期突厥可汗的名称，发现几乎全都不是突厥语⑥。他认为："在这样一个显然是较早的母系社会里，一个首领——纳都六设是从外部引进的。统治者外来起源的主题相当普遍地见于许多文化之中，他往往具有拯救的力量。在建立王朝过程中，外来者和土著经常一起创造或利用部落神话制造一种强调自己崇高尊严的意识形态，以此赋予土地和族群神圣性。这在种族（ethnicity）形成中起着重要的作用。"⑦我同意戈登关于神话在政权建立从而种族形成过程中的作用的观点，不过，要判断神话与宗教的关系，还是要分析神话内容本身。

《北史·突厥传》（《周书·突厥传》同）记载："突厥之先，出于索国，在匈奴之北。其部落大人曰阿谤步，兄弟七十人，其一曰伊质泥师都，狼所生也。阿谤步等性并愚

---

① 参 Mary Boyce, *Zoroastrians: Their Religious Beliefs and Practices*, pp. 107—108。所以，我们见到虞弘墓等的装饰浮雕缺乏中原生活情景，却多有与游牧的突厥人交往及战阵之状，其宗教艺术传统恐怕还值得进一步深究。

② 参 Étienne de la Vaissière, *Sogdian Traders: a History*, pp. 249—258。西安碑林藏有北魏正光三年（522）茹小策合邑一百人造像碑，据说就是柔然人建立的阿胡拉·马兹达的神龛，见前引施安昌《火坛与祭司鸟神》，160—178 页。

③ 《周书》卷五十《异域下》，北京：中华书局，1971 年，907—908 页。

④ 见伯希和《汉译突厥名称之起源》，冯承钧译，《西域南海史地考证译丛续编》，上海：商务印书馆，1934 年，48 页。并请参《中国大百科全书》民族卷，"铁勒""突厥"条，北京：中国大百科全书出版社，1986 年，422、424—425 页；Peter B. Golden, *An Introduction to the History of the Turkic Peoples*, pp. 115—117。

⑤ 参 Étienne de la Vaissière, *Sogdian Traders: a History*, pp. 204—206; Peter B. Golden, *An Introduction to the History of the Turkic Peoples*, pp. 120—122。

⑥ 参 Peter B. Golden, *An Introduction to the History of the Turkic Peoples*, pp. 121—122。

⑦ Peter B. Golden, *An Introduction to the History of the Turkic Peoples*, p. 120.

痴，国遂被灭。泥师都既别感异气，能征占风雨。娶二妻，云是夏神、冬神之女。一孕而生四男：其一变为白鸿；其一国于阿辅水、剑水之间，号为契骨；其一国于处折水；其一居跋斯处折施山，即其大儿也。山上仍有阿谤步种类，并多寒露，大儿为出火温养之，咸得全济。遂共奉大儿为主，号为突厥，即纳都六设也。"[①] 都六即阿史那（可汗始祖）之父。所谓兄弟七十人是否暗示拜火教的圣七位一体（heptad）[②]，夏神、冬神或即影射光明与黑暗二主[③]，这不得而知。但无论如何，种族因火而得以存活，大儿因燃火而得奉为首领，突厥遂兴，这些情况不容忽视[④]。如玛丽·博伊丝所说："最重要的火为何被奉献给斗战神仍然是个值得思考的问题，不过，后来的婆罗钵经文表明，所有的火都被视作为神灵[⑤]而战的斗士——不仅是在物质层面，抵抗黑暗与寒冷，而且也在精神层面，反对邪恶和愚昧。因而，把其中最伟大的献给战胜（Victory）——凝结着勇气和希望的精神，看来倒是很自然的。"[⑥]

我们看到，就在这同一个传说里，也出现了① "狼所生也"的说法。过去人们认为，所谓狼生，反映了突厥以狼为图腾。我以为，即使古突厥人有过原生态的对狼的敬畏崇拜，这种崇拜也已经被后来的拜火教加以开发利用，从而成了族群勃兴的精神力量。所以，古代突厥人源于狼生的传说也有可能反映了拜火教对天狼星神 Tishtrya 的崇拜。在拜火教神话里，天狼星是确保云起雨降从而催生化育的神祇[⑦]，在古代波斯帝国时期，它又被比定为水星之神 Tiri。"这两个星神除了名字有些相似，还都和雨水的来临有关。于是，水星神的祭祀，即一年一度的叫作 Tirikana 的庆典，被作为拜火教的重大节日保留下来，但在其所有的礼拜和祈祷中却都祈灵于天狼星神，因而它庆祝的虽是雨水节，却整个是一场对天狼星神的祭祀活动。"[⑧] 祈雨习俗作为古代突厥人的一个显著特点也为其他族群所了解，9 世纪 20 年代阿拉伯人塔米姆·伊本·巴赫尔的游记、11 世纪初加尔迪齐用波斯文写的《记述的装饰》都记载了突厥人的这个习俗，后者还说其来源于突厥最初首领所得到的神谕[⑨]。值得一提的是，在《阿维斯塔》中，斗战神十种形象中的三种，即长有金角的公牛、白马和十五岁的少年，同时也是天狼星神的化身[⑩]。斗战神和天

① 《北史》卷九十九《突厥》，北京：中华书局，1974 年，3286 页。
② 参 Mary Boyce, *Zoroastrians: Their Religious Beliefs and Practices*, pp. 21—22.
③ 参见谢·亚·托卡列夫《世界各民族历史上的宗教》，魏庆征译，北京：中国社会科学出版社，1988 年，372—374 页。
④ 见王小甫《唐、吐蕃、大食政治关系史》，228 页。
⑤ spenta creation, 此处当指拜火教的圣七位一体（heptad）及与之相联系的圣洁物——火、地、天、水等，参 Mary Boyce, *Zoroastrians: Their Religious Beliefs and Practices*, pp. 21—27.
⑥ Mary Boyce, *Zoroastrians: Their Religious Beliefs and Practices*, p. 65.
⑦ 参 Mary Boyce, *Zoroastrians: Their Religious Beliefs and Practices*, p. 7.
⑧ Mary Boyce, *Zoroastrians: Their Religious Beliefs and Practices*, p. 62.
⑨ 见米诺斯基《塔米姆·伊本·巴赫尔回鹘游记》，王小甫译，《中亚研究资料》（乌鲁木齐）1983 年第 3 期，63 页；瓦·弗·巴托尔德《加尔迪齐著〈记述的装饰〉摘要》，王小甫译，《西北史地》（兰州）1983 年第 4 期，106 页。
⑩ 参 G. Gnoli, "Bahram, i. In Old and Middle Iranian Texts", p. 511a.

狼星神的这种密切联系，对于认识和理解古突厥所谓狼图腾的性质和由来，应该是有帮助的。

有意思的是，牝狼化育形象亦见于近年在蒙古高原发现的布古特碑。该碑属于突厥汗国早期，用粟特语文刻成，被学界视为突厥人和粟特人早有密切文化关系的有力证据。据研究者介绍，该碑虽以龟趺驮，"碑头上却非中国风格的龙，而以雕成牝狼为特征。无疑，所谓牝狼和人相交是突厥的始祖故事。据轮廓分辨，在残存的碑头上，不但有狼的头部和胴体的上部，而且样子是人类小孩手足的东西也可以看出来。因此，这个碑头，描绘的应是牝狼为自己所生人类幼儿哺乳的场面"[①]。其实，该碑行文还有多处显露出拜火教的痕迹，如〈B-1:1-3〉[②]："突厥阿史那部落的国王建立了[这座]'法之石'（stone of law）"，所谓法或教法，应该就是拜火教的 asha，即正道，灵光神依首领对其态度真伪决定取舍。因此，"法之石"当释为正道碑。又如〈B-1:3-4〉："天神似的木杆可汗和天神似的莫何他钵可汗"，对已故国王的这种称颂，很有可能是"王者灵光"观念的反映[③]。〈B-1:3-4〉："他回到了天神身边"，这其实是拜火教对于死亡的标准表达。因为，正是拜火教首先创立了最后总审判的教条：个体的死亡和审判并不具有绝对意义，正直的灵魂回到天神身边等待最后审判的来临，然后重新与身体结合（瘗骨瓮之作正是为此）而复活，享无量极乐寿于神之无量光现实（upon earth）国度，而不是在一个遥远虚幻的天堂。[④]

这里有必要特别讨论一下布古特碑〈B-3:1-2〉里反复申述的"他祈神福佑积善之财和宗教仪式"句。实际上，"祈福"（bless）在拜火教里有着特殊的信条（creed）意义。因为，"马兹达'安排了惩罚'（Yasna:43.5），决定'每个人的结局将是不同的'（Yasna:48.4），然而他'把圣洁与邪恶（之间的选择）留给了人们的意愿'（Yasna:45.9），这就是他们自己内心的本质（daēnā-），它导致罪人毁灭（Yasna:51.13）。在决定认阿胡拉·马兹达为主神而不只是伊朗万神殿诸大神之一时，琐罗亚斯德没有采取把他想象为一个全能者的简单做法。据他的天启，此世遭罪和邪恶，以及下世的痛苦折磨，根源都不在阿胡拉·马兹达。神能减小和最终消灭它们，但并不能现在就控制和指挥它们"。"特别是在大流士大帝的那些铭文中，正式把神作为创造者来称颂：'伟大的神是阿胡拉·马兹达，他创造了这一世界，他创造了彼岸天国，他创造了人，他创造了幸福'（Darius Naqsh-e Rostam:b.1-3）。这最后一句显然是教义的标志，其意义按照琐罗亚斯德的教诲就是：至

①　见森安孝夫和敖其尔（A. Ochir）共同主编《蒙古国现存遗迹、碑文调查研究报告》，大阪：中央欧亚学研究会出版，1999 年，122 页。

②　本文所引布古特碑均见森安孝夫和敖其尔（A. Ochir）共同主编《蒙古国现存遗迹、碑文调查研究报告》，123—124 页。

③　参 Mary Boyce, *Zoroastrians: Their Religious Beliefs and Practices*, pp. 58—59。

④　参 Mary Boyce, *Zoroastrians: Their Religious Beliefs and Practices*, pp. 27—29。

上之主只是善惠福佑的创造者。"[①]粟特语的 βγγ "神" 这个词当源自古代波斯语的 Baga，其本意即善惠、福佑，所以，祈福就是向善神（阿胡拉·马兹达）祈祷[②]。

汉文史料的有关记载也显示了这一重要的教义标志。《旧唐书·张仁愿传》："朔方军北与突厥以河为界，河北岸有拂云神祠，突厥将入寇，必先诣祠祭酹求福，因牧马料兵而后渡河。"[③]《通典·边防典》突厥中同旧传，唯地名作拂云祠，无神字。不过，"祭酹求福"已经很说明问题。《安禄山事迹》卷上："每商至，则禄山胡服坐重床，烧香列珍宝，令百胡侍左右，群胡罗拜于下，邀福于天。"[④]邀福即求福、祈福，总之，绝无诅咒巫蛊之事。同书卷中注文还记载了一段传言："肃宗恐宗庙颠覆，乃至诚祈一梦。是夜，梦故内侍胡普昇等二人舁一紫鞍覆黄帕，自天而下，至于肃宗前，一素板丹书，文字甚多，所记者唯四句，曰：'厥不云乎，其惟其时，上天所命，福禄不觎。'"[⑤]福禄，有解为胡人禄山，我以为解作拜火祈福之安禄山或许更符合谶语机锋。又，《朝野佥载》卷三记："河南府立德坊及南市西坊皆有胡祆神庙，每岁商胡祈福，烹猪羊，琵琶鼓笛，酣歌醉舞。"[⑥]亦是一证。

本人曾撰有专文钩稽分析文献史料中有关突厥信奉拜火教的痕迹[⑦]，有兴趣者可以参阅。这里我只想提供一条近年刊布的材料为本节论述煞尾：在山西介休张壁村南有一座可汗庙，该村西场巷有一处狼头石雕。"可汗庙前廊，大明天启六年《重修可汗庙碑记》有称：'生为夷狄君，殁为夷狄神'，'况神庇福一方'云云"[⑧]。究竟如何，有待深入考察研究。但是，可汗、狼头、夷狄神、神庇福，这些因素凑到一起，很难认为是偶然的。

四、关于阙特勤

我们讨论的鸟身祭司墓石的主人阙特勤，是复兴东突厥汗国（682—745）的可汗骨咄禄（？—691）的儿子。史料记载，骨咄禄死时，诸子尚幼，其弟默啜遂继立。开元四年（716），默啜战死，"骨咄禄之子阙特勤鸠合旧部，杀默啜子小可汗及诸弟并亲信略尽，立其兄左贤王默棘连，是为毗伽可汗"；毗伽"性仁友，自以得国是阙特勤之

① M. Boyce, "Ahura Mazda", pp. 685—686.

② 参 Mary Boyce, *Zoroastrians: Their Religious Beliefs and Practices*, pp. 11, 56。

③ 《旧唐书》卷九十三《张仁愿传》，2981 页。

④ ［唐］姚汝能《安禄山事迹》，12 页。

⑤ ［唐］姚汝能《安禄山事迹》，18 页。

⑥ ［唐］张鷟《朝野佥载》，北京：中华书局，1997 年，64 页。《新唐书》姚崇传、皇甫湜传均提到东都洛阳有福先寺，似即《旧唐书·五行志》中的龙门奉先寺。史载盛唐时代有多种流行宗教，而佛教并不祭祖先，寺名福先，十分可疑。

⑦ 见前引王小甫《"弓月"名义考》和《弓月部落考》，收在王小甫《唐、吐蕃、大食政治关系史》附录，224—256 页。

⑧ 见翟泰丰《来自介休张壁古堡的震撼》，《光明日报》2005 年 10 月 2 日第 4 版。

功，固让之，阙特勤不受，遂以为左贤王，专掌兵马"①。毗伽可汗、阙特勤、暾欲谷构成了当时东突厥汗国的三驾马车，且三人都留有墓碑。在两部《唐书·突厥传》有关部分，记载最多的是老谋深算的暾欲谷的事迹，关于阙特勤，除了上述对毗伽的拥立，只有唐人张说在一次议论中提到其"善战"，余更无言。阙特勤碑也只是将其"善战"具体化，列举出他参加的那些战斗，而且绝大多数都发生在默啜任可汗时期②。与此形成强烈反差的是，唐朝对暾欲谷之死却毫无表示，甚至还造成了和阿史德元珍莫知谁何的历史公案③。而开元十九年（731）"阙特勤死，（唐玄宗）诏金吾将军张去逸、都官郎中吕向赍玺书入蕃吊祭，并为立碑，上自为碑文，仍立祠庙，刻石为像，四壁画其战阵之状。"④其重视程度甚至超过了一年后去世的毗伽可汗（史官撰碑文）。显然，阙特勤在东突厥汗国还有比直接作战更重要的作用。由于其墓地（瘗骨石室）出土了有鸟身祭司的葬具，因而阙特勤应该也是政教大首领，我认为他很可能就是当时东突厥汗国的拜火教大祭司（dastur）⑤。

传统的观点认为，拜火教不译经典，因而很少在伊朗语族群外流行⑥。现在看来，既然突厥人能与粟特人至少在精英层面形成种族文化混融⑦，早期突厥碑铭都使用粟特语⑧，且后来的突厥文也是利用粟特文字造的，那么，拜火教在突厥人中间传播甚至为其操持都是可能的。其实，《安禄山事迹》就说他是"营州杂种胡"，"母阿史德氏为突厥巫，无子，祷轧荦山，神应而生焉"。安禄山自己也承认："我父是胡，母是突厥女。"⑨突厥巫而祷伊朗神，明为拜火教祭司无疑。我们在古突厥文三大碑⑩里也都可以找到拜火教信仰的痕迹。

三大碑里提到的崇拜对象主要有上天、Umay 与神圣的水土神灵，以及于都斤山。我认为，这里的 Umay 和水土神灵不应该被理解为并列关系，而应理解为修饰关系，即神圣的水土神灵 Umay⑪。正因为二者所指同一，所以也可以在不同的场合分别单独使用，如阙特勤碑东面第 10 行"（但）上面突厥的上天，[下面]突厥的神圣水土[神]"，第

---

① 《旧唐书》卷一百九十四上《突厥传》上，5173 页。

② 参 T. Tekin, *A Grammar of Orkhon Turkic*, Bloomington: Indiana University Publications, 1968, pp. 261—273。

③ 参张广达《唐代六胡州等地的昭武九姓》，收入氏著《西域史地丛稿初编》，上海：上海古籍出版社，1995 年，266 页。

④ 《旧唐书》卷一百九十四上《突厥传》上，5177 页。

⑤ 据蒙古国立历史博物馆馆长敖其尔说，有类似图案的文物在蒙古国还有两处，详细情况不得而知。无论如何，和阙特勤同时具有同样的地位的没有第二人。

⑥ 参王小甫《唐吐蕃、大食、政治关系史》，233 页。

⑦ 参 Étienne de la Vaissière, *Sogdian Traders: a History*. Chapter 7, p. 199。

⑧ 如本文上节所引蒙古高原发现的布古特碑，以及 20 世纪 50 年代在新疆昭苏种羊场调查发现的"小洪那海石人"等，参荣新江等主编《粟特人在中国——历史、考古、语言的新探索》，259 页以下。

⑨ [唐]姚汝能《安禄山事迹》，1、14 页。

⑩ 即最早在蒙古高原发现的阙特勤碑、毗伽可汗碑和暾欲谷碑。

⑪ 参 T. Tekin, *A Grammar of Orkhon Turkic*, pp. 252, 288。

31 行 "托像乌近（umay）女神一样的我母可敦的福"①。那么这个 Umay 女神究竟是何方神圣呢？我以为就是拜火教的土地和丰产女神 Ārmaiti（=Spenta Ārmaiti，意为 "神圣的 Ārmaiti"），她也被比定为来自西亚中东的娜娜（Nanai）女神②。更重要的是，后者至少在安息王朝时代就已经被拜火教的阿娜希塔（Anahita）所吸收消化。阿娜希塔兼具母亲女神、河水女神以及丰产崇拜等性质的神格，因而得以取代水神 Varuna 的位置而与阿胡拉·马兹达、密特拉构成 "三联神"③。《北史·突厥传》记载突厥习俗，提到 "又以五月中旬，集他人水④拜祭天神。于都斤西五百里有高山迥出，上无草树，谓为勃登凝梨，夏言地神也"⑤。这两处应该就是古代突厥人祭祀水土神 Umay/Ārmaiti/ Anahita 的地方。

在三大碑里多次出现 "飞去了"（阙特勤碑东面第 16 行）、"在天堂"（阙特勤碑东南面）、"升天"（阙特勤碑西南面）、"在天之灵"（毗伽可汗碑东面第 35 行）的说法，如前节对布古特碑的分析，这表达的是拜火教关于死亡的观念。因此可以认为，其中所谓的 "上天"（Tengri），就是指拜火教大神阿胡拉·马兹达。突厥人有敬日崇东的习俗，前辈学者韩儒林先生曾指出："碑文中每言及方向，必先曰东方，此亦有故。《北史·突厥传》曰：'牙帐东开，盖敬日之所出也。'突厥以东方为上，《阙特勤碑》突厥文主文刻于东面，中文在西面者。"⑥据我研究，这其实属于拜火教对密特拉（Mithra，太阳神）的礼拜奉事⑦。而且我认为，古突厥语的 ötükän（于都斤）本义为 "火之主"⑧，现在看来，就是指拜火教里的最高级圣火 Ādūr-ī Warahrān 或 Ātaš Bahrām（"战胜之火"），即斗战神之火（Vərəθrayan- ātar）⑨。由此可见，拜火教的主要礼俗传统——对 "三联神" 和斗战神的供奉，仍然为阙特勤时代的突厥人所坚持。

同布古特碑一样，三大碑里也可以见到 "上天保佑"（暾欲谷大碑南面第 9 行）、"像天一样，从天所生的"（阙特勤碑南面第 1 行）、"上天保佑我有福运"（阙特勤碑南面第 9 行、东面第 29 行）、"不朽石碑"⑩（阙特勤碑南面第 11 行等）、"托像 Umay 女神一样的我母可敦的福"（阙特勤碑东面第 31 行）等拜火教惯用语。碑文里还常常见到以上天的

① 参考耿世民译文，见林幹《突厥史》附录，呼和浩特：内蒙古人民出版社，1988 年，257、260 页。
② 参张广达《唐代祆教图像再考》，载荣新江主编《唐研究》第 3 卷，北京：北京大学出版社，1997 年，10—11 页。
③ Mary Boyce, *Zoroastrians: Their Religious Beliefs and Practices*, pp. 61—62, 90.
④ 卜弼德（Peter A. Boodberg）指出 "人" 本当作 "民"（唐人避讳所改），他人水，即漠北鄂尔浑河的支流塔米尔河（Tamir Gol），见 "Some Tentative Etymologies", *Selected Works of Peter A. Boodberg*, Compiled by Alvin P. Cohen, University of California Press, 1979, pp. 77—78。此注承罗新提供。
⑤ 《北史》卷九十九《突厥》，3288 页。
⑥ 韩儒林《读阙特勤碑札记》，林幹编《突厥与回纥历史论文选集》上册，北京：中华书局，1987 年，518 页。
⑦ 见王小甫《唐吐蕃、大食、政治关系史》，231 页。
⑧ 参王小甫《唐吐蕃、大食、政治关系史》，229—231 页。
⑨ 参 G. Gnoli, "Bahram. i. In Old and Middle Iranian Texts", p. 513b；Mary Boyce, *Zoroastrians: Their Religious Beliefs and Practices*, pp. 64—65。
⑩ 在拜火教里，"不朽" "永久" 等都是用以指精神或正道（asha）性质的形容词，所以，"不朽石碑" 应即布古特碑所谓 "正道碑"（the stone of law）。

名义对突厥民众进行呼吁或责备，可见拜火教在古代突厥社群有广泛的受众。两部《唐书·突厥传》记载，毗伽可汗"欲城所都，起佛、老庙"[①]，被暾欲谷劝止，其理由是"若筑城而居，改变旧俗，一朝失利，必将为唐所并。且寺观之法，教人仁弱，本非用武争强之道，不可置也"[②]。毗伽接受了他的意见。以佛、老仁弱与之对举，暾欲谷所谓用武争强之道的应该就是供奉战神之火、标榜惩恶扬善的拜火教。

除了有鸟身祭司的墓石之外，阙特勤死后"仍立庙像，四垣图战阵状"，情形看来和国内发现的虞弘、安伽、史君等移民首领之拜火教葬具都有的装饰图案差不多。这也从一个方面印证了文献史料的记载，如《隋书·康国传》"婚姻丧制与突厥同"[③]，康国即中亚粟特地区的 Samarkand，和安（Bukhara）、史（Kāshāna/Kashsh 或 Kishsh）等都属于所谓昭武九姓。尽管文献中说阙特勤祠庙"刻石为像，四壁画其战阵之状"[④]，然而考虑到其宗教背景，我还是认为，要正确理解这些装饰图案的内容，拜火教图像艺术中的安息传统不应被忽视。如前所述，这一传统为萨珊王朝所继承，形成了热衷于图写王者显贵战阵之状的特点[⑤]。拜火教祭坛上供奉的是圣火，祠庙的装饰图案有渲染气氛和宣传教义的作用，如9—10世纪敦煌的祆祠或火祆庙举行的赛祆活动，甚至还得到官方的支持[⑥]。所以史料说阙特勤庙像建立后，毗伽可汗"默棘连视之必悲梗"[⑦]。

毗伽可汗"自以得国是阙特勤之功"[⑧]，因而对阙特勤有特殊的怀念之情是可以理解的。阙特勤碑东南面说"愿您在天堂，犹如在世上"，则是不折不扣的"王者灵光"观念的表达。现在看来，年轻的阙特勤能够纠合旧部，起兵消灭政敌，从而拥立兄长为可汗，恐怕并不仅仅因为"骁武善战"[⑨]，很可能还凭借了其宗教地位和影响。我们前面提到，漠北出土的阙特勤头像（颇疑即其祠庙所立之像）戴全鸟鹖冠，这或许显示阙特勤身份为一类武官。但是，中国传统鹖冠本为双鹖尾，唐代饰以鹖鸟全形，当是受萨珊王冠影响，而所谓鹖鸟，就是拜火教中斗战神化身 Vareghna 鸟的原型。因此，阙特勤头像头戴鹖冠，很可能也是其宗教身份和地位的反映，这与其墓石饰以鸟身祭司是一致的[⑩]。

可是，阙特勤死后仅一年，毗伽可汗竟被大臣梅录啜毒杀。该大臣梅录啜曾于开元

---

①　《新唐书》卷二百一十五下《突厥传》下，6052 页。

②　《旧唐书》卷一百九十四上《突厥传》上，5174 页。

③　《隋书》卷八十三《康国传》，1849 页。

④　《旧唐书》卷一百九十四上《突厥传》上，5177 页。

⑤　参 Mary Boyce, *Zoroastrians: Their Religious Beliefs and Practices*, pp. 107—108.

⑥　荣新江《粟特祆教美术东传过程中的转化》，收在前引《中古中国与外来文明》，307 页以下。

⑦　《新唐书》卷二百一十五下《突厥传》下，6054 页。

⑧　《旧唐书》卷一百九十四上《突厥传》上，5173 页。

⑨　《旧唐书》卷一百九十四上《突厥传》上，5175 页。

⑩　由此可见，国内出土的那些头戴全鸟鹖冠的胡人俑，其所戴鹖冠不仅显示他们是武官，而且也表明他们是移民部落的政教首领。总之，值得联系所出墓葬情况深入研究。

十五年（727）受毗伽派遣出使唐朝献吐蕃密约，受到玄宗的隆重款待和报答，"诏朔方西受降城许互市，岁赐帛数十万"①。然而，事情过去五年，阙特勤刚死，就发生了这样的惨祸，其间缘故殊不可解。无论如何，据史料记载，毗伽"药发未死，先讨斩梅录啜，尽灭其党。既卒，国人立其子为伊然可汗"②。但事情并未就此结束，东突厥汗国的最后十余年处于不断的动乱之中，终于在 745 年被异教的铁勒诸族所建回纥汗国取代。

从现有材料看，不排除东突厥末年陷入内乱的原因中有宗教因素。有几个现象值得注意：

1. 史料记载，毗伽欲起佛、老庙，被暾欲谷劝止，似乎显示汗国最高层在宗教问题上并不完全一致。然而，近年考古工作者在漠北毗伽可汗陵墓发掘得一顶金冠，整个呈一正面展翅的飞鸟形状③，与阙特勤头像鹘冠之 Vareghna 鸟形状姿态全同。莫非阙特勤死后毗伽兼领了汗国大祭司？此事颇令人生疑。

2. 据研究，粟特移民聚落的政教首领（萨保）都是世袭的④，印度帕西人的大祭司职务也是由其家庭把持的⑤。一般认为，突厥可汗阿史那氏的通婚氏族是阿史德氏⑥，而暾欲谷以女婆匐嫁毗伽可汗，所以有学者将暾欲谷考证为骨咄禄复兴时的谋臣阿史德元珍⑦也不无道理。更重要的是，《安禄山事迹》说其"母阿史德氏为突厥巫"，即拜火教祭司，也就是说，与突厥可汗通婚的暾欲谷家族本来是祭司家族。那么，阙特勤作为政教大首领或许只是一个特例，即发生政变的结果⑧？

3. 毗伽死后继立的伊然、登利为兄弟。"登利者，犹华言果报也。登利年幼，其母即暾欲谷之女，与其小臣饫斯达干奸通，干预国政，不为蕃人所伏。"⑨勘比史料可知，登利即突厥语 Tengri "上天"，果报即从天所生。登利曾遣使唐朝贺新年，曰："礼天可汗如礼天，今新岁献月，愿以万寿献天子。"⑩据我们前面对突厥碑铭的考证，这些用语都不难看出拜火教色彩。所以，出身拜火教祭司世家的暾欲谷之女干预国政，很难不与宗教事务有关。

我想，在这里提一下突厥汗国前期颉利可汗（？—634）败亡的教训应该是有意义

---

① 《新唐书》卷二百一十五下《突厥传》下，6053 页。

② 《旧唐书》卷一百九十四上《突厥传》上，5177 页。

③ 见蒙古国立历史博物馆展品：土耳其和蒙古联合考古队 2001 年在毗伽可汗陵墓发掘所得金银器中的一件鸟形金冠。

④ 荣新江《北朝隋唐胡人聚落的宗教信仰与祆祠的社会功能》，402 页。

⑤ 参 Eckehard Kulke, *The Parsees in India*, p. 60。

⑥ 见张广达"突厥"词条，《中国大百科全书》民族卷，北京：中国大百科全书出版社，1986 年，425 页左栏。

⑦ 张广达《唐代六胡州等地的昭武九姓》，266 页。

⑧ 《新唐书·突厥传》："初，默啜死，阙特勤尽杀其用事臣，惟暾欲谷者以女婆匐为默棘连可敦，独免，废归其部。"见《新唐书》卷二百一十五《突厥传》下，6051 页。按："阙特勒"即"阙特勤"。

⑨ 《旧唐书》卷一百九十四上《突厥传》上，5177 页。

⑩ 《新唐书》卷二百一十五下《突厥传》下，6054 页。

的。据史料记载，"颉利每委任诸胡，疏远族类，胡人贪冒，性多翻覆，以故法令滋章，兵革岁动，国人患之，诸部携贰。频年大雪，六畜多死，国中大馁。颉利用度不给，复重敛诸部，由是下不堪命，内外多叛之。"[1]众所周知，唐人所谓诸胡、杂种胡，就是指中亚信仰伊朗宗教的九姓胡，即粟特人[2]。由此让人想到拜火教在萨珊波斯后期的状况："由于人们的信仰，得到王权支持的拜火教会控制了他们生活的几乎所有方面。神职人员既解释法律又执行法律，这就给了他们巨大的权势"；"无疑，到萨珊王朝末期，这一古老的国家宗教，由于它那众多的盛大祭坛，它那繁缛的仪式礼节，它的捐赠供养以及对牺牲和祭品的需求，已经以各种方式形成了对财富和土地的巨大蠹耗"[3]。

最后，异教的回纥汗国在草原继兴，不久却宗奉了拜火教的异端摩尼教，这一情况对于理解拜火教在此前突厥汗国的命运也是有帮助的。陈寅恪先生曾说："北突厥或东突厥之败亡除与唐为敌外，其主因一为境内之天灾及乱政，二为其他邻接部族回纥薛延陀之兴起两端。"[4]信哉此言。

五、结　语

呜呼，突厥兴于拜火，毁于拜火，一饮一啄，莫非前定。然而，自从作为国际突厥学奠基石的阙特勤碑和毗伽可汗碑于1889年被发现以来，一百多年间有许多专家学者考察访问过墓碑所在的地方，却从来没有人提到过我们发现的这件文物[5]。当然，如果不是国内近年出土刊布了虞弘墓葬具等丰富的文物资料，我们也很难仅凭已有知识把这样一件珍贵文物识别出来。我们希望通过本文的考证，能够在古代突厥文化尤其宗教的研究方面有所突破，从而推进相关历史的学术研究。总之，古代东西方文化交流远比人们目前已知的要广泛深入得多，值得认真开展研究，取得真正有原创性的学术成果，以提供今日在全球化背景下建设和谐社会的人们以借鉴。

2006年7月16日完成于北大畅春园56楼103室

原载《历史研究》2007年第1期

---

① 《通典》卷一百九十七《边防典》"突厥上"条，北京：中华书局校点本，1988年，5411页。

② 见陈寅恪《以杜诗证唐史所谓杂种胡之义》，收入《金明馆丛稿二编》，上海：上海古籍出版社，1982年，52—53页。

③ Mary Boyce, *Zoroastrians: Their Religious Beliefs and Practices*, pp. 140—141. 其中还举了一个例子，据一份犹太教经卷记载，当时有一个拉比（rabbi，犹太教士）遭到同门教徒的指责，因为他把自己的一片森林卖给了一座拜火庙。

④ 见陈寅恪《外族盛衰之连环性及外患与内政之关系》，收入《唐代政治史述论稿》，上海：上海古籍出版社，1982年，131页。

⑤ 近年，日本的森安孝夫等人与蒙古学者合作在这一带进行了系统考察，其成果见森安孝夫和敖其尔（A. Ochir）共同主编《蒙古国现存遗迹、碑文调查研究报告》。

Zoroastrianism and the Rise and Fall of the Turks in Antiquity: Focusing on the Ancient Turkic Warrior God

WANG Xiaofu

This paper studies the images of the bird-body priest in the Kül Tekin cemetery in Mongolia as well as in the tomb of Yu Hong in China. The priest was called the Turkic "fighting God of War" in Tang China，and it should be one of the incarnations of the Zoroastrian god Verethraghna（Warahrān / Bahrām）. These relics confirm the ancient Turks' faith in Zoroastrianism. This study will revisit the relation between ancient Turks and Sogdians，the dissemination of Zoroastrianism and its relevant historical issues and cultural phenomena. This paper argues that the ancient Turks were destroyed by Zoroastrianism that had conduced to their flourishing; this can be a profound lesson.

拉施特对中国传统哲学思想的认识

——《珍宝之书》中的《太极图》与《太极图说》*

一、14 世纪以前波斯有关中国人传统信仰的记载

9 世纪以来的波斯—阿拉伯语行纪或见闻录中，时常可见有关中国人的信仰的记载，其中描述最多的莫过于中国人的佛教信仰。最早如《中国印度见闻录》[①]一书就说道："中国人崇拜偶像，他们在偶像前做祷告，对偶像毕恭毕敬。""中国人没有宗教；他们的宗教来自印度。中国人说是印度人给他们带来了佛陀，给他们讲经说法。印度人和中国人都相信灵魂轮回，……"[②]中国人供奉佛像，因而往往被称为"偶像崇拜者"，直到十五六世纪，这一成说仍十分流行，1419—1422 年出使明朝的帖木儿帝国宫廷画师盖耶速丁（Ghiyās al-Dīn Naqqāsh），以及 16 世纪初游历过中国的阿里·阿克巴尔（Alī Akbar），都曾大量描述沿途所见中国居民崇拜偶像的习俗，并特别介绍了各地佛像及佛寺给他们留下的深刻印象[③]。

除了佛教以外，波斯文献还记载中国人信奉另一种外来宗教——摩尼教，《世界境域志》（Hudūd al-'Ālam，成书于 982 年）曾记述，瓜州、沙州和吐蕃的居民是摩尼教徒[④]。稍晚于此的马卫集（Sharaf al-Zamān Tāhir Marvazī，1046—1120）也谈到摩尼教在中国人

---

* 本文为国家社科基金重大项目"波斯文《五族谱》整理与研究"（项目批准号：10&ZD116）阶段性成果。

① 《中国印度见闻录》（Akhbār al-Ṣīn wa al-Hind）是一部从波斯湾经印度和马六甲海峡前往中国的贸易指南，原文为阿拉伯语，卷一成书于 851 年，作者不详；卷二成书于 916 年前后，作者是波斯湾港口城市西拉夫（Sīrāf）商人阿布·赛义德·哈桑。

② 穆根来、汶江、黄倬汉译《中国印度见闻录》，北京：中华书局，1983 年（2001 年重印），23—24 页。

③ 参见［波斯］火者·盖耶速丁《沙哈鲁遣使中国记》，何高济译，与《海屯行纪》《鄂多立克东游录》合刊本，北京：中华书局，1981 年，112—113、117—118、120—123 页。阿里·阿克巴尔《中国纪行》（Khatāy-nāma），张至善编译，北京：三联书店，1988 年，40 页。这两种纪行均有多种波斯语版本及不同汉译本，详见拙文《探寻"照世杯"中的中国镜像——波斯历史文献整理的实践与收获》，收入曾琼、曾庆盈编：《认识"东方学"》，北京：北京大学出版社，2014 年，104—105 页，注 15、17。兹不赘。

④ Hudūd al-'Ālam, ed. Manūchihr Sutūda, Tehran: Kitābkhāna-yi Tahūrī, 1983, pp. 60—62. 参见英译本 Hudūd al-'Ālam, the Regions of the World, trans. V. Minorsky, Oxford: the University Press, 1970 (2nd edition), pp. 84—85; 汉译本见王治来译注《世界境域志》，上海：上海古籍出版社，2010 年，50—53 页。

中的影响^①。

　　佛教和摩尼教都不是中国的本土宗教。对于中国人的本土宗教或传统信仰，波斯——
阿拉伯人所知甚少，见于记载的似乎仅有《中国印度见闻录》中两句简短的话。书中说，
中国人有"类似拜火教的习惯"，"中国人的宗教和拜火教相似"^②。所谓拜火教，我国史书
中又称祆教，即波斯人琐罗亚斯德所创立的宗教，在波斯萨珊王朝（224—651）时被定
为国教，北魏时传入中国，在唐代一度颇为盛行^③。《中国印度见闻录》没有具体描述中
国人的本土宗教，却一再说它与拜火教相似，表明作者对此宗教不甚了解，但留意到它
与波斯的拜火教存在相似之处。对此，沙畹与伯希和曾指出："这里明确地表示出作者
把阴阳学说与拜火教始祖的二元论等同起来了。阴阳说是中国人宇宙观的基础之一。"^④
中国传统哲学的阴阳学说体现的是宇宙二元论观念，琐罗亚斯德教的宇宙观则以善恶
二元论为基础，两者都强调世界的二元对立性，从这个角度看，两者确实具有相似之
处。《中国印度见闻录》的作者以他本人所了解的西亚宗教作为参照物，来理解和描述
中国人的信仰，这大概是蒙古帝国建立之前波斯湾一带的人们对于中国传统信仰的仅
有记录。

二、拉施特的相关著作

　　13 世纪下半叶，随着旭烈兀的西征以及伊利汗国（Īlkhāniyān，1256—1353）的建
立，中国与波斯之间的政治、经济和文化交流空前活跃，波斯人对中国的认识进入了一
个前所未有的阶段。被誉为"第一位世界历史学家"^⑤的伊利汗国宰相拉施特（Rashīd al-
Dīn Fażl Allāh，1247—1318）留下了几部有关中国文化的著作，成了研究十三四世纪中
国与波斯文化交流的重要史料。在人们熟知的巨著《史集》（*Jāmi' al-Tavārīkh*）的《中国
史》部分（完成于伊斯兰历 704/ 公元 1304）中，拉施特提到了释迦牟尼、老子和孔子等
几位对古代中国的思想和信仰产生过巨大影响的人物^⑥。在《中国史》前言中，他还作了
这样一段介绍：

---

　　①　V. Minorsky, *Sharaf al-Zamān Tāhir Marvazī on China, the Turks and India*, London: The Royal Asiatic Society, 1942,
English version, p. 15, 17, 64; Arabic version, pp. 3—4, 6. 汉语翻译可参阅胡锦州、田卫疆译《马卫集论中国》，《中亚研究资
料·中亚民族历史译丛》（一），乌鲁木齐：新疆社会科学院中亚研究所，1985 年，170 页。

　　②　穆根来、汶江、黄倬汉译《中国印度见闻录》，11 页。

　　③　参见陈垣《火祆教入中国考》，《陈垣学术论文集》第一集，北京：中华书局，1980 年，319 页。

　　④　É. Chavannes et P. Pelliot, "Un Traité Manichéen Retrouvé en Chine", *Journal Asiatique*, Onzième Série, Tome 1, 1913,
p.377, n.1. 译文引自穆根来、汶江、黄倬汉译《中国印度见闻录》，56 页。

　　⑤　J. A. Boyle, "Rashīd al-Dīn: the First World Historian", *Iran* 9（1971），pp. 19—26; K. Jahn, "Rašīd al-Dīn as a World
Historian", *Yádnáme-ye Jan Rypka*, Prague 1967, pp. 79—87; K. H. Menges, "Rašidu'd-Dīn on China", *Journal of the American
Oriental Society* 95（1975），pp. 95—98.

　　⑥　参阅王一丹《波斯拉施特〈史集·中国史〉研究与文本翻译》，北京：昆仑出版社，2006 年，145—150 页。

　　乞台［Khatā，指中国——引者注］人崇拜偶像，信仰各种异端宗教学说，他们的思想哲学的基础是"非创世学说"（qidam-i 'ālam），认为世界本来就存在，没有创世主。因此在他们的记载中，世界产生和人类出现的历史异常悠久。①

　　在"崇拜偶像"的传统认知之外，拉施特指出，中国哲学思想的基础是"非创世学说"。'ālam意为"世界，宇宙"②；qidam本意为"古老，领先"③，在伊斯兰宗教哲学中用以表示真主的无始永恒，即"先在"（先于世界的存在）④，qidam-i 'ālam意即"世界的古有，无始性"。拉施特借用这一术语来描述中国传统哲学的基本观念：世界古已有之，非因"创造"而产生。他在这里已触及中国哲学思想的本质特征，但未就此作进一步阐释。

　　在《中国史》前言的另一处，拉施特称赞中国人使用的汉字具有多种优点，并以数字"一"为例，谈到与此相关的"太一"所代表的中国人敬奉的天神：

　　　　［一］字的意思为"一个"，作数字用时也写成［壹］，但是在提到最尊贵的天神［太一］时，则写成［太乙］，用以表示景仰和崇敬。⑤

这里所说"最尊贵的天神［太一］"，俗称天皇太一，即《史记》所谓"天神贵者"⑥。值得注意的是拉施特使用了bārī ta'ālā（最崇高之神）⑦来指称中国人敬奉的这位天神，没有采用他在介绍佛教信仰时使用的"偶像（but）"一词，这表明他清楚两者有别，并有意加以区分。不过，由于他此处旨在介绍中国的书写系统，因此对信仰问题未多作说明。但这简单的一笔已经表明，伊利汗时期的波斯知识精英对于中国人的传统信仰和思想，已有了不同于以往的新认识。

　　波斯人在认识中国传统思想方面的进步，更明确地体现在拉施特的另一部著作《关于中国科学技术的伊利汗珍宝之书》（*Tānksūqnāma-yi Īl-khān dar Funūn-i 'Ulūm-i*

---

　　①　王一丹《波斯拉施特〈史集·中国史〉研究与文本翻译》，119页。

　　②　F. Steingass, *A Comprehensive Persian-English Dictionary*, Beirut, 1998 new reprint, p. 881: "'ālam, the world, the universe…… everything which the world contains".

　　③　F. Steingass, *A Comprehensive Persian-English Dictionary*, p. 958: "qidam, preceding in point of time, being ancient, eternal".

　　④　参阅 *Encyclopaedia of Islam*（2nd edition），vol. 5, pp. 95—99: "Kidam".

　　⑤　王一丹《波斯拉施特〈史集·中国史〉研究与文本翻译》，126页。方括号中原文缺，汉字为笔者根据上下文意所加。原文可参见 Rashīd al-Dīn Fażl Allāh, *Tārīkh-i Chīn az Jāmi' al-Tavārīkh*（《史集·中国史》），ed. Wang Yidan, Tehran: Markaz-i Nashr-i Dānishgāhī, 1379 H.Sh./2000, p. 90. 关于"一""太一"的哲学概念，参见张岱年《中国古典哲学概念范畴要论》，北京：中国社会科学出版社，1989年，55—57页。

　　⑥　［汉］司马迁《史记》，卷二十八《封禅书》，北京：中华书局，1959年，第4册，1386页。

　　⑦　前引 Rashīd al-Dīn Fażl Allāh, *Tārīkh-i Chīn az Jāmi' al-Tavārīkh*（《史集·中国史》），p. 90.

Khatāyī，以下简称《珍宝之书》)[①]中。这是一部介绍中国传统医学、植物学（"本草"）和典章礼仪的著作。在此书前言中，拉施特高度评价了中国文化在多方面的成就，其中特别介绍了中国的文字、印刷术、纸币（"钞"）和乐谱的特点。这部作品流传下来的部分只有原著的四分之一，于 1313 年抄录于伊利汗国的都城桃里寺（Tabrīz，今译大不里士），今藏于土耳其伊斯坦布尔（Süleymaniye Library，Aya Sofia 3596)[②]。

据拉施特介绍，为了编写《珍宝之书》，他从当时具有良好文化素养的波斯人中，挑选了一位"天资聪颖、勤奋好学、对各门学科均有所涉猎、尤其通晓医学和哲学"的年轻人，即"独一无二的学者"萨菲丁（Safī al-Dawla va al-Dīn），并安排他跟随一位当时寓居伊朗、名为 SYWSH（سیوسه）的中国学者学习汉语和中医术语。他还找来一位出生于中国、通晓汉语的波斯"怯里马赤"（kalima-chī，译人），协助进行汉语医药典籍的翻译与研究[③]。《珍宝之书》就是通过这种合作方式编写完成的。

作为一部介绍中国科技与文化的著作，《珍宝之书》具有多方面的史料价值。本文拟讨论的是此书对中国哲学思想的介绍，即对《太极图》与《太极图说》的翻译。

三、《珍宝之书》中的"太极图"

前文已述及，《珍宝之书》存世部分仅为原书的四分之一，主要内容是对《脉诀》的翻译和注解，其中涉及一些与中医理论相关的中国哲学概念。书中附有约 30 幅插图，

---

① 关于《珍宝之书》及其早期相关研究的详细介绍，可参阅拙著《波斯拉施特〈史集·中国史〉研究与文本翻译》35—41 页，兹不赘。近几年来随着对《珍宝之书》研究的不断深入，一批新的学术成果接连出现，主要有：Persis Berlekamp, "The Limits of Artistic Exchange in Fourteenth-Century Tabriz: the Paradox of Rashid al-din's Book on Chinese Medicine", in *Muqarnas: An Annual on the Visual Culture of the Islamic World*, 27, 2010, pp. 251—276; 宫纪子《*Tanksūq nāmah* の『脈訣』原本を尋ねて——モンゴル時代の書物の旅》, 窪田顺平編, 小野浩、杉山正明、宫纪子著：《ユーラシア中央域の歴史構図——13—15 世紀の東西》, イリプロジェクト：総合地球環境学研究所, 2010 年, 191—218 頁; 时光《〈中医书〉溯源考》, 北京大学东方文学研究中心编《东方文学研究通讯》, 2012 年第 3 期, 3—9 页; Vivienne Lo 罗维前 and Wang Yidan 王一丹, "Blood or Qi Circulation? On the Nature of Authority in Rashīd al-Dīn's *Tānksūqnāma*（*The Treasure Book of the Ilkhan on Chinese Science and Techniques*)", in Anna Akasoy and Charles Burnett eds., *Rashīd al-Dīn: Agent and Mediator of Cultural Exchanges in Ilkhanid Iran*, Warburg Institute Colloquia 24, 2013, pp. 127—160; Vivienne Lo and Wang Yidan, "Chasing the Vermillion Bird: Late Medieval Alchemical Transformations in 'The Treasure Book of Ilqan on Chinese Science and Techniques'", in *Chinese Medicine: a Visual History,* ed. V. Lo, Brill（forthcoming）。值得一提的是，苏联学者龙果夫（Alexander Dragunov, 1900—1955）发表于 1931 年的介绍《珍宝之书》的最早一篇论文 "A Persian Transcription of Ancient Mandarin"（*Bulletin de l'Académie de l'URSS, Classe des sciences socials*, 1931: 359—375），最近已译成了汉语，见龙果夫著、沈钟伟译注《古官话的波斯译音》,《历史语言学研究》第八辑，北京：商务印书馆，2014 年，276—292 页。（笔者按：本文于 2015 年交稿后，又有两部重要的相关成果问世，即：遠藤光暁《元代音研究——『脈訣』ペルシャ語譯による》, 汲古書院, 2016 年; 时光《〈伊利汗中国科技珍宝书〉校注》, 北京大学出版社, 2017 年。）

② 伊朗德黑兰大学出版了该书的影印本：Rashīd al-Dīn Fażl Allāh, *Tanksūqnāma yā Tibb-i Ahl-i Khatāy*（《珍宝之书或中国医学》）, ed. M. Mīnuvī, Tehran: Intishārāt-i Dānishkada-yi Adabiyāt va 'Ulūm-i Insānī-yi Dānishgāh-i Tihrān, 1972.

③ Rashīd al-Dīn, *Tanksūqnāma yā Tibb-i Ahl-i Khatāy*（《珍宝之书或中国医学》）, p. 31.

其中第一幅就是我们要讨论的《太极图》。图见第一章（Bāb-i Avval）第一节，题录是："关于太极的阐释，引述三百年前的大贤哲周子的学说（Dar sharḥ-i TYKY，az taqrīr-i ḥakīm-i mu ʿaẓam JYW TSZ ka pīsh az īn sīṣad sāl būda）"[①]。TYKY［Taykī］为"太极"一词的译音。至于 JYW TSZ［Jīū Tsz］，则是"周子"的译音，与元代发音［tṣiw tsẓ］[②]一致。"三百年前的大贤哲周子"，指的就是宋代名儒周敦颐（1017—1073）。周敦颐，号"濂溪先生"，人称"周子"，著述有《太极图说》《通书》《爱莲说》等。周敦颐著作不多，却对后世影响深远，被尊为宋明理学的开山之祖。他"著《太极图》，明天理之根源，究万物之终始"[③]，"其解释此图之《太极图说》为宋明道学家中有系统著作之一。宋明道学家讲宇宙发生论者，多就其说推衍"[④]。《太极图》与《太极图说》所阐述的宇宙生成论，是周敦颐思想体系的基础。

《珍宝之书》中这幅插图（见图 1），自上而下分为五层。第一层（顶层）是一个空心圆，圆中标注 4 个红色波斯文字母 TYGY（ئی گی），读作［Taygī］，正是汉语"太极"的译音。

第二层是个由 4 个同心圆套叠而成的大圆，居中的是一个小空心圆，环绕其外的是 3 圈黑白相间、左右相反（即两白一黑与两黑一白相对）的圆。大圆的右侧标注有 2 个红色词：YM JNG（یم جنگ），读作［yim jing］，即汉语"阴静"。其下又标注两个黑色波斯语词：一为 BRWDT（برودت），读作［burūdat］，意为"寒"；一为 SKWN（سکون），读作［sukūn］，意为"静"，分别是对汉语"阴"和"静"两字的释义。大圆的左侧对应位置上也标注 2 个红色词：YANG DNG（یانگ دنگ），读作［yāng dung］，即汉语"阳动"。其下也标注两个黑色波斯语词：一为 HRART（حرارت），读作［harārat］，意为"热"；一为 HRKT（حرکت），读作［harakat］，意为"动"，分别是对汉语"阳"和"动"两字的释义。

第三层有 5 个分布在不同方位的小圆，各圆之间以长短不等的直线或弧线相连。圆中分别标有 5 个波斯语词，中为 خاک［khāk］（土），右上为 آب［āb］（水），左上为 آتش［ātash］（火），右下为 زر［zar］（金），左下为 درخت［dirakht］（木）。在 5 个小圆的最下方另有一个略小的空心圆，通过弧线和直线与 5 个小圆相连，共同构成第 3 层。

第四层是一个略大的圆，圆两侧分别标有两列波斯文。圆右侧以红色字体标注的是 4 个汉语词的译音：KN DAW CHN NW[⑤]（کُن داو چن نُو），读作［kun dāw chin nū］，即"坤道成女"；每个红字旁均以黑色标注出对应的波斯语词，分别为：زمین［zamīn］（地），

① Rashīd al-Dīn, *Tanksūqnāma yā Tibb-i Ahl-i Khatāy*（《珍宝之书或中国医学》），p. 104.

② 蒲立本的拟音，见 Edwin G. Pulleyblank, *Lexicon of Reconstructed Pronunciation in Early Middle Chinese, Late Middle Chinese, and Early Mandarin*. Vancouver: UBC Press, 1991, pp. 411（"周"），420（"子"）。郭锡良《汉字古音手册》（北京：商务印书馆，2010 年增订本）的拟音分别是：周［tɕiəu］（276 页），子［tsiə］（92 页）。

③ ［元］脱脱等《宋史》，卷四百二十七《道学一》，北京：中华书局，1977 年点校本，12712 页。

④ 冯友兰《中国哲学史》，北京：中华书局，1961 年（新 1 版），下册，824 页。

⑤ 原文此处写作 TW（تو），T（ت）当为 N（ن），误多一点。

راه[rāh]（道）, مانند[mānand]（如）, مادینه[mādīna]（雌）, 是对坤、道、成、女的逐字翻译。同样，在圆左侧也以红色字体标注了 4 个汉语词的译音：KN DAW CHN NM (کن داو چن نَم), 读作[kin dāw chin nam]，即"乾道成男"；每个红字旁对应的波斯语词分别是：آسمان[āsimān]（天）, راه[rāh]（道）, مانند[mānand]（如）, نرینه[narīna]（雄）, 是对乾、道、成、男的逐字翻译。

第五层亦即最底层是一个大空心圆，没有注文。此圆与上面四层一起被一个大长方形框涵括于内，方框下以红色字标注 4 个汉语词的译音：HN HU KHWA SHNG (حَن حُو خوا شِنگ), 读作[han hū khwā shing]，即"万物化生"。每个红字下对应的波斯语词翻译分别是：ده هزار[dah hizār]（一万）, چیز[chīz]（物）, آفریده شد[āfarīda shud]（"被创造了"）, زاییده شد[zāyīda shud]（"被生育了"）。

从以上描述可以看出，这幅波斯文图式，正是周敦颐《太极图》的翻译。图中注文，红色字为汉语注文的波斯语音译，黑色字则是对应的波斯语意译。全部注文被逐字翻译，除第四层"成"和第五层"化"字以外，其他各字的翻译都是准确的。"乾道成男，坤道成女"以及"万物化生"，皆出自《周易》。译文将"乾道成男，乾道成女"（语出《易传·系辞上》）中的"成"字译作مانند[mānand]（如同，相似），全句意思译为"天之道如同男子，地之道如同女子"，虽不完全准确，但大致意思未变。而第五层"化"字的翻译十分值得注意。"万物化生"见《易·咸》："天地感而万物化生。"又见《易传·系辞下》："男女构精，万物化生。""化"意为"变化"，"生"意为"产生、生成"，"万物化生"意即"天下万物变化生成"[1]。变化是中国古典哲学的一个重要概念，但在波斯语翻译中，这一概念被"创造"所代替，"万物化生"被译为"天下万物被创造和生育了"。译文采用的是"化"的另一个意思"造化"，即"创造化育"，意指"真主之造化"，表达的是"真主造化天地万物"[2]的信仰。经过这一翻译，中国哲学的宇宙演化论就涂染上了伊斯兰教"创世论"的色彩。

《太极图》以图式来揭示宇宙演化生成的模式，反映了周敦颐的宇宙观和本体论思想。它的第一层是一个简单的白圆圈，表示阴阳未分之前宇宙的原初状态。第二层是黑白相间而又相对的车轮形，中间小白圆为太极。太极左右，分作两个半环，左者为阳，为动；右者为阴，为静。两半环又各有黑白相间、左右相对的半环三层，白者为阳，为动；黑者为阴，为静。左边两白一黑，说明阳中有阴，动中有静；右边两黑一白，说明阴中有阳，静中有动；"阴静""阳动"说明阴阳运行过程中的交互作用，即所谓"一动一静，互为其根"的寓意。第三层借用中国古代哲学传统中五行化生万物的思想，将木、火、水、金、土按东、南、西、北、中五个方位均匀散布，体现五行互相联系、互相变合的关系。至此，由上而下依次展示了宇宙生成由无极而太极，由太极而阴阳，由阴阳

---

① 参见前引张岱年《中国古典哲学概念范畴要论》，114—117、146 页。
② 语出王岱舆《正教真诠·真一》，见［明］王岱舆《正教真诠 清真大学 希真正答》，余振贵点校，银川：宁夏人民出版社，1988 年，22、23 页。

而至五行的轮廓和顺序，体现了宇宙形成的多序列思想。在第四层，以《易传》中乾道和坤道的概念来说明宇宙万物生成到了生物即将出现的前夕，借用"男女"成说来表示"阴阳"二性在生物起源中的作用。第五层用"万物化生"，说明宇宙的生成发展到了物种起源的阶段[①]。

周敦颐《太极图》在汉文典籍中流传甚广，今天常见的一般是朱熹（1130—1200）修订过的版本，周敦颐、朱熹的各种著作集中均有收录，内容基本相同，但也存在一定差异。波斯文《太极图》与各版本中文《太极图》相比，又都不尽相同。

在图式的标题上，波斯文《太极图》将"太极"二字标注于第一层的圆圈之中，既点明整个图式的标题，也说明这个圆圈的寓意[②]，这种处理方式与中文各版都不同。例如：现存年代最早的宋刻《元公周先生濂溪集》（图2）[③]、元刻《朱子成书》[④]，以及《四库全书》集部所收《周元公集》[⑤]，都是在图式上方另题"太极图"三字；清初黄宗羲《宋元学案·濂溪学案》则直接采用《太极图说》开篇第一句"无极而太极"作标题[⑥]，另外一些辑本，如张伯行编定的正谊堂本[⑦]、贺瑞麟传经堂本[⑧]及董榕辑本[⑨]，则皆无标题。

在图式的第二层，波斯文《太极图》的中心是一个空心的同心圆，多数中文版本与此一致，但《元公周先生濂溪集》《周元公集》和《宋濂溪周元公先生集》有所不同，其中心并非空心圆，而是由黑白对称、左黑右白的两个半球构成的[⑩]。

有趣的是，在第三层，波斯文《太极图》与上述宋刻《元公周先生濂溪集》以及明刻

---

① 此处关于《太极图》寓意的归纳分析，主要参考梁绍辉《周敦颐评传》，南京：南京大学出版社，2011年，122—124、161—162页。

② 按朱熹解释，这一圆圈表示的就是太极："上一圈即是太极，但挑出在上。"见［宋］黎靖德编，王星贤点校《朱子类》，卷第九十四《周子之书·太极图》，北京：中华书局，1986年，2365页。

③ 湖南省濂溪学研究会整理《元公周先生濂溪集》，长沙：岳麓书社，2006年，封二"书影"、5页；梁绍辉、徐苏铭等点校《周敦颐集》，长沙：岳麓书社，2007年，3页。两书所据底本均为北京图书馆藏宋刻《元公周先生濂溪集》。

④ ［宋］朱熹撰《太极图说解》，朱杰人等主编《朱子全书》，上海：上海古籍出版社，合肥：安徽教育出版社，2010年修订本，第13册，69页。此校点本以元刻《朱子成书》为底本。

⑤ ［宋］周惇颐撰、周沈珂编《周元公集》，台北：台湾商务印书馆，1986年，《景印文渊阁四库全书》第1101册，416页。据考，此《周元公集》为明万历四十二年周与爵辑刻，后周沈珂于清康熙三十年重刻。参阅杜泽逊《周元公集版本辨析》，《文献》，2004年第3期，205—209页。

⑥ ［清］黄宗羲原著、全祖望补修《宋元学案》，卷十二《濂溪学案》（下），陈金生、梁运华点校，北京：中华书局，1986年，497页。又可参阅王云五主编《万有文库》收《宋元学案》（四）之《濂溪学案》，上海：商务印书馆，1937年，109页。有的研究者认为，《宋元学案》中的《太极图》是标准图式，见李申译注《太极图·通书全译》，成都：巴蜀书社，1999年，7页。

⑦ 参阅《周濂溪集》（《周濂溪先生全集》），王云五主编《丛书集成初编》，上海：商务印书馆，1936年（据正谊堂全书本排印），第1册，1页。

⑧ 参阅《周敦颐集》，陈克明点校，北京：中华书局，1990年初版，2011年重印，1页。（据清光绪十三年贺瑞麟编辑《周子全书》点校，版藏于传经堂。）

⑨ ［清］董榕辑《周子全书》，王云五主编《万有文库》，上海：商务印书馆，1937年，上册，2页。

⑩ 前引《元公周先生濂溪集》封二"书影"、5页；《周元公集》，416页；明刻《宋濂溪周元公先生集》卷一《太极图》（北京图书馆藏）。

《宋濂溪周元公先生集》却出现了令人惊奇的一致：水、木、火、土、金这 5 个字均分置于小圆中，并以 9 根线相连。而在其他中文各版本之间，差异很大：一是五行之间的连线有 8、10、11 或 12 根之别，颇为混乱；二是有的版本将金、木、水、火、土 5 字置于小方框中（董榕本《周子全书》）①，与采用小圆的多数版本形成明显差别。

从以上比较可以看出，波斯文《太极图》图式，与常见的诸中文本均各有异同。这也许说明，《太极图》传入波斯的载体，并非通行的周敦颐著作集，而是另有途径。具体的情形，还有待进一步研究。

四、《珍宝之书》中的"太极图说"

《太极图说》是周敦颐对《太极图》所作的文字阐释，全文如下：

> 无极而太极。
>
> 太极动而生阳，动极而静；静而生阴。静极复动。一动一静，互为其根；分阴分阳，两仪立焉。
>
> 阳变阴合，而生水、火、木、金、土。五气顺布，四时行焉。
>
> 五行，一阴阳也。阴阳，一太极也。太极，本无极也。五行之生也，各一其性。
>
> 无极之真，二五之精，妙合而凝。乾道成男，坤道成女，二气交感，化生万物。万物生生，而变化无穷焉。
>
> 惟人也，得其秀而最灵。形既生矣，神发知矣，五性感动而善恶分，万事出矣。
>
> 圣人定之以中正仁义而主静，立人极焉。故圣人与天地合其德，日月合其明，四时合其序，鬼神合其吉凶。
>
> 君子修之吉，小人悖之凶。
>
> 故曰："立天之道，曰阴与阳；立地之道，曰柔与刚；立人之道，曰仁与义。"又曰："原始反终，故知死生之说。"
>
> 大哉易也，斯其至矣！②

全文仅 249 字，文字简洁，却内涵深刻，被称作"理学的不刊经典"③，"人类思想里出现的最为简短和意味深长的著作之一"④。全文可分为两部分，第一部分阐释太极、阴

---

① 这种方框式似多见于清代辑本，如前引董榕辑《周子全书》，2 页；又［清］李光地等《御纂性理精义》卷一《太极图》，台湾商务印书馆，1986 年，《景印文渊阁四库全书》第 719 册，600 页。

② 《元公周先生濂溪集》，7—9 页。

③ 侯外庐等主编《宋明理学史》，北京：人民出版社，1997 年（第 2 版），上卷，83 页。

④ ［英］卜道成《朱熹和他的前辈们》，谢晓东译，厦门：厦门大学出版社，2010 年，74 页。J. Percy Bruce, *Chu Hsi and His Masters*, London: Probsthain & Co., 1923, p. 128.

阳和五行的关系，展示世间万物生成演化的过程；第二部分则着重讨论天地人之间的关系。

波斯文《珍宝之书》在《太极图》之后，亦即在第一章第二节中，引述了《太极图说》的内容，但有所删节。波斯文如下：

در شرح آنک عظیمی که اعظم از او نیست و پیش از او چیزی نبوده، او چیزی بیافرید آن را تی گی نام نهاد. از حرکت او یانک پیدا شد و از سکون او یم که اصل بنیت اند . پس هر چه هست از کائن و فاسد جدا نتواند شدن از یم یانک. و ازین یم یانک اصل وضع هر چیز استقامت گرفت، و الله اعلم.[①]

转写如下：

> Dar sharḥ-i ānka ʿAẓīm-ī ka aʿẓam az ū nīst, va pīsh az ū chīzī nabūda. Ū chīzī biyāfarīd. Ān rā Tay Gī nām nihād. Az ḥarakat-i ū Yānk paydā shud va az sukūn-i ū Yim, ka aṣl-i binyat-and. Pas har cha hast az kā'in va fāsid judā natavānad shudan az Yim Yānk, va az īn Yim Yānk aṣl-i vaz'-i har chīz istiqāmat girift, va Allāh aʿlam.

译为汉语即为：

> 阐释那崇高者，没有谁比他更崇高，在他之前没有别的存在，他创造了一物，命名为太极，从其动中产生阳，从其静中产生阴，乃造化万物之根。因此，世间一切，无论是实在的还是虚无的，都离不开阴阳。万物之本皆因阴阳而得稳固。安拉知晓一切。

很明显，《珍宝之书》只将《太极图说》第一部分关于宇宙本体论的内容进行了简述，略去了第二部分有关五行以及乾男坤女的讨论。因此，译文只涉及无极、太极和阴阳三个基本哲学概念。其中，对无极这一概念的翻译值得特别关注。

"无极"源自道家经典，意为无穷无尽[②]。《太极图说》的首句，在目前通行的中文载籍中，均为"无极而太极"。据朱熹自述，他曾见淳熙十三年（1186）的官修国史"中有濂溪、程、张等传，尽载《太极图说》"，其所录首句为"自无极而为太极"[③]。"自无极而为太极"，表达的是太极从无极演化而来，先有无极后有太极的意思，与道家"有生于

①　Rashīd al-Dīn, *Tanksūqnāma yā Tibb-i Ahl-i Khatāy*（《珍宝之书或中国医学》），p. 106.
②　前引张岱年《中国古典哲学概念范畴要论》，53—55 页："无极、无穷"。
③　《晦庵先生朱文公文集》卷第七十一《记濂溪传》，朱杰人等主编《朱子全书》，第 24 册，3410 页。此外，据朱熹所述，他本人曾见九江本《太极图说》首句作"无极而生太极"，他认为"'而'下误多一'生'字"，也是错的。见董榕辑《周子全书》，卷十一《又延平本》，王云五主编《万有文库》，上海：商务印书馆，1937 年，208、209 页。

无"①的命题相通。朱熹认为这是不正确的，周敦颐的原文应是"无极而太极"，即无极、太极所指为一，实不可分。为了阐明这一主张，他反复再三解释说："圣人谓之'太极'者，所以指夫天地万物之根也。周子因之而又谓之'无极'者，所以著夫无声无臭之妙也。"②"'无极而太极'，只是无形而有理。周子恐人于太极之外更寻太极，故以无极言之。"③"上天之载，无声无臭，而实造化之枢纽、品汇之根柢也。故曰：'无极而太极。'非太极之外，复有无极也。"④"'无极而太极'，不是说有个物事光辉辉地在那里。只是说这里当初皆无一物，只有此理而已。"⑤后世通行的《太极图说》，包括《宋史·周敦颐传》⑥，首句均作"无极而太极"，应是都采纳了朱熹改定的版本。

　　但是波斯语译文对无极、太极关系的解释显然不同于朱熹，译文中无极与太极有先后之分，并且代表不同的概念。"那崇高者，没有谁比他更崇高，在他之前没有别的存在"，是对"无极"的解释。如同前文《太极图》的翻译一样，拉施特在这里又一次引入了"创造"的概念，将中国思想家所表达的自然演化生成的过程，解释为"创造"。事实上，译文对无极的解释，与《古兰经》对真主的描述很相似⑦："真主超绝万物"（57：1）；"他是前无始后无终的"（57：3）；"赞颂真主，超绝万物，他是超乎他们的叙述的"（6：100）。可以看出，拉施特对"无极"的理解，几乎等同于他所信仰的真主。他随后继续译释说："他创造了一物，命名为太极。""太极"在这里被解释为真主的创造物。这段译文中，太极、阴、阳等中国哲学传统名词都采用了直接的音译，唯独对被理解为"创造者"的"无极"一词回避了音译，同时，也没有直接代之以安拉（Allāh）或胡达（Khudā）等伊斯兰教称谓，而是含蓄地使用了عظيم['Azīm]一词，意即"崇高者"，这一称谓同"创造者""造化者"一样，是真主的99个美名之一。译文没有将"无极"直接译作"胡达"或"安拉"，应该说是有意而为的一种调和之举。不过，随着"创造"概念的引入，中国传统哲学的宇宙演化论在不知不觉间已被伊斯兰教的创世说所代替。

　　众所周知，在伊斯兰教信仰中，真主是万物的创造者。《古兰经》说："真主本真理而创造天地"（45：22）；"他是万物的创造者"（6：102）；"他是真主，是创造者，是造化者"（59：24）；"他已为你们创造了大地上的一切事物，复经营诸天，完成了七层天"（2：29）；"他创造万物，并使各物匀称"（87：2）。作为伊斯兰教基本世界观之一，真主

---

①　《老子》四十章："天下万物生于有，有生于无。"参见李申译注《太极图·通书全译》，28—29页。

②　[宋]黎靖德编，王星贤点校《晦庵先生朱文公文集》卷第四十五，《答杨子直》，朱杰人等主编《朱子全书》，第22册，2071页。

③　《朱子语类》卷第九十四，《周子之书·太极图》，2366页。

④　《太极图说解》，朱杰人等主编《朱子全书》第13册，72页。

⑤　[宋]黎靖德编，王星贤点校《朱子语类》卷第九十四，《周子之书·太极图》，2387页。

⑥　《宋史》卷四百二十七，《道学一》，北京：中华书局，1977年点校本，12712页。

⑦　本文所引《古兰经》译文，均出自马坚汉译本（北京：中国社会科学出版社，1981年）。

创世说构成了整个伊斯兰宗教哲学体系的基础①。这无疑也是拉施特的基本信仰。

拉施特出生于波斯犹太家庭，幼年时期随家人居住在被视为伊斯兰教异端的伊斯玛仪尔派（Ismā'īliyān）的山中城堡，成年后入仕于伊利汗宫廷，在年约30岁时改宗了伊斯兰教②。这样的出身背景和经历使他接触到各种宗教文化，对不同的信仰有着多于他人的理解和包容。但另一方面，他本人的宗教信仰，又在很大程度上限制了他对其他民族的信仰的准确理解，他从自身的文化传统和宗教观念出发来解读陌生的中国哲学思想，所以他所翻译和介绍的中国哲学不可避免地带上了伊斯兰教色彩。

五、余论——太极与以儒诠经

约在《珍宝之书》成书300年后，中国穆斯林学者王岱舆（约1584—1670）开始了他"以儒诠经"的工作，成为中国伊斯兰教史上首位"以中土之汉文，展天房［方］之奥义"③的学者。王岱舆的著作大量借用了无极、太极、阴阳、五行等理学概念，来阐述伊斯兰教的本体论和宇宙论，和拉施特一样，他也将这些中国哲学范畴引入伊斯兰教思想体系，在这个思想体系里，"造化天地万物之真主"是宇宙的本体和原因，是"无始之原有"和"独一至尊"④。不同于拉施特的是，王岱舆明确指出无极和太极都是真主造化的产物，并结合伊斯兰教义对此进行了反复论证："经云：'未有天地万物时，首先造化至圣之本来。'即所谓无极也。无极之显，是为太极，太极之体，无极之用也。真主运无极而开众妙之门，化生天地万物，皆无极之余光……"⑤"真主运无极而开众妙之门，以太极而成万象之体。超越无极、太极，不落阴阳，其独一乎。"⑥至于无极和太极的关系，王岱舆的解释显然受到了朱熹的影响⑦，认为无极即是太极，前者无形，后者有形："无

①　参阅 Toshihiko Izutsu 井筒俊彦，*Sufism and Taoism, A Comparative Study of Key Philosophical Concept*，Berkley, Los Angeles, London: University of California Press, 1983, p. 197。

②　Rashīd al-Dīn Faẓl Allāh, *Jāmi' al-Tavārīkh*（《史集》），ed. M. Rawshan and M.Mūsavī, Tehran: Nashr-i Alburz, 1994, vol. 2, pp. 985—991; 汉译本见［波斯］拉施特主编：《史集》，余大钧、周建奇译，北京：商务印书馆，1986年，第三卷，38—44页；*Rawżat al-Safā*, 转引自 'Abās Zariyāb, Sa Nukta darbāra-yi Rashīd al-Dīn Faẓl Allāh（"有关拉施特的三个问题"），见 *Majmū'a-yi Khaṭābahā-yi Taḥqīqī darbāra-yi Rashīd al-Dīn Faẓl Allāh Hamadānī*（《拉施特研究论文集》），Tehran: Intishārāt-i Dānishgāh-i Tihrān, 1971, p. 130; Badr al-Dīn Abī Muḥammad b. Aḥmad al-'Aynī al-Ḥanafī, *'Aqd al-Jamān fī Tārīkh Ahl al-Zamān*, 转引自 Hāshim Rajabzāda, *Rashīd al-Dīn Faẓl Allāh*（《论拉施特·法兹鲁拉》），Tehran: Intishārāt-i Ṭarḥ-i Naw, 1998, p. 102。另可参阅王一丹《波斯拉施特〈史集·中国史〉研究与文本翻译》，5—7页。

③　《粤东城南重刻〈正教真诠〉序》，见［明］王岱舆《正教真诠　清真大学　希真正答》，1页。

④　《清真大学》，见［明］王岱舆《正教真诠　清真大学　希真正答》，229页（《提纲》）、233页（《真一》）。

⑤　《正教真诠·真圣》，见王岱舆《正教真诠　清真大学　希真正答》，38页。

⑥　《正教真诠·真忠》，见王岱舆《正教真诠　清真大学　希真正答》，88页。

⑦　明清伊斯兰教经学家高度评价朱熹对弘扬宋明理学的贡献，这从舍起灵（1630—1710）的评论中可见一斑："非朱子之阐扬注释，则周、程、张、邵之学久而自泯，朱子之功普矣哉！"见［清］赵灿《经学系传谱》，杨永昌、马继祖标注，西宁：青海人民出版社，1989年，89页。显而易见，他们对周敦颐《太极图说》的理解，也受到朱熹的影响。

极即太极，阴阳五行万物之主也。"①"其他众妙众形，又本无极太极。"②"无极乃天地万物无形之始；太极乃天地万物有形之始。"③在无极之前就已存在的，是"无始之原有"的真主，如果说无极太极是万物之根本的话，真主则是"种根人"："无极而太极，天地有无根。堪为万物种，不是种根人。""无极虽受真主之命代理乾坤万物，其生死贵贱之权，必不由无极太极所能自主也。"④类似的论述不胜枚举。总之，在王岱舆的译著中，真主（真一、真宰）才是宇宙万物的本体和原因，中国传统思想中的无极、太极则降到从属的地位，是真主的首显，是第一被创造物⑤。另一位伊斯兰教经典的汉文译著家马注（1640—1711），同样也借用无极、太极、阴阳等范畴，来论证"认主独一"的教义，如："太极未生，阴阳未有之前，穆穆清清，无色无声，惟有独一之真主"⑥，"无极涵无形之妙。……太极具有形之理"⑦，"真主不凭一物而造化天地万物，始于无极，成为太极，化为水火"⑧。清代伊斯兰学术的集大成者刘智（约1655—1745），更是把伊斯兰教认主学与儒家性理之学相结合，借用宋明理学的概念、范畴和表述方式，全面论证了伊斯兰教的本体论、宇宙论与认识论，他的《天方性理》在"本经"之外另立"图"和"说"，"因经立图，以著经之理，因图立说，以传图之义"（《天方性理自序》），其内容和形式都有周敦颐《太极图说》影响的痕迹⑨。在诗歌《五更月》中，刘智借用无极太极之说，将无极比作"种"，太极比作"树"："无极是种太极树……莫把种作种根人"⑩，所说"种根人"，承袭王岱舆之说，指超然于无极太极之上的、"独一无偶唯至尊"的真宰（真主）。不过，值得一提的是，在《天方典礼》所阐释的真主创世说中，刘智关于"真宰无形，而显有太极，太极判而阴阳分，阴阳分而天地成，天地成而万物生"⑪的著名论述，似乎又表明他是把无极与真宰视作等同的⑫，而这与拉施特的理解十分接近。

　　拉施特的译述让我们看到，早在14世纪初，在被称为"回儒"的中国穆斯林学者借

　　①《正教真诠·真一》，见王岱舆《正教真诠　清真大学　希真正答》，23页。

　　②《清真大学·总论》，见王岱舆《正教真诠　清真大学　希真正答》，242页。

　　③《正教真诠·元始》，见王岱舆《正教真诠　清真大学　希真正答》，26页。

　　④《正教真诠·真一》，见王贷舆《正教真诠　清真大学　希真正答》，23页。

　　⑤ 参见谭谭《明末清初回族伊斯兰汉文译著兴起的原因研究》，《世界宗教研究》，2003年，第3期，124页；刘一虹《回儒对话——天方之经与孔孟之道》，北京：宗教文化出版社，2006年，82、134页；孙振玉《王岱舆 刘智评传》，南京：南京大学出版社，2011年版，35—36页。

　　⑥［清］马注《清真指南》，余振贵标点，银川：宁夏人民出版社，1988年，卷七"独一"，279页。

　　⑦［清］马注《清真指南》，卷七"大能"，282页。

　　⑧［清］马注《清真指南》，卷三"四行"，94页。

　　⑨ 参阅刘一虹《回儒对话——天方之经与孔孟之道》，北京：宗教文化出版社，2006年，136—137页；孙振玉《王岱舆 刘智评传》，南京：南京大学出版社，2006年，221、235、238页。

　　⑩ 刘智《五更月》，转引自金宜久：《中国伊斯兰探秘：刘智研究》，北京：中国人民大学出版社，2010年，258页；又参见马在渊《刘介廉先生编年考》，兰州：甘肃人民出版社，2012年，153页，附录（五）：《天方五更月》。

　　⑪ 刘智《天方典礼》卷一《原教篇》，上海：中华书局，1928年（据1923年版重印）。

　　⑫ 金宜久《中国伊斯兰探秘：刘智研究》，231页。

儒家义理阐释伊斯兰教义之前,波斯学者已经开始了诠释中国哲学思想的尝试。不过,虽然同为虔诚的穆斯林,但拉施特与王岱舆等中国译著家所处的社会和时代背景完全不同:当王岱舆等人从事译著活动时,伊斯兰教在中国传播已近千年,中国穆斯林人数众多,王岱舆等人翻译时面对的是他们所谙熟并笃信的伊斯兰宗教典籍,其译著的目的是为了更好地"体认真主";拉施特则不同,他翻译《太极图》和《太极图说》时,面对的是一个对于他本人及其所生活的波斯社会来说都完全陌生的思想体系,将这些时人眼中的"异端邪说"翻译介绍,无疑需要具备足够的探索精神和勇气。或许正因拉施特体现出的超越时代的开阔视野和求知欲,他被今天的研究者称为"一个具有多种学术兴趣和巨大能量的人,在蒙古统治下少见的能够充分认识并有计划地利用这个帝国所创造的文化可能性的人"[1]。诚然,与王岱舆等人的译著活动相比,拉施特的尝试是粗浅和零散的,他所"引进"的中国哲学在波斯社会也没有留下多少可供追寻的痕迹,但它却是伊斯兰思想体系与儒家思想体系进行沟通的最初努力,堪称人们今天所称道的回、儒对话的滥觞。

诚如研究者已经指出,十三四世纪的波斯都城桃里寺,是一个多民族、多文化、多宗教并存的大都市,汇聚了当时东西方各国的各种新技术和新思想,面对众多新鲜事物,波斯人及其蒙古统治者没有被动地接受,而是根据自己的需求进行了取舍,不论医药、农艺、饮食,还是天文历法和思想信仰,概不例外[2]。今天,当这一认识已成为研究者的共识之时,我们要进一步关注的是:面对新思想和新技术,他们取了什么?舍了什么?取舍的标准或动因又是什么?拉施特留下了众多的作品——除了历史和谱系,还有医学、农艺和宗教著述,以及可观的书信集和捐赠书[3],如果细心挖掘,也许我们可以从中找到准确的答案。

[1] Thomas T. Allson, "Biography of a Cultural Broker. Bolad Ch'eng-Hsiang in China and Iran", in Julian Raby and Teresa Fitzherbert eds., *The Court of the Il-khans 1290—1340*, Oxford: Oxford University Press, 1996, p. 12.

[2] Morris Rossabi, "Tabriz and Yuan China", in Ralph Kauz ed., *Aspects of the Maritime Silk Road: From the Persian Gulf to the East China Sea*, Wiesbaden: Harrassowitz Verlag, 2010, pp. 103—104.

[3] 关于拉施特著作的介绍,参阅王一丹《波斯拉施特〈史集·中国史〉研究与文本翻译》,14—25 页。

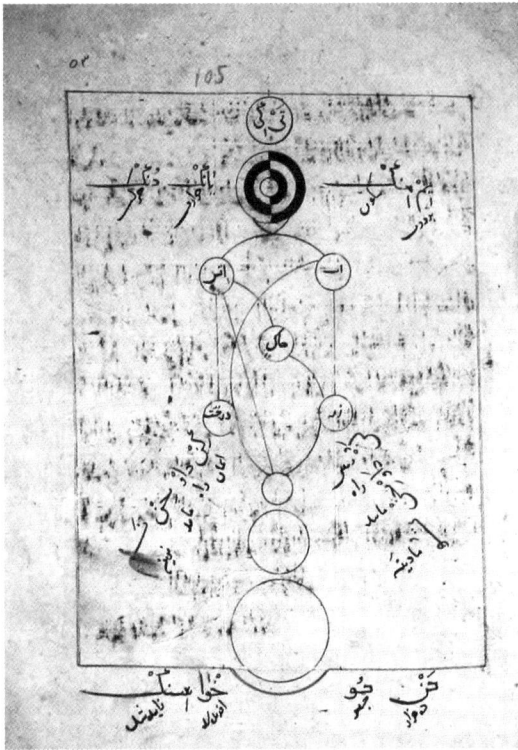

图1 《珍宝之书》中的太极图（Rashīd al-Dīn, *Tanksūqnāma*. Istanbul，Süleymaniye Library，Aya Sofya 3596，fol. 53a.）

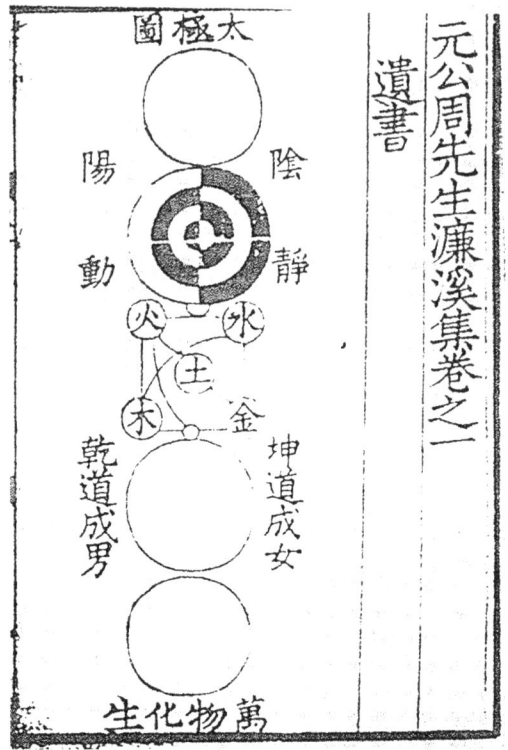

图2 《元公周先生濂溪集》中的太极图（北京图书馆藏宋刻本）

Rashīd al-Dīn's Knowledge of Chinese Traditional Philosophy

——The "Diagram of Taiji" and the "Explanation of the Diagram of Taiji" in *Tānksūqnāma*

WANG Yidan

In *Tānksūqnāma-yi Īl-khān dar Funūn-i ʿUlūm-i Khatāyī*, a comprehensive book on Chinese traditional medical science, Rashīd al-Dīn includes a Persian translation of the "Diagram of Taiji（Diagram of the Supreme Ultimate）" as well as the "Explanation of the Diagram of Taiji" by Zhou Dunyi, a well-known philosopher and the founder of Neo-Confucianism of the Song Dynasty. This paper attempts to make a careful comparison of Zhou Dunyi's original explanation with Rashīd al-Dīn's Persian translation, analyze the critical differences between the two versions, and finally find out the main reason of these differences.

美国对伊朗伊斯兰共和国的政策变化 *

吴　成（河南师范大学公共事务学院）

伊朗重要的地缘战略和资源大国地位使美国在外交政策中一直将其列为重点考虑对象。笔者在拙作《走进共和——伊朗伊斯兰共和国的第一个十年》中曾就伊朗与美国关系作了这样的预测："伊朗与美国关系正常化在小布什任内实现的可能性极小，最有可能的是美国下届总统的四年任期，美国新总统极有可能把与伊朗改善关系，实现关系正常化作为改变美国形象，凝聚国人，找回民众希望的重大外交举措。"[1] 美国总统奥巴马上台后，频频向伊朗示好，伊朗却表现得特别谨慎，不管是最高领袖哈梅内伊或总统内贾德都表态说，伊朗要看美国对伊朗政策是真心的还是策略的。本文试图通过对三十年来美国对伊朗政策的梳理，寻找伊朗谨慎应对美国示好的原因，以便更好地把握伊朗与美国关系的发展方向。

一、稳定的伊朗是抵御苏联南下的"第一道防线"

鉴于伊朗重要的地缘战略和资源大国地位，尽管伊朗伊斯兰共和国建立后，伊朗与美国之间一直处于没有正式外交关系的状态，两国实力相差悬殊，但在伊朗革命成功后的很长一段时间内，由于苏联对阿富汗的入侵，出于稳定的伊朗是抵御苏联南下印度洋最后屏障的考虑，美国虽然对伊朗的伊斯兰政权不满，但一直把稳定伊朗现政权作为政策目标，没有颠覆其政权的打算。美国人对苏联南下印度洋的担忧，从约翰·尼尔森、戴维·马丁等人的文章可以看出，他们曾说："苏联的影响迟早要渗透到波斯湾，要么是通过对伊朗的入侵，如果那个国家在内乱中瓦解的话，要么是通过在德黑兰建立一个左翼政府，以和平方式渗透。这个地区还可能由于激烈的伊斯兰民族主义而陷入混乱之中。"[2] 在这种情况下，尽管出现了伊朗学生扣押美国人质一事，但 1980 年 4 月 14 日的《泰晤士报》对此这样评论："一些恐怖分子抓了一些美国公民，把他们扣押为人质。伊朗

---

　*　本文为国家哲学社会科学基金项目"20 世纪伊朗政治现代化进程研究"（16BSS017）的阶段性成果。
　①　吴成《走进共和——伊朗伊斯兰共和国的第一个十年》，北京：线装书局，2008 年，321 页。
　②　John Nilsen, David Martin, "Can We Guard the Persian Gulf?", *News Weekly*, Feb. 4, 1980.

政府太软弱，没有能营救他们。虽然伊朗政府现在正式负起责任来了，它明确拒绝了接管人质的建议，但这并不是一个组织严密的政府故意同美国进行对抗，而是一个处于瓦解状态的政府不愿意行动。它是美国和西方需要与之保持友好关系的一个国家的政府。"

鉴于此，1980年2月25日，美国总统卡特接受记者采访时说："为防止发生任何（苏联）入侵而确定的第一道防线就是在一个国家的本国境内。例如：土耳其、伊朗、巴勒斯坦和其他国家能够团结起来；富有抵抗侵略和独立的精神；免于出现不负责任的颠覆行动而使一个已经建立起来的政府可能被推翻；对他们自己的军事能力感到放心。这就是第一道防线。"①华盛顿美利坚大学政治学和社会学教授、《战略研究杂志》主编阿莫斯·珀尔马特撰文说："伊朗政治和领土的稳定对美国利益极为重要，美不能听任伊拉克肢解伊朗领土，也不能听任苏联在政治上侵占伊朗。对苏联插手伊朗政治问题解决的任何威胁，美国必须做出果断而强烈的反应。"②

里根上台后，美国继续保持原有的伊朗政策。1982年2月9日，美国助理国务卿尼古拉斯·维利奥特斯在众院外委会就近东问题举行的听证会上就美国对伊朗的政策说："自从人质在1981年1月20日从德黑兰回国以来，美国对伊朗的政策'基本上没有变化'。""我们愿意按伊朗人的意愿迅速恢复正常关系。我们不会抢先恢复正常关系。""美国现在鼓励那些旨在使伊朗同伊拉克的战争平息下来的努力，因为这场战争造成了使苏联可以插手的不稳定局势。"③当月，美国务院发言人艾伦·龙伯格在谈到伊朗时也说："伊朗的局势不稳和输出革命的努力是对美国利益的潜在威胁。伊朗发生任何变化都会减弱它作为苏联和波斯湾之间的缓冲国地位，这显然会加强我们在这个地区面临的直接和间接威胁。"④进入1983年，美国官员对伊朗的看法有了重大改变，他们认为，在阿亚图拉霍梅尼去世或下台后，伊朗发生军人政变、内战或苏联入侵的可能性极小。⑤

美参谋长联席会议1985年度军事态势报告谈到：中东和西南亚蕴藏和生产的石油在世界已知石油蕴藏量和生产量中占很大比重。自由世界能继续出入该地区并获得这些石油资源是美国关心的头等重要的问题，稳定该地区和限制苏联的影响同样是美国在该地区的重要安全目标。在两伊战争问题上，虽然美国口头上一直保持中立，但它一直采取的政策是扶弱抑强政策，尽量使双方一直斗下去，以便两败俱伤。面对战场上伊朗转败为胜，占了伊拉克人的优势的局面，1984年初，里根政府把伊朗列为支持恐怖主义国家，同时，把伊拉克从这一名单上去掉，并与伊拉克恢复了外交关系，以便国际社会制裁伊朗，支持伊拉克。罗伯特·格林伯格对里根政府这一政策的评价是："虽然美国表面上对两伊战争保持中立，但甚至在与伊拉克恢复关系之前它就已开始向巴格达一边

①　美联社华盛顿1980年2月25日电。
②　Amos Pearlmatt, "Supporting Our Own Interests in Iran", *Wall Street Journal*, Jan. 23, 1988.
③④　合众国际社华盛顿1982年2月9日电。
⑤　路透社华盛顿1983年2月25日电。

倾斜了，因为它认为伊朗取胜会破坏战略上重要的波斯湾地区的稳定。"①1986 年 12 月 5 日，温伯格在北约国防部长会议结束时举行的记者招待会上说："里根总统设法同伊朗建立比较好的关系，即在伊朗国王在位时我们同它保持的那种关系是绝对正确的。"②

正是在以上观念的支配下，在 20 世纪，美国政府一直致力于与一个稳定的伊朗政府打交道。

二、改变政权是美国达到目的最佳手段

两伊战争后期，美国学者萌生了借助当地反对派制约伊朗现政权的想法。1988 年 2 月，美国传统基金会的詹姆斯·菲利普斯发表文章指出："虽然伊朗的反对派力量很弱，而且其内部不断发生派系摩擦，但是，如果伊朗的政权不能解决伊朗愈来愈严重的经济问题，伊朗的反对派仍然大有可为。""只要霍梅尼以他个人的声望来支持伊朗现在的政府，反对派将没有取得政权的机会，但是反对派可以利用人民对经济长期混乱的不满反对现政权。""美国政府应继续与这些反对派保持联系，以便对德黑兰政府发生最大的影响作用。"③ 在这一思想指导下，20 世纪 90 年代，美国接受了伊朗最大流亡反对派人民圣战者组织负责国际事务的领导人穆罕默德·穆哈德辛对美国的访问。但这并没有给美国对伊朗政策带来太大的变化。

美国颠覆伊朗政权的想法是在推翻萨达姆政权之后。2003 年 6 月 1 日，英国《星期日电讯报》记者朱利安·科曼和达米安·麦克尔罗伊联合撰文《美国考虑帮助恐怖组织以阻止伊朗的核计划》，其中谈道："五角大楼的高级官员们现在建议采取广泛的秘密行动来颠覆伊朗政府，以期持不同政见者组织能够在这个政权获得核武器之前发动一场政变。"④ 一位与白宫有密切联系的政府官员说："有些人认为推翻这个政权是消除伊朗拥有核武器这个危险的唯一办法。但是不会再发动一场战争了。现在提出的主张是从内部破坏它的稳定。没有人谈到要入侵什么地方。"⑤ 6 月 4 日，《基督教科学箴言报》前主编、时任《犹他新闻》主编的约翰·休斯在《基督教科学箴言报》上发表了题为《外交途径是解决伊朗问题的最佳选择》，其中谈道："一部分专家认为，随着新一代伊朗人对伊斯兰革命的合法性提出质疑，伊斯兰革命正在摇摇晃晃地走向终结。伊朗新一代在改革政府方面也许会比美国海军陆战队更出色。""应当采取有力的公开外交手段影响伊朗 20 多岁的年轻人，他们是伊朗建设性改革的主要希望。"⑥

---

① Robert Greenberg, "U. S. Cannot Realize the Expectant Aim Renewing the Relations with Iraq", *Wall Street Journal*, March 27, 1986.

② 美联社布鲁塞尔 1986 年 12 月 5 日电。

③ James Phillips, "How the U.S. Dealing with the Post-Khomeini Iran?", *World Daily*, Feb. 1,1988.

④⑤ Julian Keman, Damien Michaelroy, "The U.S. Thinking about to Help the Terrorism Organization to Stop Iran`s Nuclear Program", *Sunday Telegraph*, June 1, 2003.

⑥ John Hughes, "Diplomacy Is Best Option with Iran", *The Christian Science Monitor*, June 4, 2003.

2003 年 6 月 6 日，俄《独立报》刊登了尤利娅·彼得罗夫斯卡娅和德米特里·苏斯洛夫的《伊朗政权注定垮台：美国将采用一系列战略改变伊朗政权》一文，其中谈道："美国国防信息中心俄罗斯和亚洲项目主任尼古拉·兹洛宾说，伊朗政权迟早是要改变的。华盛顿越来越倾向于这样的观点：不改变伊朗现政权的本质，就无法保障全球和地区的安全。"6 月 10 日，美国新保守主义代表人物威廉·克里斯托尔接受记者采访说："伊朗应当像伊拉克一样改变制度"，"应当是我们的目标。但是在伊朗，政府内部存在分歧，人民的不满情绪很强烈，因此内部变革有可能发生。我们应当作出更多的努力，帮助这些变革力量，在外交和政治方面采取行动，就像 20 世纪 80 年代我们在东欧所做的那样。如果欧洲人想说服布什不要动用武力，他们就应当严肃认真，帮助伊朗的反对派力量，而不是与伊朗现政权中的一些最坏的人保持联系，向他们提供一些具有双重用途的工艺技术"①。美国外交学院院长更为露骨地说："德黑兰的政权更迭不可避免，但是必须从内部开始。""变革最终会到来，但它应该是'温和的'变革。如果我们办事得当，就可以鼓励这种变革的出现。""我们应该继续在公开声明中明确表示，我们支持伊朗年轻人要求获得更大自由的意愿，大多数伊朗议员显然也有这样的意愿。"②11 月 3 日，美国学者麦克尔·巴龙在《美国新闻与世界报道》周刊上撰文《制止无赖国家拥有核武器》，其中谈道："世界上两个最可怕的政府一直在谋求核武器并不是偶然的。伊朗的毛拉们和朝鲜的狂人们利用核武器来保住权力，向恐怖分子提供核武器，让他们使用这些武器对付我们。没有理由认为他们会对此心存内疚。外交谈判可以推迟这个危险到来的时间，最多能遏制一些年头。但结束这种核恐怖活动的行之有效的方法是使政府改朝换代。正是这种方法消除了伊拉克的大规模杀伤性武器计划的危险，使之无法制造用来攻击我们和我们的朋友的武器。"③

2004 年，华盛顿近东政策研究所副所长帕特里克·克劳森等人编写的《审视伊朗的核野心》中谈到，伊朗现政权有三个弱点：非常不得人心、战略上孤独、急需西方的帮助。这三大缺点是互相影响的，伊朗在战略上越孤独，它就越求助于西方，其政府就变得越不得人心，它就越指责外部世界以掩盖自己的缺点，这又进一步加强了其战略上的孤独。如果目的是阻止伊朗发展核武器并阻止其他国家效法伊朗制造导弹，那么，美国及其盟友可以利用革命政府的弱点。给予适当关注，美国及其盟友就可以看到伊朗现政权将让位给一个较少敌意的政权④。罗布·苏哈尼在其文章的开篇就说："今天，摆在我们面前的问题是：在以后 10—20 年，伊朗革命政府的前景是进行改革或是被推

---

① 帕特里克·萨巴捷 "向与恐怖主义有联系的独裁政权开战"，《解放报》（法），2003-6-10。

② Bruce Laingen, "Regime Change Happening from Inside", *The Los Angeles Times*, June 22, 2003.

③ Michael Barone, "Stopping the Rogue Regimes Pursuing Nuclear Weapons", *The U.S. News and World Report*, Nov. 3, 2003.

④ Henry Sokolski, Patrick Clawson, *Checking Iran`s Nuclear Ambitions*, Washington: The Strategic Studies Institute, 2004, pp. 9—10.

翻？""本章旨在证明伊朗的革命政府可以在两年之内被推翻，美国政府应该采取更为稳健的政策，促使伊朗民众改变德黑兰政权。伊朗政权的变化将很快结束伊朗对大规模杀伤性武器的追求，而代之以内政优先、放弃追求第三世界地位的新的世俗政府。同样重要的是，死在伊朗人民手上的伊朗伊斯兰共和国的灭亡将向穆斯林世界的其他国家发出一个强有力的信号，作为政府形式的伊斯兰已经失败。伊斯兰政治的失败是美国和我们反对伊斯兰原旨主义战争的胜利。""美国外交政策的基本目标应该是促使政权及时改变。"① 他还算了一笔经济账："伊朗人改变其政权的花费（用两年的时间）将不超过 2 亿美元②。"③ 他在最后得出结论："美国有通过伊朗民众改革政权，把伊斯兰原旨主义这个魔怪放进瓶子里的历史机会。如果华盛顿结束伊朗的核野心是认真的，如果华盛顿在中东推行多元民主是认真的，如果华盛顿结束伊斯兰伊朗支持恐怖主义是认真的，那么，改变政府这一有效政策是唯一选择。最后，美国政府必须保持我们国家给世界上的千万大众带来希望的真正的核心价值观：自由、法制和经济机会。""支持伊朗人民改变其政府是符合美国民族安全利益的。"④

2005 年，在《波斯困局：伊朗与美国的冲突》一文中，帕特里克·克劳森批评美国过分重视武力而忽视外交中的民主因素，他借波拉克（Pollack）的话说："如果德黑兰继续其核计划，他准备对伊朗采取'看不得'的军事行动在内的更强硬的极端行动。不幸的是，他不注意促进伊朗内部的民主趋势，这个伊斯兰国家从伊斯兰专制统治上转向将是唯一保证美国与伊朗关系友好并持续下去的方法。"⑤

2006 年 3 月，美国国务卿赖斯说："除了伊朗外，我们不可能再面临来自单个国家的更大挑战了。我们同伊朗人民之间没有问题，我们希望伊朗人民获得自由。我们只是和伊朗政权有问题。"⑥

2006 年 4 月，在布鲁金斯学会举办的有关美国对伊朗政策的研讨会年，美国企业家协会研究员瑞尤·吉瑞奇特也提出了自己的高见：让伊朗背上发展核武器的沉重包袱，然后美国对伊朗采取缓和政策，使伊朗民众对政府产生不满，以达到更换伊朗领导人之目的。一周后，美国负责政治与军事的前助理国务卿帮办罗伯特·艾因霍恩也表示了同样的观点，他说：现在必须做的是改变伊朗寻求获得核武器的"代价与利益之间的计算

① S. Rob Sobhani, "The Prospects for Regime Change in Iran", in Henry Sokolski, Patrick Clawson, *Checking Iran's Nuclear Ambitions*, Washington: The Strategic Studies Institute, 2004, pp. 61—62.
② 美国国防部在伊拉克的月开销是 36 亿美元，在阿富汗的月开销是 7 亿美元。
③ S. Rob Sobhani, "The Prospects for Regime Change in Iran", in Henry Sokolski, Patrick Clawson, *Checking Iran's Nuclear Ambitions*, p. 70.
④ S. Rob Sobhani, "The Prospects for Regime Change in Iran", in Henry Sokolski, Patrick Clawson, *Checking Iran's Nuclear Ambitions*, pp. 78—79.
⑤ Patrick Clawson, "Review of the Persian Puzzle: The Conflict between Iran and America", *Middle East Quarterly*, Fall 2005: 88.
⑥ 转引自范辉《布什政府密商伊朗对策 欲谋划对伊"和平演变"》,《新京报》, 2006 年 3 月 14 日。

结果"，先让反对制裁伊朗的国家改变态度，加入到对伊朗制裁的行列，然后美国与伊朗关系正常化，最后使伊朗民众产生对政府的不满，以更迭政府。

美国斯坦福大学胡夫研究所（the Hoover Institution, Stanford University）研究员、美国军事研究会国际安全研究所（International Security Studies at the United States Military Academy）主席库里·斯恰克建议美国政府与伊朗通过谈判解决伊朗核问题："我们的挑战是通过提供信息和提出一些伊朗政府不愿提及的问题，促使伊朗社会就其安全展开讨论，所以，我们应该将谈判由单纯的核计划扩大到统治、人权和市民社会等问题。我们国与国的谈判将鼓舞报纸编辑、电台和电视台的节目、学术讲座，像联合国辩论那样，减少政府控制信息的能力，加强伊朗市民社会，鼓励人们为自己思考，要求他们的政府关心民众的利益，在伊朗和美国之间建立最低水平的联系。这种方式不但促成核谈判，也有助于帮助产生一个更加民主的伊朗，这也是我们的最终目的。"[1] "通过修订支持外国流亡者使信息多样化、建立公民社会和减少政府控制政治行为的能力的法律，促使与我们有共同意愿的公民能够改变伊朗政府。"[2]

英国广播公司记者保罗·雷诺兹说：美国正考虑在对付伊朗政府强硬派和袭击伊朗核设施以外寻找"第三条道路"，即"无论政权更迭还是政策变化都由伊朗民众自己实现"[3]。美国国务卿康多莉扎·赖斯赞成第三条道路，希望为寻求制止伊朗核计划的方法赢得时间。尽管美国政府没有公开使用"政权更迭"一词，但政权更迭已成为目标。在这种氛围下，在乔治·W. 布什第一届总统任期内担任美国国务院政策制定部门负责人的理查德·哈斯说："倾向政权更迭的人比主张外交斡旋的人更占上风。"[4]

2008 年 1 月 25 日，美国纽约大学全球事务研究中心（Center for Global Affairs）组织召开了一个有关伊朗的研讨会，参加者有美国的政府官员、学者和学生，最后以"伊朗 2015 年"（Iran 2015）为题在该中心网站上发表了会议综述。其中谈道："到2012 年，美国通过在一定程度上模仿与苏联打交道的经验，已经组织起一个遏制伊朗的联盟。孤立和内部压力促使出现伊朗的'戈尔巴乔夫'——一个西方人可以与之打交道的人——是长远目标。"[5] "美国的军事力量要维持到能够保证对伊朗的核设施目标进行有效的打击，伊朗正在接近拥有制造核武器的能力已成定局，从海湾国家和以色列提高采取这种行动的预算，在这一遏制预案下，对德黑兰继续施加压力，致力于削弱伊朗的军事和经济实力，是削弱伊朗保守政权的策略。"[6] 正是在这种舆论氛围下，

① Kori Schake, "Dealing with A Nuclear Iran", *Policy Review*, April & May 2007, pp. 17—18.

② Kori Schake, "Dealing with A Nuclear Iran", p. 18.

③ 《〈基督教科学箴言报〉：美准备与伊朗"冷战"？》，《北京青年报》，2006 年 5 月 14 日。

④ Tom Regan, "Congress should cut $62 billion of Cold War Weapons Programs", *The Christian Science Monitor*, May 4, 2006.

⑤ *Iran 2015*, CGA Scenarios, No.2, Spring 2008:6. www.scps.nyu.edu/cga.

⑥ *Iran 2015*, CGA Scenarios, No.2, Spring 2008:8. www.scps.nyu.edu/cga.

美国政府开始改变对伊朗的政策。

三、美国对伊朗的"和平演变"政策

　　罗布·苏哈尼不但提出了和平演变伊朗的思想,还提出了具体的行动方案。怎样落实?"为了达到这一目标,美国必须继续孤立宗教政权,鼓励被压迫的伊朗人的反抗精神。"[1]鼓励哪些人以促成和平演变?他说:"在伊朗内部,占人口多数的年轻人、改革派报纸的记者、质疑精神领袖合法性的宗教人士、站在反对神权统治第一线的妇女都是华盛顿的天然同盟。与这些群体的联系与合作是美国对伊朗政策的基础。"[2]怎样让这些人与美国走到一起?他的设想是通过基金合作的方法来实现,为此,他把基金分为短期基金和长期基金两种。短期基金主要从以下几个方面入手:①生产并借助卫星向伊朗传播非暴力不合作方面的影视资料;②在乔治顿大学召开有美国的政府高官和伊朗的反对派领袖参加的有关伊朗的会议;③生产和传播有关美国民主的波斯语音像资料;④研究、编辑和分发有关伊朗政权践踏人权的资料和音像;⑤邀请德黑兰、库姆和马什哈德的高层宗教领袖到美国与犹太人、基督教徒和穆斯林同事一起参加会议;⑥资助30名伊朗记者去参加"了解美国和美国人"之旅;⑦邀请学生运动领袖到国会山来设计伊朗的未来;⑧邀请伊朗的杰出妇女与美国女国会评论员、记者和企业家等见面;⑨马上在洛杉矶建立卫星电视台,以便伊朗人收看。长期基金主要包括旨在伊朗推行民主原则、世俗主义、人权和自由市场经济的一年基金和为伊朗后神权时代制定详细蓝图的长期基金,并通过以下方式落实:①对伊朗反对派向伊朗国内传递信息给予直接支持;②通过设在美国内外的"美国之音"、世界电台等向伊朗民族联盟传送电台节目;③为想会晤礼萨·巴列维(前国王之子)和其他反对派的政权官员提供安全场所;④邀请礼萨·巴列维和伊朗民族联盟成员与美国会议员交流;⑤要求美国的海湾盟国支持美国为期两年对礼萨·巴列维和伊朗民族联盟成员的财政支持计划[3]。

　　自由欧洲电台(Radio Free Europe)在西南亚地区的协调员阿拔斯·威廉·萨米(Abbas William Samii)博士则就美国怎样赢得伊朗的民心提出了自己的建议:向伊朗提供灾难救助;在禁毒方面与伊朗合作;帮助伊朗预防和治疗艾滋病;帮助伊朗的难民支持计划;鼓励伊朗参加国际上的多边合作机制;鼓励伊朗人前来美国参观旅游;支持伊

---

　　[1]　S. Rob Sobhani, "The Prospects for Regime Change in Iran", in Henry Sokolski , Patrick Clawson, *Checking Iran's Nuclear Ambitions*, pp. 62—63.

　　[2]　S. Rob Sobhani, "The Prospects for Regime Change in Iran", in Henry Sokolski , Patrick Clawson, *Checking Iran's Nuclear Ambitions*, p. 70.

　　[3]　S. Rob Sobhani, "The Prospects for Regime Change in Iran", in Henry Sokolski , Patrick Clawson, *Checking Iran's Nuclear Ambitions*, pp. 71—75.

朗参加世界贸易组织[①]。

美国对伊朗的和平演变既继续使用传统方式，还同时借助最新的科技手段。2002 年 12 月，以美国为基地的"明天电台"开始通过短波、中波和卫星用波斯语进行广播。明天电台是"公共外交"的样板，24 小时不间断地为伊朗 30 岁以下的年轻人播放音乐和新闻。总统布什为开播亲自签名，美国人对其重视可以想见。2003 年，美国政府的新闻与评论节目通过卫星每周用波斯语广播半小时，话题主要涉及当年的学生示威游行。2003 年 7 月 9 日，美国参议院通过一项"伊朗民主议案"，决定加强美国对伊朗的无线电和电视广播的资助，"使伊朗人民能够和平地改变他们的政府制度"。当年，美国广播管理协会（US Broadcasting Board of Governors）主席肯尼斯·汤姆林森（Kenneth Tomlinson）说："通过对今天伊朗新闻的报道，我们可以帮助伊朗进一步为自由和自主而斗争。"美国政府支持在洛杉矶的伊朗流亡者的电台。

2005 年 6 月中旬，伊朗学生在德黑兰大学举行静坐示威活动，要求加快国家改革步伐。6 月 15 日，布什发表谈话称："示威活动代表伊朗民众争取实现自由伊朗的开始"，"具有积极意义"，"我对伊朗学生要求自由的勇气表示敬佩，并希望他们知道美国支持他们"。

2006 年 2 月 21 日，美国外交政策研究中心（the Foreign Policy Centre）"公共外交程序"（the public diplomacy program）负责人菲利浦·菲斯克·德·戈魏亚（Philip Fiske de Gouveia）发表网文称，华盛顿扩大波斯语电台和广播节目的计划为媒体供燃料相当于军备竞赛。按照美国的新"公共外交计划"，美国政府拿出 5000 万美元用于媒体对伊朗的宣传，相当于 BBC "世界各地"（World Service）节目预算的四分之一，其中 500 万美元用于学生和学者的交流计划，500 万美元用于支持非政府电视、电台和网络，1500 万美元用于社会团体，其他作为秘密资金使用。

2006 年 3 月，美国国务院设立了伊朗办公室，把上一年负责伊朗事务的 2 人编制扩充到了 10 人。美国政府还制定了一项 7500 万美元的"民主演变"计划，这笔钱主要用于延长对伊朗的电视节目时间，资助伊朗非政府组织和推动伊朗文化演变。在此计划下，美国之音对伊朗播音由每天 1 小时延长到每天 4 小时，美国政府则希望能够进行 24 小时不间断播音。国务院还实施波斯语培训计划，并且计划设立伊朗问题专员[②]。美国政府将计划称为在伊朗扩大美国的"公共外交"。2008 年 6 月 30 日，根据美国有线电视新闻网（CNN）报道，布什政府制定了"重大升级"的秘密行动的计划，美国派遣突击队在伊朗进行间谍活动，破坏伊朗伊斯兰共和国的政府和核设施。一名叫塞缪尔·赫什（Seymour Hersh）的记者称，布什政府决定大规模扩大在伊朗的军事活动，包括派遣间谍侦查伊朗的核设施以及从事颠覆伊斯兰共和政府的活动。赫什还说，美国会已批准了

---

① 　S. Rob Sobhani, "The Prospects for Regime Change in Iran", in Henry Sokolski , Patrick Clawson, *Checking Iran's Nuclear Ambitions*, pp. 81—82.

② 　范辉《布什政府密商伊朗对策 欲谋划对伊"和平演变"》，《新京报》，2006 年 3 月 14 日。

4亿美元的基金，用于美国特种作战部队的活动和扶植伊朗持不同政见者。

有人形容美国的无线电攻击不亚于军事攻击，尤其是华盛顿或洛杉矶针对德黑兰的广播信号发射。事态随着技术水平的提高在发展。美国用大功率的军事运输机把电视和广播信号发送到很远的地方，如：美国空军EC-130E特种兵的"突击神"（Commando Solo）飞机飞行高度可达2万英尺，节目信号覆盖可达170英里；"海湾风暴"（Gulfstream）和"全球鹰"（Global Hawk）喷气机可达到6万英尺的高度，其节目信号覆盖可达300英里，从伊拉克上空的飞机上发射的信号可以直接传送到伊朗首都德黑兰的普通电视机上。

这一切预示了美国与伊朗新一轮较量的开始。

结　　论

综上所述，在过去30年的伊朗与美国关系中，美国一直把稳定的伊朗视为维护美国在中东利益的前提条件，并试图与伊朗政府打交道。随着伊拉克战争中萨达姆政权的垮台，美国人萌生了改变伊朗现政权的想法。随着国际形势的变化，美国对伊朗的政策也由通过伊朗政权稳定维护美国在中东的利益，向颠覆其政权以确保美国在中东利益最大化转变，其政策变化带来的直接后果就是伊朗2009年总统大选危机及以后的几次国内冲突。在这一背景下，伊朗对奥巴马的橄榄枝持谨慎态度也就容易理解了。美国的伊朗政策不但不利于两国关系的改善，同时，也使其他第三世界国家不得不对美国保持警惕。

An Analysis of the Changes in U.S. Foreign Policy to the Islamic Republic of Iran

WU Cheng

The geopolitical strategy and the rich resources of Iran attract the American foreign policy-makers' attention. Since the establishment of the Islamic Republic of Iran, the U.S. government continues its economic containment to Iran. At the same time, the U.S. foreign policy to Iran turns from keeping the stability of the Iran government to changing the government. In the twentieth century, the U.S. considered a stable Iran its "first line of defense" in preventing the Soviet Union from entering the India Ocean. With the conflict between America and Iran on the nuclear issue in this century, American foreign policy-makers try to turn the present Iranian government into a "pro-Western" one. This is a big obstacle to the detente between America and Iran.

略论古代突厥人与伊朗世界的文化联系

徐文堪（汉语大词典编纂处）

522 年，突厥可汗布民起义，推翻柔然统治，建立突厥汗国，自称伊利可汗，这是内陆亚洲历史上的一个重要的转折点。正如丹尼斯·塞诺（D. Sinor）所指出，突厥是第一个留下本身历史文献的阿尔泰系民族，用古突厥语书写的文献是阿尔泰语的最早文献证据[①]。在突厥帝国之前的游牧帝国，例如匈奴和柔然，就它们所说的语言虽然有各种不同的观点，但由于缺乏直接的文献资料，都具有推测的性质。人们对匈奴语做过比较多的研究（主要依据汉文史籍中保存下来的匈奴词汇），其中有不少学者主张匈奴人说突厥语或蒙古语[②]，但有几位著名学者，如匈牙利的李盖提（L. Ligeti）、加拿大的蒲立本（E. G. Pulleyblank）和现在美国夏威夷大学工作的 Alexander Vovin，认为匈奴人说一种属古亚细亚语的叶尼塞语[③]。还可以提及的是：《晋书》和《高僧传》都记载了当前赵首领石勒要征讨后赵刘曜时，石勒问僧人佛图澄这次出兵的结果，佛图澄说了一句羯语诗句（汉文文献说羯是匈奴的别部）："秀支替戾冈，仆谷劬秃当。"对此百余年来国外学者大多用突厥语作解释，而著名伊朗学家贝利（H. W. Bailey）却认为应当用伊朗语来解释，并作出了重建[④]。张永言先生认为贝利之说亦有理有据[⑤]。这说明匈奴帝国中也存在说印度—伊朗语族某种语言的部族。

关于突厥的起源，许多中国学者认为汉文史籍中的铁勒、敕勒、狄历、丁零、高车

---

① D. 西诺《第一突厥帝国（553—682 年）》，B. A. 李特文斯基主编，马小鹤译《中亚文明史》第三卷，北京：中国对外翻译出版公司，2003 年，276—279 页。

② 蔡美彪先生最近研究匈奴单于称号"撑黎孤涂"，论证此词与蒙古语"腾格里因古出突儿"相当，直译"天的气力里"，雅译"天立""天命"或"天降（赐）"。见《成吉思及撑黎孤涂释义》，《中国史研究》2007 年第 2 期，99—106 页。蔡先生此文认为：汉语文献保存的多数匈奴词汇与突厥语、蒙古语相近或相同，因而设定匈奴语属阿尔泰语系。

③ L. Ligeti, "Mots de civilisation de Haute Asie en transcription chinoise", *Acta Orientalia Ac. Sc. Hungaricae* 1, 1950, pp. 141—188；蒲立本《匈奴语》，《上古汉语的辅音系统》，潘悟云、徐文堪译，北京：中华书局，1999 年，163—201 页；Alexander Vovin, "Did the Xiong-nu Speak a Yeneseian Language?", *Central Asiatic Journal*, 44（I），2000, pp. 87—104. 至于鲜卑语，现在多数学者认为属原蒙古语，但也有学者主张属突厥语。

④ Harold Bailey, *Indo-Scythian Studies Being Khotanese Texts*. Vol. 7, Cambridge: Cambridge University Press, 1985, pp. 24—41.

⑤ 张永言《语文学论集》（增补本），北京：语文出版社，1999 年，307 页。参看闻宥《一个羯语的谜》，《书林》1980 年第 2 期，42—43 页。

等都是对突厥人的称谓，所以突厥人的早期历史可以追溯到公元前 2 至 3 世纪甚至更早[①]。汉文史籍如《周书》《北史》《隋书》和《酉阳杂俎》等，则记载了几个不同的有关突厥族源的神话传说[②]。根据对这些传说主题的分析和对古突厥文中的人名、部族名和权贵称号的研究，突厥帝国的人民是讲多种语言的，包括萨莫耶德语（Samoyed）和乌戈尔语，也可能有东伊朗语的成分，总之，突厥帝国是不同族群的大聚合。

根据语言学家的研究[③]，突厥语与欧亚大陆的其他各种语言早在史前时期就有接触，这些语言中除同属阿尔泰语系的蒙古语和满—通古斯语之外，还有印欧语系诸语、乌拉尔语系诸语和叶尼塞语，因此突厥语部族的起源地范围可能从南西伯利亚的森林草原地区延伸到蒙古东部。考古发掘已经证实，今天中亚诸国即前俄属突厥斯坦的古代居民主要是伊朗语各族；我国新疆塔里木盆地的居民在 6 世纪之前则主要是印欧语各族，其中居住在龟兹（今库车）、焉耆、车师（今吐鲁番）地区的北道（也包括古代的楼兰国）居民的语言为吐火罗语，南道的于阗（和田）、喀什、帕米尔地区的居民的语言为东伊朗语[④]。而印欧语各族向东扩散也曾到达过阿尔泰中部（巴泽雷克）以及蒙古的西部和西北部。因此，古代突厥语中存在源自伊朗语和吐火罗语的借词，古代突厥文化中反映出不少源于伊朗—斯基泰—塞人文化的因素。

汉语"突厥"一名，最早出现在《周书·宇文测传》中（《周书》成书于 7 世纪）。"突厥"的古音可以构拟为 *T'uət-kiwət，其原型当为 Türküt。表复数的语尾 -t 在古突厥语中很罕见，而在蒙古语中则较常见，所以伯希和（P. Pelliot）等学者认为"突厥"译自蒙古语的复数形式（假设柔然人也说某种原蒙古语）。但据近来的研究，此名也可能是 Türk 一词加粟特语附加成分 -t（Turkit/Turukit）的音写。《周书·突厥传》和《隋书·突厥传》谓"金山（阿尔泰山）形似兜鍪，其俗谓兜鍪为突厥，遂因以为号"，把突厥一名说成源于兜鍪，这只是一种俗词源学的解释，无法证实。但值得注意的是，和田塞语中有 tturakä 一词，意为"盖子、帽子"[⑤]。

突厥王族的"阿史那"一名，已有多位学者进行过研究。白桂思（Christopher Beckwith）引拜占廷作者米南德（Menander Protector，活跃于 558—582）之说，认为阿

① 耿世民《新疆历史与文化概论》，北京：中央民族大学出版社，2006 年，51 页。先秦时代的"狄"是否属突厥，暂不讨论。

② H. A. 巴斯卡科夫《阿尔泰语系语言及其研究》，陈伟、周建奇译，呼和浩特：内蒙古教育出版社，2004 年；Joseph Greenberg, *Indo-European and Its Closest Relatives: The Eurasiatic Language Family*, vol. I: Grammar, Stanford: Stanford University Press, 2000, p. IIff.

③ 关于突厥祖先传说，参阅韩儒林《突厥蒙古之祖先传说》，《穹庐集》，石家庄：河北教育出版社，2000 年，325—354 页；姚大力"狼生"传说与早期蒙古部族的构成——与突厥先世史的比较》，《北方民族史十论》，桂林：广西师范大学出版社，2007 年，141—163 页。

④ 勒内·格鲁塞《草原帝国》，蓝琪译，北京：商务印书馆，1998 年，136—140 页。

⑤ A. Róna-Tas, *Hungarians and Europe in the Early Middle Ages.* Trans. N. Bodoczky, Budapest: Central European University Press, 1999, pp. 278—281.

史那即 *Aršïla，源于吐火罗语称号 âršilânci。I. N. Shervashidze 认为阿史那源于粟特语：axšina（"蓝"）+ 伊朗语称号 šad。Sergei Kliashtornyi 则主张阿史那是和田塞语 âsseina/âssena 或吐火罗语 âšna 的转译，意为"蓝"。Peter B. Golden 综合以上诸说，指出"阿史那"之名最接近于伊朗语的对应形式 Ashina[①]。这样的解释与见于古突厥碑铭的"蓝突厥"（Kök Türk）恰相吻合，如《阙特勤碑》东面第三行，《毗伽可汗碑》东面第四行。上述语源研究也揭示了古代突厥人与西域伊朗文化、吐火罗文化之间的密切联系。

粟特人在突厥汗国的社会结构中起了重要作用，占有重要地位。众所周知，粟特人具有相当高的文化水准，且长于经商。随着东西交通的开拓，他们在丝绸之路沿线建立了许多居留地，并且深入到蒙古高原。许多粟特人得到突厥可汗的信任，成为他们的谋臣，有的还成为出使波斯、东罗马的使臣。在文化上，粟特人对突厥汗国也有很大影响。关于古代突厥文即如尼文的起源，目前多数学者都认为，除了突厥族使用的一些印记符号、表意符号外，大部分文字来自阿拉美字母，它通过中亚粟特人传入突厥，并使之适应突厥语的语音特点。

1956 年，在蒙古国杭爱省布古特（Bugut）地方的一个属突厥时期的墓葬附近发现一块碑。开始有人认为上面刻写的文字是回鹘文，后经 Kliashtornyi 和伊朗学家里夫希茨（V. A. Livshits）研究，确定碑的三面刻写的是粟特文，为建于 580 年左右的纪念突厥贵族 Makan Tegin 的纪功碑[②]。碑文中提到四位突厥可汗的名字，即 Bumïn、Muhān、Tas(t)par 和 Nivar，他们分别相当于汉文史籍中的土门可汗（552—553 在位）、木杆可汗（553—572 年在位）、佗钵可汗（572—581 年在位）和尔伏可汗（581—587 年在位）。根据芮跋辞（V. Rybatzki）等的研究[③]，这些名称都不能用突厥语来解释，从语源上看，很可能与伊朗语、吐火罗语有联系，特别是与伊朗语词语关系密切。新疆伊犁昭苏县种马场发现一石人像，下身刻有 20 多行粟特文，虽多漫漶，但可以看到涉及木杆可汗、泥利可汗的名号，说明在六七世纪时突厥人使用粟特文的事实。

佗钵可汗在位时，佛教已传入突厥。《隋书·突厥传》："齐（北齐）有沙门惠琳，被掠入突厥中。因谓佗钵曰：'齐国富强者，为有佛法耳。'遂说以因缘果报之事。佗钵闻而信之。建一伽蓝，遣使聘于齐氏，求《净名》《涅槃》《华严》等经，并《十诵律》。佗钵亦躬自斋戒，绕塔行道，恨不生内地。"除惠琳外，犍陀罗国高僧阇那崛多（Jinagupta）也曾留在突厥地区达十多年之久，在那里传播佛教。其时北齐僧人宝暹等 10 人从印度取经归来，曾携带 260 部梵经暂留突厥，并和阇那崛多一起，对带回的佛经进行编目。

---

① P. B. Golden, "Some Thoughts on the Origins of the Turks and the Shaping of the Turkic Peoples", in *Contact and exchange in the ancient world*, edited by Victor H. Mair, Honolulu: University of Hawaii Press, 2006, p. 142.

② S. G. Kliashtornyi and V. A. Livshits, "The Sogdian inscription of Bugut revised", *AOH* 26, 1972, pp. 69—102. 吉田丰和森安孝夫的改译见 Y. Yoshida and T. Moriyasu, "Bugut inscription", *Provisional report of researches on historical sites and inscriptions in Mongolia from 1996 to 1998*, edited by T. Moriyasu and A. Ochir, Tokyo, pp. 122—125。

③ Volker Rybatzki, "The Titles of Türk and Uigur Rulers in the Old Turkic Inscription", *CAJ* 44（2），2000, pp. 206—221.

《布古特碑》的一面刻有婆罗米文，碑文内容当与佛教有关，或即出于阇那崛多之手。又据《北齐书·斛律羡举传》，"代人刘世清能通四夷语，为当时第一"，曾翻译《涅槃经》以遗突厥可汗。此事发生在 574—576 年间。即使其时突厥文字已经初创，但正如葛玛丽（A. von Gabain）和巴赞（Louis Bazin）所指出的，6 世纪的突厥语文尚不足以表达复杂的佛教概念，所以《涅槃经》不可能被译成突厥文，而应是被译成突厥上层统治者所熟悉的粟特文。日本学者护雅夫进一步认为，突厥第一汗国的公共书面语文是粟特文，其时突厥本民族的文字可能尚未形成，这与汉文史书所记"突厥本无文字"，"其书字类胡"的情况一致，也说明了粟特人（"胡人"）在突厥汗国内具有重要影响①。

前已述及，古突厥语中的不少词汇，据研究皆并非突厥固有，而是来自汉语、吐火罗语、粟特语或其他伊朗语、梵语的借词②。如 mïr，当借自汉语"蜜"，而汉语"蜜"又借自吐火罗语 mit。突厥官号"设"（šad，异译"杀""察"等）借自伊朗语，最接近的当为大夏语（Bactrian）šao。《通典》谓"其勇健者谓之始波罗（išvara）"，汉译亦作"沙波罗""沙钵略""乙失钵"等，语源应是梵语 išvara。

至 8 世纪中期，在蒙古高原突厥汗国北方游牧的铁勒诸部之一的回纥与同属突厥语系的拔悉密、葛逻禄部一起反抗突厥的统治，结果在唐天宝三载（744）取代突厥在蒙古高原的统治，建立了回鹘汗国。回鹘汗国在制度和文化方面都继承了突厥汗国的传统。根据《九姓回鹘可汗碑》（用汉文、突厥文和粟特文三种文字写成）和《牟羽可汗入教记》（最早由 W. Bang 和 A. von Gabain 刊布），摩尼教通过粟特人的中介，约在763 年传入回鹘③，经过几次大起大落后，最终在回鹘汗国获得稳固地位，成为国教。回鹘汗国曾使用突厥如尼文，但在摩尼教输入后，遂依照粟特字母创制了回鹘文。840 年，回鹘汗国被黠戛斯人击溃，回鹘诸部分为几支迁徙：一支南迁内地；一支奔安西；一支西迁今新疆境内，后以高昌、北庭为中心建立高昌回鹘王国；一支远徙葱岭西，投附葛逻禄，后以巴拉沙衮、喀什为中心建立喀喇汗王朝。在回鹘分支西迁到达吐鲁番盆地之前，这里已经是摩尼教信仰的一个中心④。出土的文献和文物证明摩尼教在高昌回鹘初期甚为兴盛⑤，这些文献主要用摩尼文、回鹘文和粟特文写成，使用的语言有中古伊朗语、粟特语和回鹘语。实际上，几乎所有的回鹘语摩尼教基础术语都直接或间接地借自粟特

① 参阅王远新《突厥历史语言学研究》，北京：中央民族大学出版社，1995 年，4—5 页。
② G. Clauson, "The Foreign Elements in Early Turkish", in *Researches in Altaic Languages,* Edited by Louis Ligeti, Budapest, 1975, pp. 43—49.
③ 林悟殊《回鹘奉摩尼教的社会历史根源》，《摩尼教及其东渐》，台北：淑馨出版社，1997 年，83—95 页。
④ 荣新江《摩尼教在高昌的初传》，柳洪亮等《吐鲁番新出土摩尼教文献研究》，北京：文物出版社，2000 年，221—224 页。
⑤ 关于对摩尼教在回鹘人中的发展的研究，回鹘语文献《摩尼教寺院文书》是很重要的文献，国内外学者如耿世民、茨默（Peter Zieme）、森安孝夫、刘南强等都对其有探讨。参阅 P. Zieme, "Ein uigurischer Text über die Wirtschaft manichäischer Klöster im uiguris hen Reiche", in *Researches in Altaic Languages,* pp. 331—338。

语①。除摩尼教外，回鹘人还信奉景教、拜火教等，这些也都与伊朗语世界的宗教文化有关。

　　回鹘西迁河西、新疆后，其佛教文化也很兴盛。回鹘佛经从其源头来看，有粟特、吐火罗（库车、焉耆、吐鲁番等地）、汉地、藏传等诸种来源。其中译自汉文的佛典和其他佛教作品、译自吐火罗语的佛教残卷如著名的《弥勒会见记》（Maitrisimit nom bitig），以及译自藏语的密教经典，都有数量不等的出土文献为证，而译自粟特语的佛经则至今未见②。但回鹘佛经有明显的伊朗语因素。早期回鹘佛经翻译也有不少摩尼教影响的痕迹。如伦敦所藏敦煌本回鹘文《天地八阳神咒经》中，诸天、恶魔之名常用摩尼教诸神、恶魔之名来表示。如梵天（Brahma）称 Azrua，帝释（Indra）称 Khormuzta；恶魔则称 Šamnu，来自 Šmnū。直到后来的蒙古文佛经，还与回鹘文佛经一样，使用这些名称。

　　回鹘时代各种语言相互依存和相互影响，还有不少材料可以证明。如当地使用一种用粟特文写的历书，每日都以粟特、中国、突厥三种语言文字中的日期名称共同记录，即先记粟特语的七曜日名称，次记相应的中国天干即甲、乙、丙、丁等音，再次配以鼠、牛、虎、兔等突厥人记日用的十二兽名，然后译中国的五行名称即木、火、土、金、水为粟特语，隔二日用红字记之③。又如 N. Sims-Williams 和 J. Hamilton 曾合作刊布英、法两国图书馆所藏 9—10 世纪突厥化粟特文文书④，书中收录了 8 件粟特文献、47 幅图版（包括一件汉文长卷《肃州太都状上》，对研究河西回鹘极为重要），其中的粟特文献是观察 9—10 世纪时粟特人回鹘化的宝贵资料。马赫穆德·喀什噶里于 11 世纪 70 年代编写的用阿拉伯语解释突厥语的《突厥语大词典》，也收录了不少来自粟特语以及

　　①　牛汝极等《文化的绿洲——丝路语言与西域文明》，乌鲁木齐：新疆人民出版社，2006 年，97—100 页。现存回鹘摩尼教文献的年代大约为 9—14 世纪。其中有原创作品，也有译文，如著名的《摩尼教徒忏悔词》（Xuastuanift）即译自粟特语。忏悔文书常使用帕提亚语原文表示"神，饶恕我的罪过"。关于回鹘文献的语言特点，参阅李经纬、靳尚怡、颜秀萍《高昌回鹘文献语言研究》，乌鲁木齐：新疆大学出版社，2003 年。

　　②　根据各国学者如 Müller、Gauthiot、Reichert、Weller、MacKenzie 等对粟特语佛典的研究，粟特语佛教文献本身多来自汉文佛经，而早期包括粟特语在内的伊朗语佛经的情况则缺乏实物证据。关于粟特人在佛经翻译中的作用，参看张广达，"The Role of the Sogdians as Translators of Buddhist Texts"，Silk Road Studies VII（Macquarie University, NSW, Australia, 2002），pp. 75—78。现存粟特语文献最早的当推斯坦因于敦煌发现，并由宁亨（W. B. Henning）等作研究的"粟特古信"（4 世纪），但最近由 A. N. Podushkin 在哈萨克斯坦南部 Kultobe 发现的粟特刻文可能时代更早。中亚的佛教文献不仅仅是翻译文献，不少回鹘文经书虽被认为译自汉文、伊朗语（和田塞语）或梵文原著，其实是适应回鹘国情的改编本，甚至带有原创性，如各种本生故事、因缘故事等。参阅茨默《佛教与回鹘社会》，桂林、杨富学译，北京：民族出版社，2007 年，55—57 页。又最近有学者认为 11—14 世纪西域各民族宗教信仰中占主导地位的既非汉传佛教，亦非印度佛教，而是藏传密教。参阅沈卫荣《重构十一至十四世纪的西域佛教史——基于俄藏黑水城汉文佛教文书的探讨》，《历史研究》2006 年第 5 期，23—34 页。

　　③　羽田亨《西域文明史概论》，耿世民译，北京：中华书局，2005 年，67—68 页。此处所依据的是 F. W. K. Müller 在 1907 年发表的研究成果，以后又有类似的发现，见吉田丰发表在 Orient（1988 年）的文章。

　　④　N. Sims-Williams and J. Hamilton, Documents turco-sogdiens du IXe-Xe siècle de Touen-houang, Corpus Inscr. Iran., pt II,III/3, London, 1990.

其他伊朗语的词汇。

上面我们简要讨论了古代突厥人与伊朗人之间的语言文化联系，主要限于漠北突厥汗国与高昌回鹘时期，至于内陆欧亚其他突厥语部族与伊朗语族各部的联系，如可萨汗国内的伊朗—突厥关系①，以及伊斯兰教传入突厥地区后波斯文明与突厥文明的相互融合等，容有机会时另作考述。

On the Cultural Relationships between the Old Turks and Iran

XU Wenkan

The Old Turks were influenced by the Iranian culture. According to Denis Sinor and other scholars, the Turkic empire in the Mongolian Plateau included different ethnic groups, including those speaking Iranian, Ugric and Samoyedic languages. Some personal names, tribal names and dignitary titles in Old Turkic are neither Turkic nor Mongolian, but rather derive from the East Iranian or Tocharian languages. The surname of the Turkic royal clan "阿史那" corresponds to *Ashina in Sogdian, which is considered to be related to Iranian and Tocharian by researchers such as Christopher Beckwith, I. N. Shervashidze, Sergei G. Kliashtornyi, Peter B. Golden in recent years. The peoples speaking Inde-European languages in Turpan, oasis of Tarim Basin and other places—such as Tocharians, Khotanese and Sogdians—also exerted a significant influence on the Old Turkic and subsequently the Uighur peoples and their culture. The Bugut Monument found in Mongolia in 1956 was built around 580 AD, having Sogdian script on three sides. According to History of Northern Qi, Liu Shiqing had been appointed to translate Buddhist scriptures Nirvana Sutra by Taspar, Turkic khan, at the end of the 6th century. And the research of A. von Gabain and Louis Bazin indicates that the translation should be in Sogdian. Furthermore, Manicheism was preached into Uighur and was established as state religion. The Uighur was further influenced by Sogdian culture and then created Uighur script based upon the cursive Sogdian alphabet. Based on the latest achievements of linguistic research, Chinese historical records and excavated documents, this paper comprehensively surveys the cultural relationships between the Old Turks and the peoples speaking Iranian and Tocharian, especially the cultural connection with Iran.

---

① Peter B. Golden, "Irano-Turcica: The Khazar Sacral Kingship Revisited", *AOH*, 60(2), 2007, pp. 161—194.

关于《元史》中"质孙服"等的探讨[*]

叶奕良（北京大学伊朗文化研究所）

一

举凡中国史籍均有《舆服》一节以介绍帝王、百官的各种服饰，使人读后对不同朝代的人物在不同场合所穿着的服饰有一清晰的印象和概念。唯独在《元史·舆服志一》中除了介绍一般的服饰之外，还专门谈到一种名为"质孙"的服装，其文曰："质孙，汉言一色服也，内庭大宴则服之。冬夏之服不同，然无定制。凡勋戚大臣近侍，赐则服之。下至于乐工卫士，皆有其服。精粗之制，上下之别，虽不同，总谓之质孙云。"按照传统释义，"质孙"被理解为蒙古语 *jisun*（颜色）的译音，其根据是上述《元史·舆服志》中之段落。但是按此释义一般读者在读了该章节后对质孙究系何指，仍不甚了了。尤其是在随后的段落中紧接着便介绍了天子质孙和百官质孙的各种具体样式，这样再以"颜色"去解释"质孙"则更使人不得其解了。但是上述引文中对"质孙服"的穿着场合及其来源——由君主御赐这两点则作了明确的阐述，这对我们进一步论证"质孙服"的来历是颇为重要的。

元朝的礼仪颇为繁缛，在不同的庆典和场合，其礼仪及服饰亦各有异。就服装而言，在《元史》的记载中便有公服、祭服、朝服、冕服、冠服和质孙服等不同的名称。从这点看来，把质孙服光说成是颜色服之意就不够清楚了。《元史·舆服志》中进一步讲到，天子的质孙服，冬服有十一种，夏服有十五种；而百官的质孙服，冬服有九种，夏服有十四种；并对各不相同的质孙服作了介绍。这样光以颜色来解释"质孙"则更是远远不够的了。诚然，一色服能体现出质孙服外在的目所能见的表象，但是把质孙服只理解为一色服就不能清楚地理解《元史·舆服志》中所讲的包括天子质孙和百官质孙在内的不同的质孙服了。

在这里有必要先了解一下蒙古族古代服装演变的简况。据载，蒙古民族直至十二三世纪时，由于本民族生活方式较为简单，以及它的游牧经济的特点，一切生活条件和生

---

　* 此文原载于北京大学东方语言文学系编《东方研究论文集》，北京：北京大学出版社，1985 年，359—367 页。为保留论文原貌，此次重新刊出时未对译名及转写格式等按统一体例作调整。

活手段都从轻便以及有利于游牧出发，所以其服装和装饰亦均很简单，可谓轻装简从。各阶层的服装均一式相同，甚至男女服装亦无二致，以致在不远的距离内便难以分辨男女了，后来由于与毗邻的文化发达的国家和民族发生接触，尤其是与汉族发生联系后，加上本民族经济力量的发展，蒙古族的服装式样亦相应地有所改变。不光男女服装各不相同，甚至已婚妇女的服饰与未婚女子的服饰亦各有异[1]。这点与《元史·舆服志》的记载亦相吻合："元初立国，庶事草创，冠服车舆，并从旧俗。世祖混一天下，近取金、宋，远法汉、唐。"从这点出发再对照参证元史的一部重要载籍《马可波罗行纪》中记述忽必烈大汗生日盛宴时，大汗本人以及众文武百官所穿的华丽的锦衣[2]，就可推断"质孙服"一词本来可能不是蒙古文，而是借用其他国家或民族的语言。从《元史》上的介绍来看，"质孙"亦非汉语。那么它究竟源自什么语言文字呢？看来是波斯语 *jashn* 一词音译的可能性更大些。

按 *jashn* 一词源自中古波斯语——帕赫拉维语，基本意思是"节日"或"庆典"。该词在波斯古经"阿维斯塔"中便已出现。当时的发音为 *yasn*。在帕赫拉维语中 *j* 和 *y* 是同形异音字母[3]，故 *yasn* 亦可读作 *jasn*。*Yasn* 是指当时在节庆日子里进行的宗教（指拜火教）祈祷礼仪，后来演变成当今波斯语的基本意思——节日、庆典。耐人寻味的是，在十五六世纪以前使用的早期蒙古文字——回纥蒙文中，*j* 和 *y* 亦是同形异音字母[4]。而且在回纥蒙文中 *yasn* 一词（亦可读作 *jasn*）亦有"礼仪"之意。

需要说明的是，在中古波斯语——帕赫拉维语中，*jashn* 一词除了节日、庆典之意思外，还有御赐服饰之意[5]。自从阿拉伯人于7世纪征服波斯后，波斯人就皈依了伊斯兰教。伊斯兰世界于8世纪末在巴格达建立了阿拔斯哈里发王朝。当时波斯在政治上和军事上虽然被阿拉伯人击败，但是由于波斯文化远较当时的阿拉伯文化为高，故除了在宗教方面改为使用阿拉伯语之外，在文学、社会生活方面仍使用波斯语——即当时的帕赫拉维语。波斯在当时的哈里发朝廷内的影响很大，其中尤以在哈迪和哈隆·拉希德两位哈里发执政时为甚。当时甚至连波斯服装亦成为哈里发朝廷里的官服了[6]。执政的哈里发们把向朝廷中有功的文武官员御赐服饰视为炫耀王朝声势和昌盛的一种具体体现，每次御赐服饰都要举行盛大仪式。这种御赐服饰在波斯语中就称为 *jashn*。据伊朗材料，第一次御赐服饰发生在阿巴斯哈里发王朝最著名的哈里发——哈隆·拉希德执政时（786—807年）[7]。第一位接受御赐服饰的是哈隆·拉希德的手下瓦齐尔——贾法尔·巴

[1] Shirin Bayanee, *Zan Dar Irani Asri Moghul*，波斯文版《蒙古统治时期的伊朗妇女》，67—68页。
[2] 《马可波罗行纪》，冯承钧译，中册，353页。
[3] C. de Harlez, *Manuel du Pahlavi*, Paris, 1880, p. 2.
[4] 《蒙汉辞典》（内蒙古大学蒙古语研究室编），1530页。
[5] 伊朗《迪胡道大百科辞典》。
[6] E. G. Browne, *A Literary History of Persia*（波斯文译本，卷一），p. 375.
[7] 伊朗《迪胡道大百科辞典》。

勒马基。瓦齐尔（*vazir*）一词源自中古波斯语——帕赫拉维语，是古代波斯国王的御前顾问的职称。瓦齐尔是国王与群众之间的联系人，权力很大。以后当政的哈里发们相继效法哈隆·拉希德亦向自己的宠臣（包括瓦齐尔）御赐服饰，这样便形成一种宫廷习俗。当然，这种御赐服饰的款式因时而异。哈里发们在御赐服饰时亦随赠钱财和珠宝。

这种御赐服饰（*jashn*）的习俗到了 13 世纪蒙古族统治伊朗并建立了伊儿汗王朝后仍被继续沿用。

参照蒙古族历史的重要书籍《多桑蒙古史》，在蒙古族崛起后，忽必烈统治之前，成吉思汗、窝阔台、贵由等蒙古诸汗虽亦有举行盛宴以及御赐金银财帛的，但未见记载有御赐服饰的。从这里亦可看出御赐"质孙服"并非蒙古族本族固有的习俗。蒙古族在历史上首次记载御赐服饰是在忽必烈时代。史载忽必烈每逢盛大节日时"以金锦为缘珍珠宝石为饰之衣，赐朝中贵人"①。马可波罗在自己的游记中记述："大汗的万寿日是九月二十八日，……这一天，大汗穿上华丽无比的金袍，同时有整整二千的贵族和武官由他赐给同样颜色和样式的衣服。不过布料没有那样华丽罢了。但是那些衣服也是金黄色的丝织品。贵族和武官除衣服外，每人还领到一条用金银线绣成的皮带和一双靴子。对于皇帝陛下最亲信的贵族，还赐给装饰着宝石和珍珠的礼服，价值一万金币。并且规定，只有在每年的十三个隆重的节日，才能穿这种礼服。"②这些介绍均符合波斯文材料中关于波斯国王御赐服饰至少要包括缠头巾、锦衣和腰带这三件东西的记载③。

此外，从《近光集》卷一中周伯琦的《诈马行》诗序中的描述亦可看出，文中所提到的只孙（即质孙）的内容与波斯文中关于 *jashn* 的解释也是一致的。《诈马行》诗序云："国家之制，乘舆北幸上京，岁以六月吉日，命宿卫大臣及近侍，服所赐只孙珠翠金宝衣冠腰带，盛饰名马，清晨自城外各持采杖，列队驰入禁中，于是上盛服御殿临观，乃大张宴为乐。……名之曰只孙宴。只孙，华言一色衣也，俗称为诈马筵。"此引文中，"诈马"一词亦系中古波斯语——帕赫拉维语词 *jama* 的音译，其原型应为 *jamak*（亦可读作 *yamak*），意为衣服、服饰。在理解了上面所探讨关于"质孙"（或只孙）的词意后，就很容易理解人们为何把"质孙宴"（或只孙宴）俗称为"诈马筵"了。

综上所述，我们可以认为"质孙"一词源自波斯语。本文开始时所援引的《元史·舆服志》引文中亦讲明"质孙"即君主御赐给勋戚大臣近侍的服饰，而且讲明"内庭大宴则服之"，这些均系波斯语词 *jashn* 的含意。又按《元史》记载，凡君王举行"质孙宴"时，应邀出席的权贵显要均需穿戴御赐服饰——质孙服，天子和百官按规定在不同的季节和场合穿不同的质孙服。在这种意义上讲，质孙服即礼服或节庆服的意思，而"质孙宴"

---

① 《多桑蒙古史》，冯承钧译，上册，348 页。

② 《马可波罗游记》，1982 年横排译本，100—101 页。

③ 伊朗《迪胡道大百科辞典》。

亦即是"礼服宴"或"节庆宴"的意思了。这亦与波斯语词 *jashn* 的基本意思——节日、庆典是两相吻合的。由于"质孙宴"的出席者是按品位高低分片入席，而且均是按规定穿着指定的御赐服饰——质孙服赴宴的，那么，同一品位的官员的服饰颜色和款式便是一样的了，从这一点讲，质孙服是一色服的意思是可以理解的。但是一色服并不能都被称为"质孙服"，所以"质孙服"只是指君王本人的或御赐给宠臣们的特定服饰。这种服饰只有在规定的节庆盛典或专门场合才能穿着，不能只理解成质孙服系同一颜色的服装，那样便失去"质孙服"的特殊性了。

附带需说明的是 *jashn* 这种御赐服饰在阿拉伯语中称为 *khil'at*，这也就是《多桑蒙古史》中第六卷第五章中所讲到的乞剌惕。该书原注乞剌惕"指君王赐其臣下或一外国人之服饰，用以表示其宠遇者也"。而有意思的是虽然在波斯语中 *jashn* 有御赐的荣誉袍服之意，但是在现代波斯语中当讲到荣誉袍服时则均用缘自阿拉伯语词的 *khil'at*，而不用中古波斯语词——*jashn* 一词。

再者，从中国和波斯各自的史籍中均可看到在蒙古族统治这两个国家时，向手下或臣属御赐服饰是蒙古族统治者的一种普遍习惯。

二

《元史·舆服志》(见《元史》卷七十八《舆服一》)中关于天子质孙(即天子的礼服)讲道："天子质孙，冬之服凡十有一等。服纳石失(金锦也)，怯绵里(翦茸也)，则冠金锦暖帽。服大红、桃红、紫蓝、绿宝里(宝里，服之有襕者也)，则冠七宝重顶冠。服红黄粉皮，则冠红金答子暖帽。服白粉皮，则冠白金答子暖帽。服银鼠，则冠银鼠暖帽，其上并加银鼠比肩(俗称曰襻子答忽)。夏之服凡十有五等。服答纳都纳石失，(缀大珠於金锦)，则冠宝顶金凤钹笠。服速不都纳石失，(缀小珠于金锦，)则冠珠子卷云冠。服纳石失，则帽亦如之。服大红珠宝里红毛子答纳，则冠珠缘边钹笠。服白毛子金丝宝里，则冠白藤宝贝帽。服驼褐毛子，则帽亦如之。服大红、绿、蓝、银褐、枣褐、金绣龙五色罗，则冠金凤顶笠，各随其服之色。服金龙青罗，则冠金凤顶漆纱冠。服珠子褐七宝珠龙答子，则冠黄牙忽宝贝珠子带后檐帽。服青速夫金丝阑子(速夫，回回毛布之精者也)，则冠七宝漆纱带后檐帽。"在这短短的二百几十字的段落里却有十八处沿用了波斯语词汇，除了上面已论述过的"质孙"之外，尚有：

纳石失——按《元史》原注，金锦也，此乃波斯语 *naseej* 的音译，意即金丝锦缎；

怯绵里——波斯字 *khamel* 的音译，意为立绒或翦茸制品；

答子——波斯字 *taj* 的音译，意为王冠；

比肩——波斯字 *beejad* 的音译，一种红宝石的名称；

答忽——波斯字 *dahul* 的音译，意为镶有珠宝的皇冠；

都——波斯字 *dorr* 的音译，意为珠宝，尤指珍珠；

答纳——波斯字 *dana* 的音译，意为颗粒、大粒、圆粒（"答纳都"意即大颗粒珍珠）；

速不——波斯字 *sobhe* 的音译，意为串珠（"速不都"意即珍珠串）；

毛子——波斯字 *mas* 的音译，亦称 *almas*，意为金刚钻、钻石；

牙忽——波斯字 *yaqut* 的音译，意为红宝石；

速夫——波斯字 *suf* 的音译，原意为羊毛，亦指毛料服或粗毛料服。①

在上述所引《元史》段落中，除了汉字之外，其他的非汉语词汇均可见于波斯语中。在明白了这些波斯词的意思后，上下行文便能贯通起来了。从这点亦可推断文中"质孙"一词亦系波斯语词 *jashn* 的音译，而不是蒙古语 *jisun*（颜色）的译音了。

三

在元代，中国与波斯两国关系密切，甚至在中国元代的宫廷礼节及语言上都能发现有波斯的影响。这点是以前中国历代王朝中所罕见的。究其原因乃是在政治和军事上蒙哥汗于 1252 年派其弟旭烈兀西征波斯，灭阿巴斯哈里发王朝，建立了伊儿汗王朝所致；而此王朝的地域实为蒙古帝国的一个行省。"波斯诸汗若旭烈兀、阿八哈、阿鲁浑诸汗仅被视为伊儿汗。质言之属汗。别言之受册封而服从中央之最高长官而已。""迄于合赞汗时，波斯诸蒙古汗皆以伊儿汗的名号为满足。而奉（元）大都的大汗为主君。"②

至于在文化上，波斯文化乃是世界上最古老的文明之一。考古材料证明，波斯文化已无中断地存在了五千多年。在古代，波斯一直是东西交通的纽带，它吸收了东西方文明的特点，使本民族的文化大放异彩。波斯在历史上亦曾屡遭异族的入侵和蹂躏，但是它的民族文化和文明却仍保持着一贯性和连续性。由于许多外族征服者的文化均比波斯这个被征服民族的文化为低，故征服者渐渐地为被征服者所同化。蒙古人自亦不能例外。他们虽然于 13 世纪由于灭阿拔斯哈里发王朝，而统治了伊朗，但是，它的遭遇及景况亦如先前征服过波斯的其他外来民族一样。旭烈兀在波斯建立了伊儿汗王朝，一开始蒙古人与波斯人在各方面均不相同，但是自从在波斯疆域里的蒙古人皈依伊斯兰教之后，这部分蒙古人在波斯官员以及其他各方面的熏陶和影响下，加上与波斯人的通婚，渐渐地波斯化了③。当时的蒙古统治者除了在行政管理及风俗习惯等方面接受了具有高度文明的波斯人的影响之外，在语言上亦受到他们的巨大影响。这种语言上的影响由于蒙古统治者的关系而被带到了中国元代朝廷。在元代，由于蒙古统治者实行残酷的民族歧视政策，汉族的民族地位低于蒙古人和色目人（其中包括波斯人）。朝廷里聘用包括波斯人在内的外国人任各级官员的现象甚为普遍。据记载，由于波斯

---

① 波斯字均分别见伊朗《迪胡道大百科辞典》诸相关词条。

② ［法］格鲁赛《蒙古史略》，冯承钧译，64—65 页。

③ Issa Saddiq, *Tareekhi Farhangi Iran*（波斯文版《伊朗文明史》），pp. 205—212.

人的大批来华，波斯语亦被列为元代朝廷的通用语言之一。至元十六年（1289）还专门设立了"回回国子学"，以教授波斯语[①]。波斯语在元代的影响是既广泛又深入的，例如，阿拉伯旅行家伊本·白图泰（1304—1377）在游历了中国等国后著述的游记中写到，当他应邀泛舟畅游杭州西湖时，中国歌手们在表演节目中一再重复地用波斯语演唱了一首曲调优美的歌曲以示欢迎[②]。从这亦可看出当时波斯语在中国的普遍程度。此外，在著名的意大利旅行家马可波罗所著的游记中亦用了许多当时已在中国普遍沿用的波斯语词汇，例如，把位于北京郊区的卢沟桥称为"保尔珊琴"（波斯语意为"石桥"），称中国皇帝为"法黑福尔"（中古波斯语——帕赫拉维语意为"天子"）。又如，《元史》里称犹太人为术勿、称穆斯林为木速儿蛮等，这些均系波斯语词汇的音译。至于中国穆斯林的伊斯兰经堂用语中使用波斯语的现象则更是普遍了。伊斯兰教源自阿拉伯半岛，7 世纪中叶时伊朗被信奉伊斯兰教的阿拉伯人所征服。在伊朗人皈依伊斯兰教后，他们在传播该教时使用本民族语言所产生的影响亦日渐明显。随着时间的推移，这种影响除在伊朗本土之外，在异域他乡的影响亦可见之。这亦显示伊朗在传播伊斯兰教上的影响力。这些影响在中国的穆斯林生活中随处可见。他们把穆斯林每天所作的礼拜名称均用波斯语来称之：晨礼——榜不达（*bamdad*），晌礼——撇申（*peesheen*），晡礼——底格尔（*deegar*），昏礼——沙姆（*sham*），宵礼——虎甫滩（*khoftan*）。顺便提一句，现今伊朗的穆斯林在讲述这些礼拜名称时却习惯用阿拉伯语词汇来称之。此外，中国穆斯林在日常生活中还使用许多波斯语词汇，例如，他们称朋友为杜斯梯（*doost*），称敌人为杜什曼（*dushman*），称天堂为比一士（*behesht*），称地狱为朵子海（*doozah*），称真主为胡达（*khoda*），称先知为别庵伯尔（*peyghombar*），称学者为达石马（*danishmand*），称"小净"为阿不得斯（*ab-dast*），称穆斯林为木速儿蛮（*mosalman*），称斋戒和开斋节为肉孜（*rooza*），称做礼拜祈祷为做"乃玛孜"（*namaz*）。

波斯语不但在元代中国有可见的影响，实际上，在 1258 年蒙古人攻陷巴格达并占领了波斯后，波斯语在整个中亚便取代了原来被普遍使用的阿拉伯语的地位了[③]。而且随着蒙古帝国的兴起，自 14 世纪初至 19 世纪上半叶，波斯语亦一直是印度上层人士所使用的书面用语[④]。

① 《元西域人华化考》稿本下册"美术篇"第 14 页。

② "Safaname-i Ibn Battuta"（波斯语译本《伊本·白图泰游记》卷二），750 页。

③ Issa Behnam, *Tamadoni Iran*, p. 46.

④ Huart, *Ancient Persia & Iranian Civilization*, pp. 19—23.

The Study of "*Zhisun Fu*" and Other Terms Mentioned in the *Yuanshi*

YE Yiliang

This paper discusses the term "*zhisun fu*" mentioned in the *Yuanshi*. Many scholars consider the word "*zhisun*" meaning the Mongolian word "color". After further investigation, the author suggests that it might be the transliteration of the word "*jashn*", a Middle Persian word meaning celebration. Therefore, the term "*zhisun fu*" might denote the ceremonial robe bestowed by the emperor. This case study illustrates the widespread influence of Persian language and culture in China during the Yuan dynasty.

常志美的《哈挖衣米诺哈志》是一本书还是两本书？

张立明（洛阳外国语大学）

常志美（1610—1670）是中国明清之际的伊斯兰著名经师，经堂教育山东学派创始人，字蕴华，被尊称为"常仙学""常筛海""常巴巴"，祖籍中亚撒马尔罕。他9岁时随叔父来华进贡，先留居陕西，后落居山东济宁，与当地常姓联宗而改姓常。他自幼聪慧过人，学习经书过目不忘。早年投师于胡登洲数传弟子马真吾及著名经师张少山门下学习经学。学成后回山东济宁，先后在东大寺及西寺设帐学，培养经师，熟谙阿拉伯语、波斯语，并在讲学中交替运用。他学识渊博，对凯拉姆和苏菲哲学造诣尤深。在讲授《古兰经》时兼授教学及教法学，进而讲授凯拉姆学原理，时人称道他讲学特色为"博而熟，重兼授"，形成了独具特色的山东学派，对伊斯兰教在中国的传播和发展影响较大。他的弟子遍及全国，其中不少人是著名学者，如舍蕴善、米万济、马伯良、伍遵契等，在经堂教育和学术研究中有较大影响。

回族学者多知常志美有《米诺哈志》一书，金吉堂称颂他"学问渊博，尤精波斯文。授徒满南北，著有《哈挖衣米诺哈志》，译言波斯文法也"[①]。张幼文在叙述山东济宁回族状况时，亦提到常志美"遗著有《海瓦以米诺哈之》一书，尤见称于世"[②]。王静斋在《中国近代回教文化史料》中写到"其时波斯文虽然盛行中国，因而缺乏文法书，只赖口传心授……（常志美）因以煞费心血，自著《米诺哈志》（波斯文法书）"[③]。但《米诺哈志》究竟是一本什么样的书，在1978年前，没有学者对其进行详细的介绍。

1978年夏，伊朗学者穆罕默德·贾瓦德·沙里亚特（محمد جواد شریعت Muḥammad Javād Sharī'at）博士利用在北京大学协助编写《波斯语汉语词典》的机会，在北京东四清真寺图书馆发现三份名为《منهاج الطلب》（Minhāj al-Ṭalab）的波斯文抄本，他将三个不同时期的抄本进行对比校勘，并写了一个研究性的序言，于1982年由伊朗伊斯法罕火炬出版社正式出版。此后，南京大学历史系刘迎胜教授在南京太平路清真寺也发现了此书

---

① 转引自刘迎胜《〈米诺哈志〉的作者及其波斯文动词分类原则初探》，《中亚学刊》第三辑，北京：中华书局，1990年，260页。

② 刘迎胜《〈米诺哈志〉的作者及其波斯文动词分类原则初探》，260页。

③ 刘迎胜《〈米诺哈志〉的作者及其波斯文动词分类原则初探》，262页。

的一份手抄卷。经刘迎胜教授考证，此书正是上面提到的《米诺哈志》。

《米诺哈志》是常志美在边教学边研究过程中为学生编写的一部波斯语语法集成。该书主要依据阿拉伯的语法体系对波斯语语法进行科学的分析研究，例如：将波斯语词汇按阿拉伯语语法分为名词、动词、虚词三类。书中大量使用阿拉伯语的语法术语。常志美书成后曾希望他的著作在中国流传下去，一直有用。实际上，情况正如他所望。他的这本书不仅在国内受到欢迎，其影响还远及海外："此书一出，人手一编，置为波斯文入门的捷径。至今在中国文化界。依然列为正式课程。"[①] "斯经也，不但秉公诸学者称誉一时，有西域云游过济之辈，录此二经带回天房诸国，其地之才人文士，同辞赞绝，犹有欲来兹土一亲色笑者。"[②]

沙里亚特经过考证，认为《米诺哈志》是最古老的用波斯语撰写的波斯语文法书"[③]。由于常志美是在没有先例的情况下独立地完成这部著作的，所以《米诺哈志》中的语法体系和语法现象的解释都具有独特性，是世界上第一部对波斯语从科学角度进行研究的著作。这本书也反映了当时中国波斯语教学的水平。

到目前为止，学界普遍认为《米诺哈志》是常志美用波斯语编写的一本波斯语语法书。毫无疑问，"米诺哈志"是 Minhāj al-Ṭalab 这本书的第一个单词的发音，意为"路径、道途"，而冠词之后的 طلب（talab）是阿拉伯语，意为"追求、学习"之意。所以这本书的书名可翻译为《学习门径》。

但在中国有关史书和穆斯林文献中，关于这本书有各种各样的译名，如：《哈挖衣米诺哈志》（金吉堂）、《海瓦以米诺哈之》（张幼文）、《亥瓦伊·米那哈吉》（《伊斯兰与中国文化》133 页、《中国伊斯兰教派门宦溯源》29 页）、《波斯文法》（《中国伊斯兰教史参考资料选编》1065 页）。除此之外，在《伊斯兰教与中国文化》一书中，作者提到近代西北大阿訇虎嵩山（1880—1955）著述的两本语法书《索夫沃图·麦萨迪尔》和《米奈哈吉·托勒布》，称两者"专门分析讲述波斯语词汇、词类、时态以及中波、波阿文的翻译和变词等各种常用语法现象"[④]，这里显然有一个明显的错误，因为《米奈哈吉·托勒布》无疑是上面提到的常志美 Minhāj al-Ṭalab 的音译。

刘迎胜教授在解释《哈（海）挖（瓦）衣（以）米诺哈志》的名称时认为"哈挖衣"或"阿瓦衣"是阿拉伯文 قواعد（Qawāʻid，规则）的音译，这样"海瓦以米诺哈之"可还原为波斯文 قواعد منهاج（Qawāʻid minhāj），译言"入门规则"[⑤]。笔者认为这种推测缺乏依

①　刘迎胜《〈米诺哈志〉的作者及其波斯文动词分类原则初探》，262 页。

②　[清]赵灿《经学系传谱》，西宁：青海人民出版社，1989 年，58 页。

③　常志美《学习门径》，穆罕默德·贾瓦德·沙里亚特博士校勘，[伊朗]伊斯法罕：火炬出版社，1360 年（伊历，公历 1982 年），"序言"，3 页。

منهاج الطلب(کهن ترین دستور زبان فارسی) ، تألیف محمد بن حکیم زینیمی شندونی چینی ، به تصحیح دکتر محمد جواد شریعت، اصفهان: مشعل، ۱۳۵۹.

④　杨怀中、余振贵主编《伊斯兰与中国文化》，银川：宁夏人民出版社，1995 年，377 页。

⑤　刘迎胜《〈米诺哈志〉的作者及其波斯文动词分类原则初探》，260 页。

据，因为"哈瓦衣"与 قواعد 的音译相差甚远。从音韵学的角度，明清时代的阿拉伯或波斯语译著中，Qa 或 Qā 通常被译为"戛"或"嘎"而不是译作"哈"。例如：同是经堂教育必读课本的 شرح الوقاية（*Sharḥ al-Vaqāya*）和 عقايد الاسلام（*'Aqāyid al-Islām*）分别被译为《舍来哈·伟戛业》和《阿戛依杜·伊斯俩目》；有关伊斯兰教义学的两本著作 دقايق الاخبار（*Daqāyaq al-Akhbār*）和 مقصود الكلام（*Maqṣūd al-Kalām*）分别被译为《代嘎依古·艾赫巴热》和《麦嘎虽都·凯俩目》。况且，将 قواعد منهاح 译为"入门规则"也欠妥当，因为 منهاج（*Minhāj*）本身是"路途、通途或方法"的意思。在《伊斯兰与中国文化》一书中，作者将此书还原为 هواء منهاج [①]，不知根据所在，目前亦没有发现有这样名字的书存在。

笔者认为《哈挖衣米诺哈志》很可能最初是两本书，后来由于经常在一起讲授，且两本书的作者又是同一个人，慢慢地，大家就把它看成了一本书。依据如下：

首先，《米诺哈志》这本书的结构给我们提供了有力的依据。现存《米诺哈志》的四个抄本都分为两部分，第一部分重点讲动词的分类及动词有关的语法现象，包括以下各节：不规则动词、动名词、过去时动词和其附属形式及否定式、现在时动词和其附属形式及否定式、命令式及其否定形式、主动名词和被动名词、形容词；第二部分将波斯语的词汇分成名词、动词和虚词加以详述。有趣的是，第二部分正文开始之前，有一篇比较长的序言，按照常理，没有哪个作者会将一本书的序言放在书的中央。

其次，在序言中，作者也给了我们一个有价值的信息，他写道："感谢真主，在我掌握了阿拉伯语词法之后，波斯语的词法向我敞开了大门；学习了阿拉伯语的句法之后，波斯语的结构豁然开朗；当我品尝了阿拉伯语修辞的精妙之后，波斯语的优美辞章也豁然洞悉。总之，所有这一切，我明白一点，马上就告诉我的学生，因为，截至目前，曾有一些学生请求我把它写下来，于是我满足他们的要求，写了波斯语词法一书，尽管这对于认识波斯语的句法结构没有多大益处。于是，一些妒忌者开始信口雌黄，一些目光短浅者称它通篇错误，另一些人对之充满怀疑，这些我都知道，但不放在心上。现在我的一些朋友请求我研究波斯语句法，我认为不合时宜，担心那些人故伎重演，但朋友们一再坚持，于是我答应了他们的请求，接下这份劳力劳心的工作，因为吝啬真主赋予的东西对其所有者是不义的。所以，祈求真主的佑助，我完成了这一工作。"[②] 这给我们一个重要的信息：常志美所编写的语法书分词法和句法两个部分，其中在编写句法之前，已经完成了词法部分的编写，且在当时的穆斯林学术界引起不同的意见。

另外，清代学者赵灿的《经学系传谱》中的一段文字也值得我们注意："然先生因兹土缺略于经，尚有不可少之经者二，故手著之，及内蕴法而西文风之《米纳哈迟》，并

① 杨怀中、余振贵主编《伊斯兰与中国文化》，361 页。
② 常志美《学习门径》，18 页。

《法尔西》①所注字义之《赫华亦》，此二经之蕴借包涵义理该备，固非人工笔墨之所能及者。"② 这里的《米纳哈迟》和《赫华亦》分明是两部书。

还有，在白莲父的《云南回教教育社会状况》中既提到《波斯文法》，后面附录上拼写成 منهاج（Minhāj），又提到一本名为《字谱》的书，拼写为 هوای（havāy）。③ 如果我们的猜测不错的话，这里的《波斯文法》就是 منهاج الطلب（Minhāj al-Ṭalab），而"字谱"（havāy）就是上面提到的"赫华亦"。

综合上述的理据，笔者认为"哈瓦伊"或"亥挖伊"是波斯语词法 هوای 的音译，《哈瓦伊米诺哈志》很可能是《哈瓦伊》和《米诺哈志》两部书的合称。在东四清真寺发现的手抄本是两部书合在一起的，前一部分是《哈瓦伊》，后一部分才是《米诺哈志》。正确的拼写应当是《هوای و منهاج الطلب》。

现在存在的问题是，在笔者所能查阅的波斯语、阿拉伯语原文词典里，没有找到 هوای 有"文法""词法"或"规则"的意思，询问有关的阿拉伯语专家也没有得到肯定的答复。笔者可以找到的唯一书面依据是，在白莲父的《云南回教教育社会状况》一文中有两处用到 هوای：附录26《字谱》对应的波斯语是 هوای；附录32《图解文法》对应的是 جدوال الهوای。④ 这说明至少在这篇文章里，هوای 被理解成"文法（词法）"。

2006年夏天，伊朗驻华使馆文化处在北京大学举办了"波斯语青年教师暑期进修班"，研修班期间，作者有幸结识来自山东的张阿訇，就"哈瓦伊"一词求教于他，他肯定 هوای 一词就是"波斯语词法"的意思，关于这一词义的来源，他说，听老一辈讲，过去经堂的学生要必修常志美编写的语法书，经生在学习时，常常仰头背诵，目指天空，因 هوای 最初的意思是"空气、天空"等意，所以慢慢演化成波斯语词法的名称。这种说法是否有一定的学理依据，有待专家进一步考证，但作为山东学派的后继人，笔者认为这种说法值得重视。

总之，常志美为经堂学校的经生学习波斯语所编写的语法书《哈挖衣米诺哈志》，最初是两本分别名为《哈瓦伊》和《米诺哈志》的语法书构成的，前者讲解波斯语的词法，后者讲解波斯语句法，它们在不同时期编成。由于它们是波斯语语法不可分割的两个部分，且作者为同一人，经堂教育又将它们作为一个整体进行讲授和学习，故人们逐渐将其视为一本书。

---

① "法尔西"即波斯语一词的音译，指用波斯语编写的词法书《赫华亦》。原文的标点可能存在问题，不应该有引号。

② 赵灿《经学系传谱》，58页。

③ 李兴华、冯今源编《中国伊斯兰教史参考资料选编》，银川：宁夏人民出版社，1985年，1063页。

④ 李兴华、冯今源编《中国伊斯兰教史参考资料选编》，1066页。

Is *Havayi Minuohaj* One Book or a Collection of Two Books?

ZHANG Liming

Havayi Minuohaj is a Persian grammar book which was written by a Chinese Muslim scholar Chang Zhimei for his students during his life between the end of the Ming Dynasty and the beginning of the Qing Dynasty. The manuscripts of this book were introduced and studied by Professor Moḥammad Javād Sharī 'at from Isfahān University of Iran and Professor Liu Yingsheng from Nanjing University of China in 1978. Up to now, the academia has accepted these two professors' idea that it is a book named *Minhāj al-Ṭalab*. However, by investigating relevant historical literatures, the author of this article contends that this book originally consisted of two books: *Havay*, a book on Persian morphology, and *Menhojol-talab*, one on Persian syntax. Because these two books were written by the same author, and because morphology and syntax are inseparable in Persian grammar and are always taught together, these two books were gradually considered as one.

洛阳出土隋突厥彻墓志读跋

——以中古汉籍记事为中心

张乃翥（龙门石窟研究院）

洛阳出土隋代文物中，有突厥裔绪名"彻"者墓志一品流散于世间。早年向达先生述及波斯诸国胡人流寓中原之实例，曾有先足之援引："君讳彻，字姞旺，塞北突厥人也。……侠侄之苗胄，波斯之别族。……"①

先生引文简短扼要，盖以宏著立意取舍为止尔。

2004年秋，笔者于京华古籍书店目遇此志之拓本。默读之际，则知向氏引文偶有疑误，想必先生目及拓本品相未佳所致也②。念及学界利用未臻于完备，触物生情遂有乡稔自珍贻酯同贤的随想。

一

该墓志拓本纵37厘米，横38厘米，内中楷书志文15行，行满15字。今据行文次第逐录如下：

> 君讳彻，字姞注，塞北突厥人也。/侠侄之苗胄，波斯之别族。祖各志，任阿/临河上开府。父若多志，摩何仪通。身早/逢迷晓，皈募大隋。勤奋赤诚，恒常供奉，/任右屯卫通议大夫。其人乃威神雄猛，/性爱武文。接事长幼，恒不失节。至于弓/马兴用，玄空走步，追生勿过三五。乃于/丙子之年，丁亥之朔，丁亥之日，忽然丧/没，埋在东都城北老子之乡大翟村东/三百余步。东临古汉，西至缠原，北慭邙/山，南瞻洛邑。能使亲知躃踊，眷属烦惋，/五内崩催，莫不悲噎。呜呼哀哉，乃为铭/曰：

---

① 向达《唐代长安与西域文明》，北京：生活·读书·新知三联书店，1957年第1版，1979年第2次印刷，25页；又石家庄：河北教育出版社，2001年，33页。

② 《隋唐五代墓志汇编·洛阳卷》，天津：天津古籍出版社，1992年，第一册，158页。该志拓片影印本，即复模糊虚幻，不易辨识。嗣前北京图书馆金石组编《北京图书馆藏中国历代石刻拓本汇编》，郑州：中州古籍出版社，1989年，第10册，114页，则图像颇佳，一目了然。

曾为塞土,早悮风门;忽然一谢,永/绝长分;生爱弓马,性念追空;一朝丧/没,永去无公。/

大业十二年三月十日(图一)。

以志文语意之涵盖,志主名讳故妄称为"突厥彻"者似尚顺理。而观摩墓主行状之记事,以下数端应引起人们的措意:

(一)志主族望的人文渊源;

(二)志主入仕隋朝的历史背景;

(三)志主落葬东都的文化地理学意义。

二

以一般历史情势而言,志主既以"塞北突厥人"自称其为"侠侄之苗胄,波斯之别族",则此中大抵含有两种人文史态之可能:

其一,志主在广义民族身份上,以波斯外流部族羁属于"侠侄"帐下而称贯为"突厥人",这在 6 世纪中叶以来突厥称雄漠北、中亚之际羁縻诸部款附宗主的时代,尤其有着明显的可能性。

如史载突厥"木杆(可汗)勇而多智,遂击茹茹,灭之。西破挹怛,东走契丹,北方戎狄悉归之,抗衡中夏"[1]。

由于西突厥自来有着驰马弯弓、鹊集云飞的武功传统,以致毗邻诸国多有迫于威慑而相继依附者:

"西突厥者,木杆可汗之子大逻便也。……东拒都斤,西至龟兹,铁勒、伊吾及西域诸胡悉附之。……处罗可汗居无恒处,终多在乌孙故地。复立二小可汗,分统所部。一在石国北,以制诸胡国……"[2]

而有隋时代之波斯,虽"突厥不能至其国,亦羁縻之,波斯每遣使贡献"[3]。

"铁勒之先,匈奴之苗裔也,……(诸部)虽姓氏各别,总谓为铁勒。并无君长,分属东、西两突厥。……自突厥有国,东西征讨,皆资其用,以制北荒。"[4]

"疏勒国,……土多稻、粟、麻、麦、铜、铁、锦、雌黄,每岁常供送于突厥。"[5]志主流寓中原之前后,正是突厥雄踞中亚的盛期。其以突厥属部而称贯,自有当时民族政治必然之背景。

---

① 魏徵等《隋书》卷八四《北狄传》,北京:中华书局,1973 年,1864 页。

② 李延寿《北史》卷九九《突厥传》,北京:中华书局,1974 年,3299—3300 页。

③ 魏徵等《隋书》卷八三《西域传》,1857 页。

④ 魏徵等《隋书》卷八四《北狄传》,1880 页。

⑤ 魏徵等《隋书》卷八三《西域传》,1852 页。

其二，从血缘成分角度审视，志主极有可能属于突厥、波斯民族之间互通婚姻的后代，这在当时亦为习习常见的人文事象。

考世界文化史上，国家、部落之间出于政治生态的需要，上层社会相与联姻本乃屡见不鲜之事。仅以中国为例，"昭君出塞""解忧和番"乃遗响千古的佳话。与突厥彻行事相近的北朝晚期，东、西魏及北周争相通婚于北番强邻柔然与突厥，则尤为中古民族史迹熠熠生辉之漪涟[①]。

又史载柔然晚期，其主阿那瑰伯父婆罗门姊妹三人妻于嚈哒王[②]（嚈哒，Die Ephthaliten；亦称白匈奴，Die Weissen Hunnen），以致《魏书》始有"嚈哒国，大月氏之种类也，亦曰高车之别种，其原出于塞北。自金山而南，在于阗之西，都乌许水南二百余里。……西域康居、于阗、沙勒、安息及诸小国三十许皆役属之，号为大国。与蠕蠕婚姻"[③] 的记事。

自公元 6 世纪中叶突厥勃兴，室点密可汗率十部荡平西域诸胡，蠕蠕破灭，嚈哒失援。波斯王库思老（Khosrou Anouschirwan）欲雪其祖卑路斯（Pirouz）破灭之国耻，乃以突厥可汗女为妻，而与结盟，共图嚈哒。室点密遂统军攻嚈哒，杀其王[④]。此为突厥、波斯之间直接通婚的史实。

"康国者，康居之后也。……其王本姓温，月氏人也。……王字世夫毕（《隋书》卷八三记为'代失毕'），为人宽厚，甚得众心。其妻突厥达度可汗女也。……婚姻丧制与突厥同。"[⑤] 这是昭武九姓联姻突厥的一例。

《隋书》："高昌国者，……俗事天神，兼信佛法。……开皇十年（590），突厥破其四城，有二千人来归中国。（麴）坚死，子伯雅立。其大母本突厥可汗女，其父死，突厥令依其俗，伯雅不从者久之。突厥逼之，不得已而从。"[⑥] 此则西域汉族王庭重蹈同辙之运筹。

中亚史上民族之间这种频频互为婚姻的社会生态，反映着游牧部落间在交通活跃条件下人际关系的密切。如此看来，纵或志主兼有波斯、突厥两族之血统，亦不为中古时代百态世相之离奇。

三

爰自张骞凿空，汉武拓疆，中外交通往来即绵延迤逦、波澜恢宏不绝于岁月。突厥

---

① 李延寿《北史》卷九八《蠕蠕传》，3263—3266 页。
② 李延寿《北史》卷九八《蠕蠕传》，3262 页。
③ 魏收《魏书》卷一〇二《西域传》，北京：中华书局，1974 年，2278—2279 页。
④ 参见沙畹《西突厥史料》，北京：中华书局，2004 年，199—200 页。
⑤ 魏收《魏书》卷一〇二《西域传》，2281 页。
⑥ 魏徵等《隋书》卷八三《西域传》，1846—1847 页。

彻以西域胡人入仕于杨隋，更与魏晋以来中外交通的蜂拥时潮有着内在的联系。

史载泰始元年（265）晋帝受禅于洛阳南郊设坛柴燎，时"百僚在位及匈奴南单于四夷会者数万人"[①]，可见 3 世纪中叶洛阳地区已有数量可观的域外移民的存在。

北魏迁都洛阳以来，中原胡人丛聚云集，极盛于一时。当时洛京"宣阳门外四里至洛水上作浮桥，所谓永桥也。……永桥以南，圜丘以北，伊、洛之间，夹御道有四夷馆。道东有四馆：一名金陵，二名燕然，三名扶桑，四名崦嵫。道西有四里：一曰归正，二曰归德，三曰慕化，四曰慕义。吴人投国者处金陵馆，三年已后赐宅归正里。……北夷来附者处燕然馆，三年已后赐宅归德里。……东夷来附者处扶桑馆，赐宅慕化里。西夷来附者处崦嵫馆，赐宅慕义里。自葱岭已西，至于大秦，百国千城，莫不欢附，商胡贩客，日奔塞下，所谓尽天地之区已。乐中国土风因而宅者，不可胜数。是以附化之民，万有余家。门巷修整，阗阖填列，青槐荫柏，绿树垂庭，天下难得之货，咸悉在焉"[②]。此间的元魏京都，真正一国际人文都会也。

其中洛阳"法云寺，西域乌场国胡沙门昙摩罗所立也。……摩罗聪慧利根，学穷释氏。至中国，即晓魏言隶书。凡闻见，无不通解。是以道俗贵贱，同归仰之。作祗洹寺一所，工制甚精。佛殿僧房，皆为胡饰，丹素炫彩，金玉垂辉。摹写真容，似丈六之见鹿苑；神光壮丽，若金刚之在双林。伽蓝之内，花果蔚茂，芳草蔓合，嘉木被庭。京师沙门好胡法者，皆就摩罗受持之，戒行真苦，难可揄扬。秘咒神验，阎浮所无。咒枯树能生枝叶，咒人变为驴马，见之莫不忻怖。西域所赍舍利骨及佛牙、经像，皆在此寺"[③]。

洛京菩提寺，亦"西域胡人所立也，在慕义里"[④]。

又北魏宗室河间王元琛，前"在秦州，……遣使向西域求名马，远至波斯国，得千里马，号曰'追风赤骥'。次有七百里者十余匹，皆有名字。以银为槽，金为锁环，诸王服其豪富。……琛常会宗室，陈诸宝器，金瓶银瓮百余口，瓯檠盘盒称是。自余酒器，有水晶钵、玛瑙盃、琉璃碗、赤玉卮数十枚，作工奇妙，中土所无，皆从西域而来"[⑤]。洛阳域外珍宝之居奇，盖由胡商贩客"利之所在，无远弗届"之转来。

此后西域各国之商使职贡、移民雁来，亦为丝路沿线一道靓丽的景观。

如史载北周时代"安息国，在葱岭之西，治蔚搜城，北与康居，西与波斯相接，……天和二年（567），其王遣使来献"[⑥]。

---

① 房玄龄等《晋书》卷三《武帝纪》，北京：中华书局，1974 年，50 页。

② 杨衒之《洛阳伽蓝记》卷三"城南"条，上海：上海古籍出版社，1978 年第 1 版，1982 年第 2 次印刷，159—161 页。

③ 杨衒之《洛阳伽蓝记》卷四"城西"条，201 页。

④ 杨衒之《洛阳伽蓝记》卷三"城南"条，173 页。

⑤ 杨衒之《洛阳伽蓝记》卷四"城西"条，207 页。

⑥ 令狐德棻等《周书》卷五〇《异域传》，北京：中华书局，1971 年，919 页。

"嚈哒国，……大统十二年（546），遣使献其方物。魏废帝二年（553），（周）明帝二年（558），并遣使来献。"①

"天保三年（552），阿那瑰为突厥所破，自杀。……是时，蠕蠕既累为突厥所破，以西魏恭帝二年（555），遂率部千余家奔关中。"②

"粟特国，……保定四年（564），其王遣使献方物。"③

至于波斯地区交通于中国，则尤络绎继踵，史乘叠载。

"波斯国，都宿利城，在忸密西，古条支国也。……神龟（518—519）中，其国遣使上书贡物，云：'大国天子，天之所生，愿日出处常为汉中天子。波斯国王居和多千万敬拜。'朝廷嘉纳之。自此每使朝献。"④

北魏洛阳"永宁寺，熙平元年（516）灵太后胡氏所立也，……外国所献经像，皆在此寺。……时有西域沙门菩提达摩者，波斯国胡人也。起自荒裔，来游中土，见金盘炫日，光照云表，宝铎含风，响出天外。歌咏赞叹，实是神功。自云：'年一百五十岁，历涉诸国，靡不周遍。而此寺精丽，阎浮所无也。极佛境界，亦未有此。'口唱南无，合掌连日"⑤。

又"永桥南道东有白象、狮子二坊。……狮子者，波斯国胡王所献也，为逆贼万俟丑奴所获，留于寇中。永安（528—529）末，丑奴破，始达京师"⑥。

与西域诸胡东来汉地相共耦，中原社会亦有杖策西迈者。

洛阳"闻义里有敦煌人宋云宅，云与惠生俱使西域也。神龟元年（518）十一月冬，太后遣崇立寺比丘惠生向西域取经，凡得一百七十部，皆是大乘妙典"⑦。

时云等"从末城西行二十二里至捍摩城，南十五里有一大寺，三百余众僧。有金像一躯，举高六丈。……后人于像边造丈六像者，及诸宫塔，乃至数千；悬彩幡盖，亦有万计。魏国之幡过半矣。幡上隶书云太和十九年（495）、景明二年（501）、延昌二年（513）。唯有一幅，观其年号，是姚秦时幡"⑧。从中可以窥见北魏迁都洛阳之前后，中原交通西域之频繁。

北朝前后中外交通史上如此频仍的社会往来，对隋唐时代的夷夏融会，势必有着深远的影响。

1956年秋，黄河水库考古队在河南陕县会兴镇刘家渠隋开皇三年闰十二月（时

---

① 令狐德棻等《周书》卷五〇《异域传》，918 页。
② 李延寿《北史》卷九八《蠕蠕传》，3266—3267 页。
③ 令狐德棻等《周书》卷五〇《异域传》，918 页。
④ 魏收《魏书》卷一〇二《西域传》，2271—2272 页。
⑤ 杨衒之《洛阳伽蓝记》卷一"城内"条，1—5 页。
⑥ 杨衒之《洛阳伽蓝记》卷三"城南"条，161 页。
⑦ 杨衒之《洛阳伽蓝记》卷五"城北"条，251—252 页。
⑧ 杨衒之《洛阳伽蓝记》卷五"城北"条，265—266 页。

在 584 年）刘伟夫妇墓遗物中，发掘出两枚波斯萨珊朝库思老一世（Chosroes Ⅰ 或 Khusrau Ⅰ，531—579 在位）的银币。其中 1 号重 4.0 克，2 号重 3.9 克，直径均为 3.0 厘米[①]。

由历史考察得知，波斯萨珊王库思老一世为了抗衡嚈哒对波斯的侵扰，曾与威临中亚的西突厥汗庭联盟，于 567 年攻灭嚈哒，遂使波斯帝国达到空前的强盛。据学者们的研究，库思老一世在位 48 年，时波斯经济繁荣，贸易发达，货币发行急剧增加。当时波斯一地的铸币地点，竟达 82 处至 98 处之多[②]。

其间波斯、中原互有使臣通好之史记："魏废帝二年（553），其王遣使来献方物"[③]，此必为两地经贸沟通、人际往来提供良好契机。1970 年长安附近和耀县隋代舍利塔基出土同期银币多枚[④]，即从一个侧面反映了上述人际往来的存在。如此看来，此间洛阳地区刘伟夫妇墓中出土的波斯银币，正从文物遗迹实例中透露出 6 世纪下半叶中原、西域之间文化往来的信息。

1986 年，西安东郊隋清禅寺塔基出土了一件萨珊玻璃瓶。瓶高 4.6 厘米，绿色透明，球形瓶体上贴有四枚三角形和四枚圆形装饰。据考，这种贴花玻璃多流行于地中海沿岸。清禅寺为隋文帝敕建，塔基埋藏于开皇九年（589），同时埋入的还有用掐丝技术制作的金饰[⑤]。

1999 年，山西省太原市发掘了隋开皇十二年（592）虞弘墓。墓志叙虞氏生平有谓："公讳弘，字莫潘，鱼国尉纥驎城人也。……弈叶繁昌，派枝西域。……祖……奴栖，鱼国领民酋长。父君陀，茹茹国莫贺去汾，达官使魏，……公承斯庆裔，幼怀劲质。……年十三，任莫贺弗，衔命波斯、吐谷浑。……诏充可比大使，兼领乡团。大象末，左丞相府迁领并、代、介三州乡团，检校萨保府……"[⑥]由虞弘墓志"检校萨保府"的叙事，从中可以窥见当时关中、并州一带多有信仰祆教的东来诸胡的存在。至于虞弘墓葬石椁浮雕中之有"仿波斯风格的图像"，亦与虞氏家族宗奉西域旧邦祆教信仰的传统，保持着文化取向的一致性。

---

①　夏鼐《中国最近发现的波斯萨珊朝银币》，《考古学报》1957 年第 2 期。转引自《新疆考古三十年》，乌鲁木齐：新疆人民出版社，1983 年，474—475 页。

②　J. de Morgan, *Manuel de Numismatique Orientale*, Tome 1, Paris, 1936, p. 323；A. U. Pope, *A Survey of Persian Art*, vol. 1, London and New York: Oxford University Press, 1938, pp. 826, 829. 参见夏鼐《中国最近发现的波斯萨珊朝银币》，《考古学报》1957 年第 2 期。转引自《新疆考古三十年》，475 页。

③　令狐德棻等《周书》卷五〇《异域传》下，920 页。又马尔柯姆（Malcolm）《波斯史》（History of Persia i，144—145 页）载当时中国皇帝遣使献假豹一只、锦袍一袭、美人图一幅于波斯。此事又见 10 世纪阿拉伯人麻素提（Mas'udi）之《黄金牧地》（Prairies d'Or，ii，201.）。转引自张星烺编注《中西交通史料汇编》第三册，北京：中华书局，1978 年，100—101 页。

④　朱捷元、秦波《陕西长安和耀县发现的波斯萨珊朝银币》，《考古》1974 年第 2 期，126—132 页。

⑤　郑洪春《西安东郊隋舍利墓清理简报》，《考古与文物》1988 年第 1 期，61 页。

⑥　山西省考古研究所等《太原隋代虞弘墓清理简报》，《文物》2001 年第 1 期，27—52 页。

　　史载有隋"炀帝时，遣侍御史韦节、司隶从事杜行满使于西蕃诸国。至罽宾，得玛瑙杯；王舍城，得佛经；史国，得十舞女、狮子皮、火鼠毛而还。帝复令闻喜公裴矩于武威、张掖间往来以引致之。其有君长者四十四国。矩因其使入朝，啗以厚利，令其转相讽谕。大业年中，相率而来朝者三十余国，帝因置西域校尉以应接之"①。至于安国，炀帝即位之后所"遣司隶从事杜行满使于西域，至其国，得五色盐而返"②。

　　炀帝既锐意招徕异域，则四夷各国必风追影从络绎于征途。

　　大业十一年（615）正月甲午朔，炀帝大宴百僚。"突厥、新罗、靺鞨、毕大辞、诃咄、传越、乌那曷、波腊、吐火罗、俱虑建、忽论、诃多、沛汗、龟兹、疏勒、于阗、安国、曹国、何国、穆国、毕、衣密、失范延、伽折、契丹等国并遣使朝贡。"③

　　当时的"石国，……其俗善战，曾贰于突厥，射匮可汗兴兵灭之，令特勤甸职摄其国事。……甸职以大业五年（609）遣使朝贡"④。

　　尤其值得人们注意的是，当此之际的波斯国，更与中原王朝保持着互通信使的交往。对此，史传乃有："波斯国，……其王字库萨和。……突厥不能至其国，亦羁縻之，波斯每遣使贡献。……东去瓜州万一千七百里。炀帝遣云骑尉李昱使通波斯，寻遣使随昱贡方物。"⑤

　　这一史传资料的突出价值，在于它透露出隋时代的波斯与突厥、中原王朝同时保持贡使关系的情势。这在一定层面上反映着当时中亚诸胡与中原国家政治斡旋的锐意。

　　由此人们可以想见，作为一个与突厥保有从属身份的波斯裔民，突厥彻于杨隋时期入仕于中原，无疑有其时代宏观条件的可能性。这一点，从洛阳同期出土的另一波斯人——阿罗憾的墓志记事中，尤其可以获得一旁证。

　　阿罗憾墓志叙其行状梗概有谓："大唐故波斯国大酋长右屯卫将军上柱国金城郡开国公波斯君丘之铭　君讳阿罗憾，族望波斯国人也。显庆年（656—660）中，高宗天皇大帝以功绩有称、名闻□□（西域），出使召来至此。……又差充拂菻国诸蕃招慰大使，并于拂菻西界立碑，峨峨尚在。宣传圣教，实称蕃心。……"⑥可见中古时期中原王朝与波斯上层社会联系之丛仍⑦。突厥彻于杨隋朝廷出任一般胡人习常任职的左右"屯卫"之武职，必与阿罗憾及当时诸胡侨民一样，出于中原王廷的曳引与信任。

---

　　①　魏徵等《隋书》卷八三《西域传》，1841页。

　　②　魏徵等《隋书》卷八三《西域传》，1849页。

　　③　魏徵等《隋书》卷四《炀帝纪下》，88页。

　　④　魏徵等《隋书》卷八三《西域传》，1850页。

　　⑤　魏徵等《隋书》卷八三《西域传》，1856—1857页。

　　⑥　端方《匋斋藏石记》卷二一，清宣统元年（1909），9—11页。

　　⑦　阿罗憾墓志所反映的微观史学信息，见林梅村《洛阳出土唐代犹太侨民阿罗憾墓志跋》，《西域文明》，北京：东方出版社，1995年，94—110页。

四

自魏晋以降，四夷胡人流寓中原者日渐增多，这势所必然导致了中原各族人民之间的相互融合有增无已。逮至元魏，锐意汉化的孝文帝终于颁布各式诏敕，敦促内迁胡人改变其旧风。史载太和十九年（495）"六月己亥，诏不得以北俗之语言于朝廷。若有违者，免所居官。……丙辰，诏迁洛之民，死葬河南，不得还北。于是代人南迁者，悉为河南洛阳人"①。

尽管孝文诏敕从政令推行上看，不能有效于北齐、北周以还的中原，但行之日久的汉化风气作为一种地域文化生态，毫无疑问已对南下、东来诸胡部落产生过深远的影响。这从洛阳出土的大量胡人墓志所透露的诸多文化信息中可以略见其端倪。

如洛阳邙山出土的翟突娑墓志，其文有云："君讳突娑，字薄贺比多，并州太原人也。父娑，摩诃大萨宝、薄贺比多。日月以见勋效，右改宣惠尉。不出其年，右可除奋武尉，拟通守。祖，晋上卿之苗裔翟雄，汉献帝尚书令、司徒公文海之胤。……春秋七十，大业十一年（615）岁次乙亥正月十八日疾寝，卒于河南郡雒阳县崇业乡嘉善里，葬在芒山北之翟村东南一里……"②

次如洛阳出土安延墓志："君讳延，字贵薛，河西武威人也。灵源浚沼，浪发崑峰。……祖真健，后周大都督。父比失，隋上仪同、平南将军。……以贞观十六年（642）七月廿日终于私第……以其月廿八日合窆于北邙之阳……"③

次康婆墓志文云："君讳婆，字季大，博陵人也，本康国王之裔也。高祖罗，以魏孝文世举国内附，朝于洛阳，因而家焉，故为洛阳人也。祖陁，齐相府常侍，父和，隋定州萨宝……贞观廿一年（647）八月十四日终于洛之私第……"④

次安师墓志："君讳师，字文则，河南洛阳人也。十六代祖西华国君，东汉永平（58—75）中，遣子仰入侍，求为属国，乃以仰为并州刺史，因家洛阳焉……以显庆二年（657）正月十日遘疾终于洛阳之嘉善里第。……龙朔三年（663）……八月廿一日合葬于北芒之坂……"⑤

次洛阳龙门出土康法藏祖坟记，其文略曰："祖婆康氏，右麟德二年（665）八月亡。祖父俱子，右上元二年（675）三月亡。其年八月葬在洛州河南县龙门乡孙村西一里。父德政合葬记……"⑥

① 魏收《魏书》卷七下《高祖纪下》，177—178页。
② 赵万里《汉魏南北朝墓志集释》卷九，北京：科学出版社，1956年，323页。
③ 北京图书馆藏金石组编《北京图书馆藏中国历代石刻拓本汇编》，第12册，87页。
④ 图见洛阳市文物工作队《洛阳出土历代墓志辑绳》，北京：中国社会科学出版社，1991年，126页。
⑤ 北京图书馆藏金石组编《北京图书馆藏中国历代石刻拓本汇编》，第14册，80页。
⑥ 坟录录文见温玉成《龙门所见中外交通史料初探》，《西北史地》1983年第1期，63—64页；影印图版见拙撰《龙门区系石刻文萃》，北京：北京图书馆出版社，2007年，90页。

次洛阳出土康元敬墓志："君讳元敬，字留师，相州安阳人也。原夫吹律命系氏，其先肇自康居毕万之后。因从孝文，遂居于邺……父忤相，齐九州摩诃大萨宝。……咸亨四年（673）五月景戌朔廿九日甲寅迁厝于河南北邙平乐乡……"①

以上文物信息透露出，寓居中原的诸胡移民，不惟模仿着中原汉民志墓立碑及名外立字的遗风，而且多已将自己的家族乡贯认可于洛阳。

向达先生早已指出"中国志墓立碑之风在来华之西域人中亦甚通行，出土各西域人墓志即其明证"②。这实际上折射了内徙胡人向慕华风、逐渐汉化的历史进程。

今从突厥彻墓志"君讳彻，字姼注，……祖各志，任阿临河上开府；父若多志，摩诃仪通"的世系叙述，就其整个家资沿替来说，可见其祖、父两代仅有"以音取名"的胡风特征，而向其本人"名、字兼有"这一汉地传统逐渐转移的人文情节。墓志中的门第信息，反映了这一侨民家庭的整个汉化过程，曾经存在着一种不断深化的趋势，这与上引诸胡墓志传达的整体信息保持有显然的一致性。

至于志文叙其"早逢迷晓，皈募大隋。勤奋赤诚，恒常供奉，……其人乃威神雄猛，性爱武文。接事长幼，恒不失节"的记事，的确从文化语境层面显示着这一内徙胡人"文质彬彬，居然君子"的情态——西来胡人之日渐濡染汉地世风情愫，突厥彻墓志的遣辞颂美，庶几可谓一管窥豹矣。

五

众所周知，自6世纪中叶室点密可汗率"十姓部落"勃兴于漠北，西突厥汗国率以南扰周隋李唐、西荡中亚七河，称雄于西域。值西突厥铁骑驰骋、浩风长卷之期间，柔然、嚈哒、波斯等一时强国相继沦囚丧首臣服于阿史那一族。当此之际的中原王朝，或远结近交以自固，或离散诸部而待机。马上哀怨和亲于漠北，万乘警跸羁縻于中亚。斥使首途连绵款诚于异域，络绎商旅极尽经略之能事。中古一代的丝路沿线，演绎的正是这种五彩斑驳、引人回溯的历史长歌。

这件融会了古代波斯、突厥和华夏人文的石刻文献，其极具魅力意义的史料价值，正根植于那段日渐远去的历史风景中。

当人们饮味于这些往日陈迹，意欲开拓于未来的时候，我们不该忘记作为丝路故都的洛阳，其尘封千年的历史文物中，这件饱蘸了中外人文情结的旷世遗珍带给人们的启迪！

---

① 北京图书馆藏金石组编《北京图书馆藏中国历代石刻拓本汇编》，第15册，193页。
② 向达《唐代长安与西域文明》，石家庄：河北教育出版社，2001年，94页。

A Reading of the *Epitaph of Tujue Che* of the Sui Dynasty, Unearthed in Luoyang, on the Basis of Chinese Medieval Sources

ZHANG Naizhu

The *Epitaph of Tujue Che* was unearthed in Luoyang at the end of the Qing dynasty. Therein the identity of the deceased is recorded as "Turk (Tujue) of the Northern territories (*saibei*, i.e. north of the Great Wall), descendant of the Xiazhi tribe, a branch of the Persians (Bosi)." Therefore, we learn that between the end of the Northern Dynasties and the Sui Dynasty the Persian ethnic group had once melted with the Turkic. In addition, Tujue Che had served the Sui court and was buried in the Eastern Capital, a historical fact showing that ethnic groups from Central Asia has already been sinicized by the beginning of the seventh century. This is a very important case attesting to the long history of the cultural and social interactions between China and the Central Asian kingdoms.

附录：波斯语甜如蜜 [*]

穆罕默德·阿里·贾玛尔扎德（M. A. Jamalzadeh）①

世界上没有哪一个地方像伊朗这样好坏不分。

历尽艰辛在外漂泊五年之后，我的目光还没来得及从轮船甲板落到伊朗纯洁的国土上，耳边就传来了安扎利港②的船夫们那吉兰口音的吆喝声。"先生，先生！"他们一边嚷嚷，一边把船围住，如同一大群蚂蚁见到一只死蚂蚱，一拥而上，让乘客苦不堪言。每个乘客都落入了划桨的、掌船的和搬运工之手。不过，所有乘客中就数我最惨，因为别人大都是身披长袍、头戴短檐帽的来自巴库或拉什特的商贩，就算被棍棒相逼，也不会解开自己的钱袋；宁可将命交给死神，也决不会让人窥见自己的钱财。而我，真是倒霉透顶，还没来得及换下从欧洲一路戴回来的绅士礼帽，就被那帮家伙当成了有钱人家的子弟——一口大肥肉，被围着一口一声叫着："主子，主子！"我的每件行李都引起了十个黑心搬运工和十五个黑心船夫的争夺，他们吵吵嚷嚷，骂骂咧咧，没完没了。我呆若木鸡，一片茫然，不知怎样才能将自己的衣领从这些进攻者的魔爪中挣脱出来，该用什么招数才能让自己跳出困境。

就在这时，人群开了一道缝，两个负责检查护照的官员垂头耷脑地走了过来，仿佛自己受了什么刁难似的，后面跟着几个随从，每人都穿着红制服，戴着印有狮子和太阳图案的帽子，愁眉苦脸，八字胡翘到耳根，在海风吹动下如同一面饥饿的旗帜。他们像哈哈镜里的人物一样出现在我眼前。他们的目光落到我的护照上，立刻大惊失色，嘴唇颤抖，脑袋和耳朵晃个不停，如同听到了国王中弹的消息，或是接到了阎王不可抗拒的命令。他们将视线移到我身上，盯着我，把我上上下下打量了好几遍，用德黑兰人的话来说，就像在为我量体裁衣一样。然后，其中一人说道："什么！你是伊朗人？"

我说："真主啊，这问的是什么话！你以为我是哪里人？我当然是伊朗人，我祖上

* 本文由北京大学波斯语专业 2016 级本科生全班同学集体翻译，李雅欣、刁慧琳执笔，王一丹校译。2020 年春夏季正值新冠疫情初期，毕业生无法返校举行毕业典礼，谨以这篇集体译作，作为这个特殊年份的毕业纪念。

① 贾玛尔扎德（1891—1997），伊朗最早的短篇小说作家，《波斯语甜如蜜》收录于他的《故事集》（*Yikī Būd, Yikī Nabūd*，又译《很久很久以前》，出版于 1922 年），后者是伊朗第一部现代短篇小说集。

② 安扎利港：伊朗西北部港口城市，位于里海西南岸，东南距吉兰省省会、伊朗里海沿岸地区最大城市拉什特约 15 千米。

七辈都是伊朗人。你去德黑兰的整个桑格莱治区问问就知道，没有人不认识我这把老骨头。"

不过，那位长官大人根本没把我的话听进去。这件事看来没那么简单。他对那些随从下令：暂且把这位先生看管起来，以便做必要的调查。一名随从围着一条破破烂烂的围巾，围巾下露出一截半腕尺①长的烟斗，如同一把剑。他伸手抓住我的手腕，说："过来！"我已经发觉事态严重，心里忐忑不安起来。一开始我想大吵大嚷，跟他们论辩一番，但转而意识到情况不妙，心想还是保持理智为好。

真主保佑，千万别让不信主的人落入这帮随从之手。老朽我可算知道了，这帮家伙只需喝一口水的功夫就能给我带来飞来横祸。我从他们手中完好无损带走的唯有我的洋帽，还有就是我的信仰，显然这两样东西对他们毫无用处。只一眨眼的功夫，他们就把我全身上下洗劫一空。当感到自己已恪尽职守后，他们把我扔进了安扎利岸边海关后头的一间小黑屋。死人入土后的第一夜都比这屋子亮堂，一团蜘蛛正在门和墙上吐丝织网。那帮人在我身后关上门，把我的命交给了真主。

在搭乘小船从轮船转到岸边的途中，我从乘客和船夫的谈话中一点一点了解到：在德黑兰，国王和议会再次针锋相对，开启了新一轮争执。中央下达了特别命令，要求特别留意往来旅客，我遭受的重重阻碍显然都拜此所赐。更有甚者，今早一位特使还因这事从拉什特被派了过来，这人为了显示自己的能干和称职，好坏一锅端，像条疯狗一样扑向没靠山的平头百姓，甚至对可怜的当地总督之事也要横插一脚，以便为夺取安扎利的大权奠定基础。他邀功请赏的电报从那天早上起就从安扎利发往德黑兰，一刻也不消停。

我一开始有些情绪低落，一时啥也看不见，可等我渐渐适应小黑屋的光线后，我发现屋里头还有其他人。我最先看到的是一个所谓的假洋鬼子，就是那种在伊朗就算到世界末日都油腔滑调、废话连篇而又才疏学浅的人。我敢说再过一百年，这类人的行为和做派仍会让剧院里的伊朗人笑掉大牙。假洋鬼子先生坐在壁龛上，衣领如枷锁般紧箍脖子，高得像茶壶的壶颈，颜色也跟壶颈一个样，大概是被高加索石油燃料火车的烟给熏成这样的。在忽明忽暗的屋子里，那人捧着一本长篇小说，沉浸其中。

我想上前用法语和他打个招呼，以示我也是从欧洲回来的。可小黑屋的一角传来一声轻响，把我的目光吸引到那个方向。我注意到墙角有个东西，乍一眼看去像一只蜷在煤灰袋子上睡觉的白色长毛猫，定睛一看，却是一位谢赫（教长）。他像在经学堂里一样抱膝蹲坐在地上，身上的长袍裹得严严实实，而"白色长毛猫"原来是他那乱糟糟、松垮垮的缠头巾，头巾系带松开，形状就像一条猫尾巴，而我听到的窸窣声是他在念诵先知的颂词。

这样一来，屋里一共有三个人，我觉得三是个吉祥的数字，便打算和屋里的朋友们

---

① 腕尺：长度单位，手肘到中指端的距离为一腕尺。

搭个话，兴许互通情况之后能一同想出什么办法。还没等我行动，监牢门忽然大开，吵嚷声中，一个头戴毡帽的倒霉年轻人被扔了进来，然后门又关上了。原来，那个从拉什特来的特使为了震慑安扎利当地人，找了个借口说这孩子几年前在立宪与专制斗争的混乱初期曾给一个高加索人当仆人，就把无辜的他丢进了监狱。

新来的家伙在发现唉声叹气、涕泪交加都无济于事之后，用脏兮兮的长袍下摆擦掉眼泪，又在确认门外没有看守之后，吐出了一长串不干不净的脏话，这脏话就像古尔高布的香瓜和哈康的烟草一样独此一份，只属于我们伊朗的国土。咒骂完那帮人的祖宗八代后，他光着脚冲门使劲踹了两三下，可监狱的门看似腐朽，却比政府官员的心还要坚硬。他认命地冲地上吐了口唾沫，往屋里看了一眼，发觉这里不只他一个人。我看起来是个欧洲人，靠我办不成啥事，那个假洋鬼子也一样指望不上。因此他蹑手蹑脚地走到那位谢赫先生身边，睁大眼睛盯了他好一会儿，然后颤声说："谢赫阁下，愿主保佑你，我到底犯了什么罪啊？人难不成得杀了自己才能摆脱迫害吗？"

听到这话，那位谢赫先生的头巾像片云朵一样轻轻动了动，一双眼睛从头巾缝里露了出来。他淡淡地看了一眼戴毡帽的家伙，接着，从他眼睛之下看不清的地方，一字一句地蹦出下面这些庄重肃穆的话，传到在场各人的耳中："穆民啊，软弱与叛乱乃人之本性，莫将本性之缰交由愤怒之手，且能抑怒、又能恕人……"[①]

戴毡帽的家伙听了这番话目瞪口呆。因为在谢赫先生刚才叽里咕噜的一大通中，他只听懂了"卡泽米"一个词，于是说："不，先生，您的奴仆不叫卡泽姆，而叫拉马丹。我只是想弄明白，我为啥平白无故地被活埋到这个鬼地方。"

这一回，长老再次用同样庄重肃穆的语气道出一串夹杂着阿拉伯语的波斯语："真主至仁至慈，愿主降恩赐福！汝之苦难吾了然于目，忍耐方为解脱之钥。心怀希望，切莫言弃。少顷，禁闭之因便会为人所知，以此之道或彼之道，经须臾或过半晌，吾等定将知晓。此刻，冥想甚佳，颂主甚佳，于个人而言，此乃不二之选。"

可怜的拉马丹，他对谢赫先生那甜美的波斯语是一句也没听懂。仿佛以为长老方才是在同妖精和鬼怪说话，或是在念咒施法什么的，拉马丹脸上流露出恐惧的神情，他一边念叨着"真主保佑"，一边从长老身边悄悄退开。但这位毛拉显然说到了兴头上，他没有对着一个特定的人，而是凝视着墙上的一个点，跟随着自己的冥想，继续用同样的腔调不知所云："吾等遭此厄运，或是其有意为之，或是其无心之过，若为后者，则重见天日为期不远。然而，若其视吾等为无足轻重之辈，施以百般折磨，吾等必难逃一死。故吾等宜深思熟虑，想方设法，寻得位高权重者相助。古语云，有志者事竟成。一旦得以释放，吾等之清白，定将昭然，灿若正午之阳。"

可怜的拉马丹彻底吓坏了，从屋子那头一步一步退向我这边，像癫痫病人似的，惊

---

① 出自《古兰经》：敬畏的人，在康乐时施舍，在艰难时也施舍，且能抑怒，又能恕人。真主是喜爱行善者的。(3: 134)

惧地盯着谢赫先生，口中不停自言自语，咒骂着魔鬼，念叨着一些自以为类似于驱邪经文的话，并朝身边吹着气。显然他已神志不清，屋里的黑暗也增加了他的恐惧，让他吓破了胆。我对他无比同情。

至于谢赫先生，他的舌头像是绑了泻药，滔滔不绝，没完没了。他的小臂露在袖子外，毛乎乎的（你还是离远点的好），跟羊腿差不离。他抬起放在膝盖上的手，把袍子往后一撩，做出了许多奇奇怪怪的手势。自始自终，他的灼灼目光从未离开墙壁上一个无辜的小点。他还时不时怒气冲冲地拿不在场的护照官员撒气，像是要给他写封信，抬头挂上一长串称号，比如"小肚鸡肠""卑鄙无耻""异教徒""酗酒之徒""怠于祷告""魔鬼心肠""狗娘养的"（每一个词依照伊斯兰教法，都足以咒得那人丢命丧财、妻离子散，而我所记得的不及他说的百分之一）……与此同时，他还威严而痛心地谈到"对知识分子与宗教人士漫不经心"，对他们"一贯以来侮辱蔑视"，以及这么做终会遭受"今生来世之恶果"。他的一番话越来越复杂深奥，别说是拉马丹，就算是他的祖宗来也一句都听不懂。我自诩还算懂点阿拉伯语，曾用过好几年时间和阿拉伯语人名较劲，以学习之名从早到晚苦学阿拉伯语的格位变化和句法分析。用那些没脑子的人的话来说，我活得好好的偏要找罪受，自降尊严，自讨没趣。我用一段大好青春来学怎么用阿拉伯语说"我希望""也许""对""错"，研习阿拉伯语的主动和被动语态，可即便如此，我依然听不明白长老在说什么。

在这期间，假洋鬼子先生坐在壁龛上，聚精会神地读着手中那甜蜜的小说，对周围完全无视，只会时而抖一下嘴唇，咬住像盘踞在巢边的毒蝎一样的胡子的一边尖儿，嚼个不停，时不时拿出表来看一下，像在确认是不是到了下午茶时间。

可怜的拉马丹十分郁闷，急需倒出一肚子苦水，既然在长老那儿碰了壁，眼下只剩一个办法。他心一横，像个嗷嗷待哺的小孩去找后妈要馕一样，走向假洋鬼子，用颤抖的声音轻声打招呼："真主保佑你！我们这种脏领子阶层虽然懂得少吧，可那位疯疯癫癫、听不懂我们说话的谢赫先生显然是个阿拉伯人。您能跟我说说吗，他们为什么要把我们扔进这座死牢？"

听到这些话，假洋鬼子先生从壁龛上一跃而下，合上书，塞进张开的大衣口袋。他笑着走向拉马丹，一边说着"兄弟，兄弟"，一边向他伸出手。拉马丹没明白他的意思，往后退了一步，假洋鬼子只好尴尬地收回手，摸了摸胡子。为避免冷场，他又用上另外一只手，两只手同时放在胸前，两根大拇指扣住马甲袖口，另外八根手指搁在浆洗过的前襟上，像敲手鼓一样敲打起来。他用有趣的口音说道："啊，亲爱的朋友和同胞！他们为什么把我们关进这个地方呢？几个小时来我挖空脑袋，可积极的、消极的什么也没想出来。把我一个文凭在手、家庭显赫的年轻人当成罪犯抓起来，把我当个没背景没后台的人对待，这难道不可笑吗？不过考虑到这个国家一千年来的专制统治、无法可依、独断专行，他们这么做我一点也不惊讶。若一个国家夸耀自己为立宪制，就应当有合法的法庭，不让任何一个佃农受压迫。我不幸的兄弟啊，这些难道你不知道吗？"①

　　拉马丹怎么可能听得懂字里行间高深的思想和无处不在的外来语？比如说，他怎么可能知道"挖空脑袋"直译自一个法语固定搭配，意思是竭尽全力思考，波斯语里对应的惯用表达是"哪怕我杀了自己也……"或"哪怕我用头撞墙也……"。再比如说，"佃农受压迫"直译自另一个法语短语，意思只有"受压迫"，与佃农无关②。拉马丹听到"佃农"和"压迫"两个词，运用他不全的心智思考，以为假洋鬼子把他当成了地主家受压迫的佃农，立马否认道："不，先生，鄙人不是佃农，而是离海关二十来步的茶馆里的学徒。"

　　假洋鬼子耸了耸肩，用八根手指敲击胸膛，吹着口哨开始走动，完全没在意拉马丹，自顾自往下说道："没有发展的革命能有何用！我们年轻人应当担起责任，指引人民前进的方向。就这一议题，我写了一篇长长的文章，用犀利的文字论证了每个人都不应该依附他人，而是应当尽己所能为国家效劳！这就是进步之路！否则颓废就会威胁国家存亡。可不幸的是，我的言论对大众没有丝毫影响。正如拉马丁③所言……"这位哲学家先生开始念诵一段法语诗，这首诗我碰巧听过一次，知道这是维克多·雨果所作，而非拉马丁。

　　拉马丹听了这些没头没尾、奇奇怪怪的话后彻底吓坏了，他跑到监狱门背后，开始抽泣哭喊。门的另一侧很快聚集起一群人，一个凶狠粗粝的声音响了起来："妈的，你有病吧，呼喊乱叫个屁啊，难道你家里死人了吗？你闹腾个什么劲啊？如果你继续这么呜哩哇啦疯疯癫癫，我就让人给你的嘴套上马嚼子！"

　　拉马丹可怜巴巴地恳求道："各位穆斯林呐，我到底犯了什么罪啊？如果我偷了东西，就切下我的手，如果我有罪，就拿板条抽打我，拔掉我的指甲，把我的耳朵钉到大门上，挖出我的眼睛，剁了我的脚后跟，施夹指刑啊、烛刑啊什么都行，但看在真主和先知的份上，把我从这间囚室，从这些疯子之中解救出去吧！先人啊，先知啊，理智正从我脑海中飞走。我竟然要和这么三个人呆在一座坟墓里。一个看起来是个洋鬼子，别人看他一眼都是罪过，像个猫头鹰一样撅嘴鼓腮站在旁边，眼神看上去要把人生吞活剥。另外两个人一句人话都听不懂，跟中了邪似的，天知道他们要是发起疯来，把我给活活掐死或闷死，又有谁会为我做主呢？"

　　可怜的拉马丹话不成句，怨恨交加，喉头梗塞，开始抽抽嗒嗒地哭泣。门外又响起了呵斥声，一连串污言秽语让拉马丹愈发难过。

---

　　① 假洋鬼子的这一段波斯语中，"积极""消极""文凭""罪犯""专制""立宪""法庭"等词均用了法语音译词，身为伊朗本土人的拉马丹完全听不懂。他的下一大段话中，"革命""发展""议题""文章""颓废"等词也是法语音译词。
　　② 上文"不让任何一个佃农受压迫"是拉马丹错误的理解，原话的正确含义为"不让任何一个人受压迫"。原文中，假洋鬼子先生将法语词组 sujet à（整体词组意为"易受……的、常遭……的"，单独 sujet 意为"佃农"）直译成了波斯语，致使拉马丹误解。
　　③ 拉马丁，1790—1869，法国 19 世纪第一位浪漫派抒情诗人，作家，政治家。

　　我非常同情他，便走上前，把手搭上他的肩膀，说："伙计，我哪儿是个外国人，外国人什么的都见鬼去吧！我是个伊朗人，是你的教友。你害怕什么呢？出什么大事了吗？你正年轻无畏，为何如此手足无措？"

　　见我千真万确听得懂波斯语，且能用直截了当的波斯语和他说话，拉马丹二话不说，一把抓住我的手，像得到了整个世界一样激动万分地连声说："我愿意为你嘴里的波斯语献身！天使啊，你是真主派来救我小命的吧！"

　　我说："伙计，别那么激动，我不是什么天使，连我是不是人我都存疑。人呀，得长点心眼。你哭什么？要是被你的伙伴们知道了，他们准会取笑你，那你就得赶一辆驴车来装载你的羞耻……"

　　拉马丹说："愿你的痛苦和不幸都降临到那帮疯子头上！真主啊，我差点吓破胆。瞧那些个疯子，人话么一句都听不懂，讲的么不知是什么鬼怪的话。这到底是怎么回事？"

　　我说："兄弟啊，他们不是鬼怪，也不是疯子，而是伊朗人，是我们同民族同信仰的兄弟。"

　　拉马丹听了这话，看了我一眼，像是纳闷我也中了什么邪，接着哈哈大笑，说："向阿拔斯起誓，先生你就别再取笑我了。如果他们是伊朗人的话，怎么会用那种一点儿都不像人话的语言说话呢？"

　　我说："拉马丹，他们说的也是波斯语，不过……"但显然拉马丹并不信服。他确实占点理，想必再过一千年也不会信服。我看自己白费了一番口舌，正想换种说法时，监狱的门突然敞开，一个随从走进来说："喂！蒙真主保佑，你们都自由了。给我赏钱……"

　　拉马丹听了这番话没有喜形于色，而是靠到我身边，抓住我衣服的下摆，对我说："我心里明白着呢，他们每次要把奴隶交给刽子手处决时，都会说这样的话。主啊，听听我们的呼救吧！"

　　不过，显然拉马丹的恐惧和颤抖都错了。早晨那个护照官员已被换掉，一位新的官员取而代之，他既威严又高傲，对拉什特的统治权势在必得。在抵达安扎利后，这位傍晚来的官员立刻把早上那个官员所下的命令尽数废除，其中第一件事就是把我们放出监狱。

　　我们谢过真主，刚要走出监狱，就看到早上拘押我们的那些随从押着一个年轻人向这里走来。从口音、身形和外貌上看，这个年轻人显然来自霍伊和萨勒马斯[①]一带。他也说着一口特别的波斯语，我后来才听出这是伊斯坦布尔的馈赠。他激烈抗议自己遭受的境遇，恳求大伙儿的同情，并希望有人好好听他说话。拉马丹看了他一眼，目瞪口呆地说："奉至仁至慈的真主之名，这又来了一个。真主啊，今天你是把所有怪胎和疯子

---

　　①　伊朗西北部的两个城市，位于乌鲁米耶湖北部和西北部，属于西阿塞拜疆省。

都给送到这里来了吧！不管你给什么，都要感谢！"

　　我想对他说：这位也是伊朗人，说的也是波斯语。但我怕他以为我在嘲笑他并为此伤心，就没有说出来。随后我们动身去备一辆前往拉什特的马车。几分钟后，我和谢赫阁下以及假洋鬼子先生合租了一辆马车。将要启程之际，我看见拉马丹跑过来，捧给我一手绢干果，并在我耳边轻声说："原谅我多嘴，但你呀准是被这些家伙的疯癫劲给传染了，不然你哪来的胆子和他们同行！"我说："拉马丹，我可不像你一样是个胆小鬼！"他说："真主保佑你旅途愉快，每当你感到鸡同鸭讲、忍无可忍时，就吃这些坚果，想想你的仆人我。"

　　车夫扬起鞭子，我们上路了。朋友们没来真可惜，我们旅途十分愉快，特别是在路上又看见一个新上任的护照官员带着信使赶往安扎利，那一刻我乐不可支，笑得肠子都要断了。

图书在版编目（CIP）数据

伊朗学在中国.第四辑 / 北京大学伊朗文化研究所

编.—上海：中西书局，2021

　　ISBN 978-7-5475-1889-2

　　Ⅰ.①伊… Ⅱ.①北… Ⅲ.①伊朗—研究—文集

Ⅳ.①K373.07-53

　　中国版本图书馆CIP数据核字（2021）第204376号

YILANGXUE ZAI ZHONGGUO（DI-SI JI）

伊朗学在中国（第四辑）

北京大学伊朗文化研究所　编

责任编辑　孙本初
装帧设计　黄　骏
责任印制　朱人杰

	上海世纪出版集团
出　　版	中西書局（www.zxpress.com.cn）
地　　址	上海市闵行区号景路 159 弄 B 座（邮政编码：201101）
印　　刷	上海商务联西印刷有限公司
开　　本	787×1092　毫米　1/16
印　　张	10
字　　数	213 000
版　　次	2021 年 12 月第 1 版　2021 年 12 月第 1 次印刷
书　　号	ISBN 978-7-5475-1889-2 / K·373
定　　价	58.00 元

本书如有质量问题，请与承印厂联系。电话：021-56044193